U0927353

“十四五”国家重点出版物出版规划项目

转型时代的中国财经战略论丛

# 城市更新视域下文化产业发展研究

Research on the Development of Cultural Industries from the Perspective of Urban Regeneration

张伟 著

中国财经出版传媒集团
经济科学出版社
Economic Science Press

**图书在版编目（CIP）数据**

城市更新视域下文化产业发展研究/张伟著. —北京：经济科学出版社，2021. 11
（转型时代的中国财经战略论丛）
ISBN 978 -7 -5218 -3028 -6

Ⅰ. ①城… Ⅱ. ①张… Ⅲ. ①文化产业 - 产业发展 - 研究 - 中国 Ⅳ. ①G124

中国版本图书馆 CIP 数据核字（2021）第 226697 号

责任编辑：于 源 陈 晨
责任校对：齐 杰
责任印制：范 艳

城市更新视域下文化产业发展研究
张 伟 著
经济科学出版社出版、发行 新华书店经销
社址：北京市海淀区阜成路甲 28 号 邮编：100142
总编部电话：010 -88191217 发行部电话：010 -88191522
网址：www. esp. com. cn
电子邮箱：esp@ esp. com. cn
天猫网店：经济科学出版社旗舰店
网址：http：//jjkxcbs. tmall. com
北京季蜂印刷有限公司印装
710 ×1000 16 开 16 印张 260000 字
2021 年 12 月第 1 版 2021 年 12 月第 1 次印刷
ISBN 978 -7 -5218 -3028 -6 定价：65. 00 元
**（图书出现印装问题，本社负责调换。电话：010 -88191510）**
**（版权所有 侵权必究 打击盗版 举报热线：010 -88191661**
**QQ：2242791300 营销中心电话：010 -88191537**
**电子邮箱：dbts@ esp. com. cn）**

# 总　序



《转型时代的中国财经战略论丛》是山东财经大学与经济科学出版社合作推出的“十三五”系列学术著作，现继续合作推出“十四五”系列学术专著，是“‘十四五’国家重点出版物出版规划项目”。

山东财经大学自2016年开始资助该系列学术专著的出版，至今已有5年的时间。“十三五”期间共资助出版了99部学术著作。这些专著的选题绝大部分是经济学、管理学范畴内的，推动了我校应用经济学和理论经济学等经济学学科门类和工商管理、管理科学与工程、公共管理等管理学学科门类的发展，提升了我校经管学科的竞争力。同时，也有法学、艺术学、文学、教育学、理学等的选题，推动了我校科学研究事业进一步繁荣发展。

山东财经大学是财政部、教育部、山东省共建高校，2011年由原山东经济学院和原山东财政学院合并筹建，2012年正式揭牌成立。学校现有专任教师1688人，其中教授260人、副教授638人。专任教师中具有博士学位的962人。入选青年长江学者1人、国家“万人计划”等国家级人才11人、全国五一劳动奖章获得者1人，“泰山学者”工程等省级人才28人，入选教育部教学指导委员会委员8人、全国优秀教师16人、省级教学名师20人。学校围绕建设全国一流财经特色名校的战略目标，以稳规模、优结构、提质量、强特色为主线，不断深化改革创新，整体学科实力跻身全国财经高校前列，经管学科竞争力居省属高校领先地位。学校拥有一级学科博士点4个，一级学科硕士点11个，硕士专业学位类别20个，博士后科研流动站1个。在全国第四轮学科评估中，应用经济学、工商管理获B+，管理科学与工程、公共管理获B-，B+以上学科数位居省属高校前三甲，学科实力进入全国财经高校前十。工程学进入 ESI 学科排名前 1%。“十三五”期间，我校聚焦内涵式发展，全面实施了科研强校战略，取得了一定成绩。获批国家级课题项目 172 项，教育部及其他省部级课题项目 361 项，承担各级各类横向课题 282 项；教师共发表高水平学术论文 2800 余篇，出版著作 242 部。同时，新增了山东省重点实验室、省重点新型智库和研究基地等科研平台。学校的发展为教师从事科学研究提供了广阔的平台，创造了更加良好的学术生态。

“十四五”时期是我国由全面建成小康社会向基本实现社会主义现代化迈进的关键时期，也是我校进入合校以来第二个十年的跃升发展期。2022 年也将迎来建校 70 周年暨合并建校 10 周年。作为“十四五”国家重点出版物出版规划项目，《转型时代的中国财经战略论丛》将继续坚持以马克思列宁主义、毛泽东思想、邓小平理论、“三个代表”重要思想、科学发展观、习近平新时代中国特色社会主义思想为指导，结合《中共中央关于制定国民经济和社会发展第十四个五年规划和二〇三五年远景目标的建议》以及党的十九届六中全会精神，将国家“十四五”期间重大财经战略作为重点选题，积极开展基础研究和应用研究。

与“十三五”时期相比，“十四五”时期的《转型时代的中国财经战略论丛》将进一步体现鲜明的时代特征、问题导向和创新意识，着力推出反映我校学术前沿水平、体现相关领域高水准的创新性成果，更好地服务我校一流学科和高水平大学建设，展现我校财经特色名校工程建设成效。通过对广大教师进一步的出版资助，鼓励我校广大教师潜心治学，扎实研究，在基础研究上密切跟踪国内外学术发展和学科建设的前沿与动态，着力推进学科体系、学术体系和话语体系建设与创新；在应用研究上立足党和国家事业发展需要，聚焦经济社会发展中的全局性、战略性和前瞻性的重大理论与实践问题，力求提出一些具有现实性、针对性和较强参考价值的思路和对策。

山东财经大学校长

2021 年 11 月 30 日

# 前　言



当前，中国城市更新进程和文化产业发展都处于加速推进的阶段，面临着一些现实的困境和问题。相比较而言，西方城市更新和文化产业实践经历了半个多世纪的发展，在对自身的否定批判和转向之后，取得了较为明显的发展成就，特别是其城市更新推动文化产业发展的经验，这对我国具有较为现实的借鉴意义。

本书基于中国城市更新和文化产业发展的现实背景，以历史学研究手法为主，跨学科研究手法为辅，对西方城市更新与文化产业兴起、发展的背景与进程进行了探讨，将研究的重点放在了考察城市更新对文化产业发展的推动上，试图通过对西方经验教训的总结，为中国城市更新和文化产业特别是后者的发展提供借鉴，这使本书的研究具有较强的现实意义；同时通过对西方城市更新和文化产业发展历史的梳理研究，以跨学科的研究视角对二者发展进程中的一些关键节点、理论盲点进行了较细致的探索，得出了一些新结论，使我们在传统的文化批判理论、文化受众理论、媒介文化理论之外，有了另一种解析西方文化产业发展的理论研究视角，这使本书的研究又具有一定的理论价值。

全书大致可分为三个部分。第一部分包括第1章和第2章，主要是从整体上介绍本书的相关研究对象、方法和理论基础等，为之后研究的展开奠定基础。其中第1章对本书选题的背景和意义进行了简要阐述，并结合梳理国内外相关的研究，提出了既往研究的不足，明确了本书研究的内容和方向；本章还详细介绍了本书采取的研究思路和方法，探讨了本书写作中方法论层面的问题。第2章主要围绕相关的概念和理论基础展开。首先，引入科技哲学中的“范式理论”，以范式转变的视角看待城市更新和文化产业两个实践中不断发展的概念，通过分析词源和阐释概念发展历程，界定了城市更新和文化产业两个概念，探讨了二者发展进程中从“城市更新”到“城市复兴”、从“文化工业”到“文化产业”具有范式转向意义的内涵转变。其次，本章还探讨了研究西方城市更新推动文化产业发展的相关逻辑框架，明确城市更新对文化产业发展的推动基于以下三个逻辑要点：第一，文化产业发展的时空性内涵是城市更新能够推动文化产业发展的基础支点；第二，20 世纪 70 年代，西方从工业社会进入后工业社会并由此引发一系列的社会、经济、文化转向——不仅是城市更新和文化产业各自发展的分期节点，同时也是城市更新推动文化产业发展的重要分期节点；第三，城市更新对文化产业发展的推动是通过明、暗两条线索实现的，强调暗的线索主要是通过消解文化意识形态地位，使文化作为资源、资本和生产要素投入到经济、社会生活中来实现的。

第二部分包括第 3、第 4 章。本部分以 20 世纪 70 年代为界，分两章探讨了西方城市更新的发展及转向，并就两个时期内城市更新对文化产业发展的不同影响进行了讨论。研究主要围绕两条历史主线进行，一条是西方城市更新的历史进程，通过对历史年代的分期、重大事件的选取和评价，揭示了西方城市更新转向中的具体问题，勾勒出西方城市在半个多世纪的更新发展过程；另一条则是文化产业受城市更新影响推动发展的演进历程，更多地采取“伴生”的研究视角，即通过选取关键性节点事件来论证、分析城市更新对文化产业发展的影响，探讨了城市更新影响下消费变迁、社会运动高涨、产业升级、文化创意阶层崛起、文化创意城市理念兴起等要素在推动西方文化产业发展中的作用。

第 3 章主要探讨了 20 世纪 70 年代以前西方城市更新的进程及其影响下的文化产业的早期发展问题。研究从第二次世界大战后初期的城市更新实践开始展开，细致梳理了城市更新的早期发展演变历史，探讨了其在学者批判下和政府反思中进行的从单纯物质环境更新向“人本主义”指导下的城市整体有机更新的转向过程。随后分析了在城市更新进程中文化产业借此发展的早期历史：首先选取文化遗产保护事业为代表，探讨了文化产业个体行业在城市更新影响中的起步和发展；同时，将研究的重点放在了城市更新对整体性文化产业的影响推动上，具体论证了城市更新推动消费领域的变化并继而对文化产业发展产生深远影响的问题，其中特别探讨了第二次世界大战后婴儿潮对消费主体转变的影响、消费观念转变对消费内容嬗变的影响等具体问题，文章还对西方城市更新影响推动下的“反正统文化运动”“阁楼运动”等社会运动进行了深入探讨，并将其与西方文化产业发展进程联系起来，认为这些运动在文化产业早期发展中具有孕育文化创意阶层、为大众文化正名并进而解决文化产业发展道德困境等重要作用。

第 4 章对 20 世纪 70 年代以后西方城市更新的新转向及其影响下文化产业的深入发展问题进行了探讨。本章延续了第 3 章的整体论述框架，先对 70 年代以后城市更新的发展进行了论述，介绍了这一时期西方城市发展面临的整体背景及城市更新基于新形势下在更新理念趋势、更新策略手段、更新政策机制、更新范围视角等几个层面较为重要的转向。然后探讨了这些转向对本时期文化产业发展的影响：本章延续上章对遗产保护行业发展的研究，探讨在新的阶段条件下，文化遗产保护事业是如何进一步融入到世俗生活中，实现了从精神领域向产业领域的转化，自身发展成为西方文化产业众多行业中的一个主要行业的；而探讨城市更新本阶段对整体性文化产业发展的推动则集中于文化产业主导地位确立、文化创意阶层社会地位提升、文化创意城市理念兴起等几个方面。研究认为 20 世纪 70 年代以后文化产业主导产业地位的确立主要是因为在城市更新背景下推动城市产业结构升级的需要促进了“产业文化化”的进程，从外部提供了文化产业发展的动力，而城市更新向市场化组织方式的转向又迫使文化领域更多采取“文化产业化”的发展方式，从内部为文化产业发展提供了动力。此外，将文化创意阶层在 90 年代的全面崛起和全球范围内文化创意城市的兴起置于城市更新的视角下进行研究，也得出了一些新的结论。

第三部分包括第 5 章，主要是探讨西方城市更新及文化产业发展实践对中国的启示。研究西方经验的根本目的在于指导中国的实践，本章立足于此，首先探讨了我国当前城市更新的情况，具体分析了我国城市更新的阶段性，并重点研究了我国城市更新实践与西方的差异，以避免生搬硬套西方经验。接下来分析了西方城市更新及其影响下文化产业发展对我国相关实践的启示，本书认为，西方城市更新半个多世纪的发展历程，特别是 20 世纪 70 年代以后的更新转向，给我们最大的启示就是城市更新进程可以而且应该和发展城市文化产业结合起来，利用城市更新的机遇，推动文化产业的发展。此外，在一些具体问题上西方经验也可以给我们较好的启示，如城市更新中注重文化遗产的保护，这是文化产业发展的资源基础；强调文化导向的城市更新，这是文化产业发展的动力机遇；要正确发挥政府作用，这是文化产业发展的保障等。最后本章还结合近期产生广泛影响的山东省枣庄市台儿庄区通过“台儿庄古城”项目带动城市更新，进而推动城市文化产业发展的实践案例，探讨了城市更新推动文化产业发展的具体实践。

结语部分对之前研究进行概括，指出本书研究的创新点和需要完善的地方。

# 目　录

# 第1章　导　　论

## 1.1　研究背景与研究意义

### 1.1.1　研究背景

**1. 中国城市更新面临转向的压力**

中国的城市更新实践自改革开放以来，经历了40多年的发展，尽管在部分发达城市出现了一些新的城市更新的形式和手段，但从整体上来看，我国城市更新仍停留在较低水平的阶段，仍旧是基于物质更新为主的城市更新，缺乏从社会、经济、文化等综合层面推进城市整体发展的更新实践。近些年，随着城镇化进程的加快和传统城市更新难以为继等原因的出现，我国城市更新面临较大的转向压力。

改革开放40多年来，城镇化一直是中国经济社会发展的关键词之一，2001年“十五”计划提出的“实施城镇化战略”，第一次明确把城镇化上升到国家战略高度，极大地推动了我国城镇化进程。根据历次人口普查的数据来看，中国城镇化水平从1978年的17%到2020年的63.89%，保持着年均1个百分点以上的增长。2011年中国城镇人口达到6.91亿，城镇常住人口超过了农村常住人口，人口城镇化率超过50%，这是中国社会结构的一个历史性变化，标志着中国已经结束了以乡村型社会为主体的时代，开始进入到以城市型社会为主体的新的城市时代。[①] 在统计学意义上，中国已成为“城市化”[②] 国家。2021 年第七次全国人口普查最新数据显示，随着我国新型工业化、信息化和农业现代化的深入发展和农业转移人口市民化政策落实落地，截至 2020 年 11 月，居住在城镇的人口为 90199 万人，占 63. 89%，居住在乡村的人口为 50979 万人，占 36. 11%，近十年来我国新型城镇化进程稳步推进，城镇化率上升 14. 21 个百分点。[③]

与城镇化的速度同样重要的，应该是城镇化的质量。中国正在并将在很长一段时间内经历前所未有的城镇化，在学者们看来，这是未来中国经济持续发展的重要驱动力，特别是近期随着国际金融危机以及新冠肺炎疫情给全球社会经济格局带来深刻的转变，迫使中国经济向双循环转型，如何扩大内需、释放城市发展空间已然成为经济社会高质量发展的重要支撑。然而我们当前的城镇化还是低水平的不平衡城镇化，一方面，在中国城镇化率的官方统计数字 63. 89% 的背后，是数以亿计的农民工不能与城市居民享有同等待遇，不能真正融入城市社会的现实；另一方面，土地城镇化大大超前于人口城镇化，2000 ~ 2009 年，城市建成区面积增长了 69. 8%，城市建设用地面积增加了 75. 1%，但城镇常住人口仅增加了 28. 7%。[④] 事实上，仅注重速度、不顾发展质量的不平衡城市化，在国际经验中曾有深刻教训，如巴西 2000 年城市化率已达 81. 2%，但其城市化缺乏综合支撑，造成所谓城市化的“拉美陷阱”。在城市化率过半以后，城市发展的重点不能是规模扩张，而更应是质量提升。

正是在这种背景下，我国强调“新型城镇化”的政策思路，党的十八大和随后的中央经济工作会议均将此列为重要的内容和议题。党的十八大报告将城镇化放在了两个十分重要的位置：一是城镇化成为全面建成小康社会的载体，二是城镇化成为经济结构调整和发展方式转变的



---

① 马献忠：《〈中国城市发展报告（2012）〉发布》，载于《中国社会科学报》2012 年 8 月 17 日。

② 中国和西方在统计城市化数据方面存在差异，在世界范围内，一般使用“城市化”概念，中国则采取“城镇化”的概念，严格地讲，二者是有差别的，为叙述方便，本书不细究二者差异，而是采用各自惯用的表述方式。

③ 宁吉喆：《第七次全国人口普查主要数据情况》，载于《中国信息报》2021 年 5 月 12 日。

④ 杨群：《城市化率过半，要警惕“半城市化”》，载于《解放日报》2012 年 5 月 23 日。

载体。中央经济工作会议也将“积极稳妥推进城镇化，着力提高城镇化质量”列为2013年经济工作的主要任务。党的十九届五中全会公报更将“基本实现新型城镇化”作为2035年远景目标的重要考核指标。新型城镇化的“新”就是要由过去片面注重追求城市规模扩大、空间扩张，改变为以提升城市的文化、公共服务等内涵为中心，真正使我们的城镇成为具有较高品质的适宜人居之所。① 新型城镇化的根本要求就是要在新的发展阶段，实现中国城镇化从重数量的外延式扩张到重质量的内涵式发展转变。

这就决定了我们必须走挖掘现有城市内涵潜力的可持续城镇化发展之路。在城市建设中，需要加强既有城市的承载力，通过内涵提升实现城市发展的质变，因此城市更新向更高层面转向就显得格外重要而且紧迫，可以说，城镇化的顺利完成必须借助于城市更新，新型城镇化是城市更新需要转向的根本动因。一方面，高速城镇化带来的城市人口结构和数量突变，对城市的规模、容量和结构产生巨大冲击，要求城市进一步提高其承载的聚集能力，必将对城市的发展带来更高的要求。随着时间的推移，城市规模不断发展壮大，城市的躯体却越来越不堪重负，旧有的城市肌理不可避免地呈现出物质实体的衰败，城市更新已经成为中国城镇化进程亟须面对的问题。另一方面，新型城镇化不仅是空间层面的，更是社会经济整体层面的，城市更新发展到今天必须成为包涵经济、社会、文化等多层面内容的城市整体复兴。因此，突出新型城镇化的内涵式发展必须强调城市更新向综合化的城市复兴转向。

新型城镇化对我国当前城市更新提出了更高要求，需要在加快推进城市更新进程以适应城镇化发展速度的同时，提高城市更新的质量以适应新型城镇化综合发展的更高需求。而当前，中国的城市更新实践尚处于比较简单的政府、开发商主导，强调物质更新的初级阶段，由此带来了城市土地价值的误判、历史文脉的断层、生活质量的下降、经济效率的低下、居民的不满和社会矛盾的加剧等一系列问题，不能适应中国新型城镇化发展现实需要，这都需要我们进一步提升城市更新的质量，从传统的物质层面城市更新发展到以人为本的涵盖经济、社会、文化等综合层面的城市整体更新。

---

① 罗宏斌：《“新型城镇化”的内涵与意义》，载于《湖南日报》2010年2月19日。

政策层面密集举措不断印证此点，2015 年 2 月 28 日，作为本轮政府机构改革新成立的政府部门之一，广州市城市更新局挂牌成立，这是我国首个“城市更新局”，从机构层面宣示着我国城市更新进入新阶段。2019 年 12 月，中央经济工作会议首次强调了“城市更新”这一概念。2020 年 10 月，党的十九届五中全会审议通过了《中共中央关于制定国民经济和社会发展第十四个五年规划和二〇三五年远景目标的建议》，在“推进以人为核心的新型城镇化”分段中明确提出“实施城市更新行动，推动城市空间结构优化和品质提升”。住建部部长王蒙徽在《实施城市更新行动》文章中，进一步明确阐述了城市更新的目标、意义、任务等。① 同年 12 月，住房和城乡建设部召开全国住建工作会议提出要全力实施城市更新行动，推动城市高质量发展。从棚户区改造到老旧小区改造，再到提出实施城市更新，彰显中央层面对于城市更新的认识与推动正在不断深入，预示城市更新将成为“十四五”时期政策新风口。

**2. 中国文化产业发展机遇与困境并存**



文化产业的崛起和迅猛发展是过去 20 多年来我国文化乃至社会经济领域最重要的事件之一。尽管中国的文化产业发展具有内生性，与西方基于成熟而发达的市场经济发展起来的产业策略不同，有其独特的社会背景和发展逻辑。② 但是，近些年来，随着国家政策推动等发展机遇不断涌现，我国文化产业日益与国际接轨，更加注重其社会、经济层面价值，取得突飞猛进的发展。

21 世纪以来，党中央、国务院围绕文化发展这一主题，不断深化战略布局。2000 年，党的十五届五中全会报告中正式确认发展“文化产业”。2003 年，我国正式进行文化体制改革试点，全面探索市场经济条件下文化发展的新型体制和机制。2006 年，我国出台第一个国家文化发展规划。2007 年，党的十七大报告中明确提出要更加自觉、更加

---

① 王蒙徽：《实施城市更新行动》，引自《〈中共中央关于制定国民经济和社会发展第十四个五年规划和二三五年远景目标的建议〉辅导读本》，人民出版社 2020 年版，第 339 ~ 347 页。

② 中国的文化产业发展具有内生性，是在发展社会主义市场经济和文化体制改革过程中作为“文化事业”的“他者概念”而被创造和使用的，王育济等在《中国文化产业学术年鉴》（1979 ~ 2002 年卷）对此进行了深入的探讨，认为“我国发展文化产业的最直接的目的，就是在市场经济条件下繁荣社会主义文化”“有其独特的社会背景和发展逻辑”。

主动地推进文化大发展大繁荣。2009 年，国家出台《文化产业振兴规划》。2010 年国家在“十二五”规划中以专节形式对文化领域的发展和改革作出重大决策和全面部署，强调“加快发展文化产业、推动文化产业成为国民经济支柱性产业”，相关部委《关于金融支持文化产业振兴和发展繁荣的指导意见》出台。2011 年 10 月 15 日至 18 日，党的十七届六中全会审议通过了《中共中央关于深化文化体制改革推动社会主义文化大发展大繁荣若干重大问题的决定》，全面部署了深化文化体制改革、推动社会主义文化大发展大繁荣的各项工作，进一步标志着在文化理论创新与实践方面，我们国家正逐渐走向成熟和理性，相关能力建设方面也正在稳步提升。2012 年 7 月，国家统计局印发《文化及相关产业分类（2012）》，增加了文化创意和设计、文化信息传输等新兴产业门类，进一步明确了文化产业的概念和范围，顺应了我国文化产业发展趋势，澄清了以往在文化产业认识上的模糊看法，在我国文化产业发展史上具有里程碑意义。

党的十八大以来，中央和国务院有关部门进一步加大了文化产业政策的扶持力度，制定出台了一系列针对性强、含金量高的政策措施，明确了政策导向，优化了产业环境，有效推进了文化领域供给侧结构性改革。《电影产业促进法》《公共文化服务保障法》等文化专项立法进一步丰富了文化治理的内涵，《文化产业促进法》呼之欲出，向“母法统领”转变，从体系上有效保障文化产业平稳发展。因应网络化、数字化新兴业态蓬勃发展趋势，2016 年国务院印发《“十三五”国家战略性新兴产业发展规划》，将数字创意产业上升到国家战略高度。党的十九大报告要求“健全现代文化产业体系和市场体系，创新生产经营机制，完善文化经济政策，培育新型文化业态”。2018 年 4 月国家统计局颁布实施了《文化及相关产业分类（2018）》标准，进一步调整了文化产业业态组成，纳入了更多新兴业态元素。2020 年 11 月文化和旅游部发布《关于推动数字文化产业高质量发展的意见》，推进实施文化产业数字化战略，为互联网时代的文化产业发展提供了一条全新路径。这些文件和政策的出台为文化产业发展提供了巨大的政策动力和战略机遇，促进了我国文化产业蓬勃发展。2020 年 9 月习近平总书记视察马栏山视频文创产业园时强调，文化产业是一个朝阳产业，必须格外重视，要牢牢把握正确导向，坚持守正创新，确保文化产业持续健康发展。这更进一步为文化产业发展擘画新的航向，保障行稳致远。

政策红利和机遇叠加之下，我国文化产业取得了巨大的成就。最新数据显示，2019 年全国文化及相关产业增加值为 44363 亿元，比上年增长 7.8%（未扣除价格因素），占国内生产总值（GDP）的比重为 4.5%，比上年提高 0.02 个百分点。① 文化产业在我国经济社会发展中地位不断提升，距离成为国民经济支柱性产业仅半步之遥。这一成绩放在全球国际大背景下更显来之不易，受制于欧美债务危机等国际经济大环境，我国经济发展方式也逐渐从规模速度型增长转向质量效率型增长，文化产业在此背景下 2014～2016 年仍保持年均增长 12.9%，成为新常态下经济发展的新引擎。特别是 2016 年文化产业增加值达到 30254 亿元，首次突破 3 万亿元，占 GDP 的比重为 4.14%，首次突破 4%②，实现了双突破，展现了文化产业所蕴藏的巨大潜力。

在看到成绩的同时也不能忽视发展中的问题，尽管中国文化产业发展整体趋势向好，但仍有一些发展的困境需要突破，特别是具体到城市文化产业发展层面，还存在较多困难。首先，虽然国家和地方政府在发展战略和具体政策层面对文化产业发展有较大扶持，但具体到个体城市，则往往存在发展战略定位、政策配套落实和产业发展实践等诸多现实困难。其次，中国文化产业发展存在较大的不平衡性，这是基于文化资源、人才、资金、产业基础等文化产业发展比较优势差异而形成的客观结果，北京、上海和深圳等大城市，比较优势明显，文化产业发展迅速，2019 年，北京市文化产业实现增加值 3318.4 亿元，占全市 GDP 比重为 9.4%③；上海文化产业实现增加值 1387.99 亿元，占地区生产总值的比重达 6.43%，均已成为当地新的支柱性产业④。而对于广大中小城市来说，文化产业往往存在发展动力不足、发展路径缺乏等问题，这些都需要引起我们的重视，并通过相关研究加以解决。在国家文化和旅游部最新公布的《“十四五”文化和旅游发展规划》中明确提出，“推



① 国家统计局：《2019 年全国文化及相关产业增加值占 GDP 比重为 4.5%》，载于《中国信息报》2021 年 1 月 6 日。

② 国家统计局：《2016 年我国文化及相关产业增加值比上年增长 13%》，国家统计局网站，http://www.stats.gov.cn/tjsj/zxfb/201709/t20170926_1537729.html，2017 年 9 月 26 日。

③ 《北京晒出“十三五”文化产业成绩单》，新京报客户端，http://m.bjnews.com.cn/detail/161051766715637.html。

④ 《2019－2025 年中国上海文化行业现状分析与发展前景研究报告》。

动文化产业发展融入新型城镇化建设”“推进区域城乡文化产业协调发展”，为更好完成这一任务目标，关注城市更新背景下的文化产业发展，借鉴西方成熟经验，更显得十分必要。

### 1.1.2 研究意义

西方城市更新和文化产业实践经历了半个多世纪的发展，在对自身的否定批判之后，取得了较为明显的发展成就，特别是其以城市更新推动文化产业发展的实践进程，尤其值得我们关注、借鉴。因此基于中国城市发展的现实背景，为解决我国城市更新转向问题和文化产业发展困境问题，本书试图通过历史学研究手法，对西方城市更新与文化产业各自兴起、发展的背景与进程进行了深入探讨，并将研究的重点放在了考察城市更新对文化产业发展的推动上。力图通过对西方经验教训的总结，为中国城市更新和文化产业特别是后者的发展提供借鉴，这使本书的研究具有较强的现实意义；同时通过相关研究，特别是跨学科的研究视角的采用，较为细致地探讨了西方文化产业发展中存在的一些理论问题，使得本书的研究又具有一定的理论意义。



**1. 现实意义**

本书最重要的现实意义在于通过借鉴西方城市更新转向经验和城市更新推动文化产业发展经验，指导中国当前的具体实践。

中国的城市更新进程和文化产业发展都处于加快发展的阶段，面临一些现实的困境和问题，相比较西方半个多世纪的发展，存在许多不足，很多情况下，我们仍在走西方的弯路，产生了许多负面影响。因此，借鉴西方城市更新和文化产业发展的经验，特别是前者对后者的推动作用，在实践层面具有较为现实的意义。

本书以发展的观点看待城市更新和文化产业两个概念，将其放在具体的时空中进行探讨，为我国推进城市更新转向和发展文化产业提供了理念支持；本书沿着历史发展的主线系统探讨了西方城市更新的发展、转向进程，揭示了西方城市更新转向中的具体问题，为我国当前城镇化进程加快条件下积极推进城市更新向更高更综合层面转向提供了借鉴；本书详细分析了城市更新影响下的西方文化产业发展，揭示了消费转向、城市主导产业升级、文化创意阶层发展、发展文化创意城市等要素在推动西方文化产业发展中的作用，为中国以城市更新进程带动文化产业发展提供了借鉴和指导。这些都使本书的研究具有较强的现实意义。

**2. 理论价值**

除了具有较强的现实意义之外，本书的研究还具有一定的理论价值。本书以城市更新的视角研究西方文化产业发展的历史，将城市更新理论体系引入文化产业研究领域，突出了跨学科研究的特征，扩大了研究视野，丰富了文化产业研究理论。同时这一研究立足城市更新对文化产业发展的推动，并将研究的起点选在了业内较为公认的法兰克福批判文化工业时期，构建了城市更新推动文化产业发展相对完整的脉络，也丰富了城市更新研究领域的内容。

本书在对西方城市更新和文化产业发展历史的梳理过程中，对二者发展进程中的一些关键点、理论盲点进行了探索，特别是对长期困扰文化产业发展进程中的一些节点问题进行了研究，为探索文化产业范式转向问题提供了另一种视角，得出了一些结论，初步厘清了西方文化产业发展过程中的一些困惑，对一些具体年代的探讨也弥补了相关研究存在年代断层的缺憾，具有一定的理论价值。



## 1.2 相关研究综述

本书的研究，从其本质意义上来讲是对西方城市更新和文化产业发展的关系研究。因此，必须将研究置于二者各自发展的背景之下，具体探讨二者间的关系特别是城市更新对文化产业发展的推动关系。西方城市更新和文化产业发展已经经历了半个多世纪的发展，相关研究内容十分丰富，对二者关系的研究也有相当数量的成果，充分借鉴前人相关理论研究成果，才能更好地开展本书相关的研究。下面拟从西方城市更新研究、西方文化产业发展理论研究、城市更新与文化产业发展关联研究三个层面具体探讨既有研究成果，以期为本书相关研究提供借鉴。需要说明的是城市更新和文化产业发展在西方经历了较长的阶段，涉及较多内容，相关研究层出不穷，本书无法一一细究，仅就其中较为重要同时也是和本书研究内容较为密切的相关研究展开分析；同时城市更新和文化产业两个概念本身也经历了发展的不同阶段，产生了很多同义词，如城市更新先后经历了 urban reconstruction、urban revitalization、urban renewal、urban redevelopment、urban regeneration、urban renaissance 等多种表达，文化产业也有 culture industries、creative industries 等多种表达形式，本部分内容对此不做具体细分，而是从广义概念角度探讨相关研究。

### 1.2.1 对西方城市更新的研究

学术研究是对现实情况的反映，国外对西方城市更新的研究大致可以20世纪70年代为限分为两个阶段：70年代以前对城市更新的研究侧重于对城市物质更新的反思和批判，研究角度也多集中于规划学和社会学；70年代以后随着城市更新实践的转向和整体社会环境的变化，对城市更新的研究也侧重于具体政策、方法、内容的应用研究，研究的角度也涉及到规划学、社会学、经济学、管理学等多元学科，这一时期对西方城市更新进程的总结性研究也较多涌现，出现一批全景式研究西方城市更新的专著。国内对西方城市更新的研究相对较晚，主要是通过借鉴西方经验教训，达到指导中国城市更新实践的目的，近些年来研究渐趋深入。

**1. 20世纪70年代以前国外对西方城市更新的研究**

国外这一时期对城市更新的研究主要是基于对第二次世界大战后（以下简称“战后”）初期大规模城市更新单纯强调物质层面更新的批判基础上发展起来的。较为重要的研究包括：

简·雅各布斯是美国早期城市更新的亲历者，领导了一系列的抵抗运动，基于对现代城市规划和城市建设的反思，其在《美国大城市的生与死》（*The Death and Life of Great American Cities*）一书中提出了“多样性是城市的天性”的重要思想，成为城市更新实践的重要理论基础。她还提出了“城市功用的多样性”与“基本功用混合”等重要思想。

刘易斯·芒福德在他1961年出版的《城市发展史：起源、演变和前景》一书中，从人本主义角度批评了城市更新运动，认为大规模的城市更新将破坏城市的有机机能。明确提出了“城市的最好运作方式就是关心人，陶冶人”，“强调以人的尺度从事城市规划”，并且“始终把普通人作为规划的服务对象和依靠对象”。E. F. 舒马赫也在《小就是美》中强调城市更新要反对技术至上的规划理念，在城市发展中采用“以人为尺度的生产方式”，注重人的尺度和需要。

C. 亚历山大在他的《俄勒冈校园规划实验》中，提出了城市更新中改造与历史价值保护的问题。他认为，“以往大规模形体规划对现状采取完全否定的态度，忽略和摧毁了城市历史环境中存在的诸多有价值的东西，不但不经济，反而导致了城市宜人环境的丧失”。由此，他提出在今后的改造发展中应当注意“保护城市环境中好的部分……对历史保护区的新建筑的建设进行严格的控制”。

马丁·安德森在1964年出版的《联邦推土机：对1949~1962年城市更新计划的批判》书中从城市政治经济学的角度对美国更新运动进行了抨击，指出城市更新缺乏经济性，推土机式的重建产生的问题在于异地安置后的贫穷阶层其居住条件并未得到改善，城市更新只是在空间上对贫民窟转移，同时造成沉重的社会成本和经济成本。他还提供了一个以自由市场下的经济体系替代政府开发计划进行城市建设的方案。



这一时期城市更新研究大致呈现出以下特点：

（1）强调批判性，侧重于基础理论研究。

现代意义上的城市更新运动是从战后全面展开的，主要基于城市规划的形体规划思想，强调对城市的物质更新，割裂历史文脉、破坏社区邻里关系，产生了一系列严重的后果。很多知识分子目睹并亲身经历了这场城市运动，认为用传统的形体规划和用大规模整体规划来改建城市难以取得预期的成效。因而对早期城市更新的研究主要是对其负面效应的批判，侧重于从理论层面进行研究，试图提供新的理论以指导城市更新转向。包括简·雅各布斯、刘易斯·芒福德、E. F. 舒马赫、C. 亚历山大、彼得·霍尔等在内的学者，从社会学和规划学等不同角度和立场对此进行了深入的探索，发展出“人本主义”的思想，对此后城市更新的转向产生了较大影响。

（2）研究角度多为规划学和社会学。

这一阶段的研究主要是从城市规划学和社会学学科视角出发进行的相关研究。这主要是因为城市更新本身即属于规划学科研究的范畴，同时由于早期城市更新破坏了社会结构，引发了一系列社会问题，因此也吸引了社会学的相关学者。

### 2. 20世纪70年代以后国外对西方城市更新的研究

20世纪70年代以后，后工业社会的来临使西方城市经历了较大的转变，城市更新广泛展开并有了深入发展，呈现出更新理念趋势、更新策略手段、更新政策机制、更新范围视角几个较为重要的转向。受此影响，70年代以后国外城市更新相关研究大量涌现，也表现出和此前阶段较大的不同。突出表现在以下几个方面：

（1）侧重于应用研究，案例研究比重上升。

和此前研究侧重于理论研究，从整体上批判城市更新政策不同，这一时期对城市更新的研究体现出关注具体城市案例，突出实际应用研究的特点，这主要是因为转向后的城市更新实践此时已成为西方城市摆脱经济、社会危机的重要途径，对城市更新功能价值的强调成为此期研究的热点，同时城市更新在西方世界的广泛开展也为学术研究提供了大量素材。这些案例研究大多集中在城市更新开展相对较为成功的城市，伦敦、格拉斯哥、鹿特丹、利物浦、毕尔巴鄂、都柏林①等城市通过文化、地产导向的不同更新策略，城市发展有了较大转变，探究其成功经验成为学术研究的重点。同时，也有一些学者，对这些相对成功的城市更新背后隐藏的问题进行了探讨，提出了一些发人深省的问题。②还有学者对不同城市间的更新实践进行了比较研究。③ 这一时期研究还有一个特点，就是除了对大城市更新投入较多关注之外，对一些小城市的特色更新也有所关注，④ 形成了从大到小的城市更新完整案例研究体系。



---

① John McCarthy. Dublin's temple bar—a case study of culture-led regeneration, European Planning Studies, 1998, 6 (3), pp. 271 -281.

② Grodach C. Beyond Bilbao: Rethinking flagship cultural development and planning in three California cities, Journal of Planning Education and Research, 2010, 29 (3), pp. 353 -366.

③ John McCarthy and S H Alan Pollock. Urban regeneration in Glasgow and Dundee: a comparative evaluation, Land Use Poficy, 1997, 14 (2), pp. 137 -149.

④ Jayne, M. and Bell, T. Small cities: urban experience beyond the metropolis, Routledge, 2006; Peter Kenyon, Alan Black. Small Town Renewal - Overview and Case Studies, RIRDC Publication, 2001.

（2）多学科介入使研究角度多元，研究内容丰富。

20 世纪 70 年代以后，城市更新作为城市整体复兴，振兴产业经济，实现城市社会、经济、环境良性发展的复杂政策体系和周期性活动，成为全球范围内各地区不同城市化发展阶段普遍开展的城市发展实践，涉及城市发展的方方面面，各地不断涌现的城市更新案例，引起了地理学、城市学、社会学及其他相关学科研究者的广泛关注，学者们从各自学科背景入手，对城市更新经济①、社会②、文化、生态③等不同方面进行了大量研究，使研究呈现出角度多元、内容丰富的特点。

（3）城市更新策略、组织方式和动力机制的研究涌现。

此阶段还涌现出一些从组织方式和动力机制等具体更新技术方面进行的研究，使西方城市更新研究进一步走向深入。

罗伊（Lowe）④ 研究了零售业导向的城市更新方式；帕齐·希利（Patsy Healey）⑤ 通过一系列数据研究，探讨了 20 世纪 80 年代英国地产导向型城市更新的相关内容，艾美瑞、托马斯（Imrie R.，Thomas H.）⑥ 等则对地产导向的城市更新的局限性进行了研究。此一时期对文化导向型的城市更新方式的研究也是热点，本书将在随后小节展开讨论。

城市更新组织方式的研究也在这一阶段大量出现。卡利、迈克尔



① Sassen S. Restructuring and the American city. Annual Review of Sociology，1990，16（4），pp. 465－490. Hutton T. The new economy of the inner city. Cities，2004，21（2），pp. 89－108.

② Hugh Matthew. Children and Community Regeneration－Creating Better Neighborhood，Save the Children，2001；John Pierson. Rebuilding community：policy and practice in urban regeneration，Palgrave Macmillan，2001；Bromley R D F，Tallon A R，Thomas C J，City centre regeneration through residential development：Contributing to sustainability，Urban Studies，2005，42（13），pp. 2407－2429.

③ Tim Dixon，Mike Raco. Sustainable Brownfield Regeneration：Liveable Places from Problem Spaces，Blackwell Publishing Ltd，2007；C. Paul Nathanail. Sustainable Brownfield Regeneration In F. A. Swartjes（Ed）. Dealing with Contaminated Sites：From Theory Towards Practical Application，Springer，2009.

④ Lowe M. The regional shopping centre in the inner city：A study of retail-led urban regeneration，Urban Studies，2005，42（3），pp. 449－470.

⑤ Patsy Healey：Rebuilding the city：property-led urban regeneration，Chapman & Hall，1992.

⑥ Imrie R，Thomas H，The Limits of Property-led Regeneration，Environment and Planning Government and policy，1993.

(Carley, Michael)[①];乔纳森·S. 戴维斯(Jonathan S. Davies)[②] 等分别从案例分析和理论演绎的角度探讨了英国城市更新中合作伙伴关系。雅各布斯、布莱恩·大卫(Jacobs, Brian David)[③] 通过匹兹堡、伯明翰和鹿特丹案例,研究相关城市更新的策略和组织方式。

另有学者专门针对城市更新中的财政、税收进行研究。如对比分析不同税收激励的模式对城市更新项目结果的评估[④];研究不同投资者在城市更新中的投资行为,分析影响其投资决策的因素等,制定相应的吸引投资的更新政策。[⑤]

(4)出现了一些综合性的研究专著。

这一时期随着研究的广泛开展和日益深入,学术界出现了一些总结性的研究专著,其内容涉及城市更新的方方面面,特别是对西方城市更新的发展历程进行了较全面的梳理,对了解相关政策发展历史有较好帮助。

如彼得·罗伯茨和休·塞克斯(Peter Roberts and Hugh Sykes)主编的《城市更新手册》(*Urban Regeneration: A Handbook*)从城市更新的背景、主题、管理等多方面探讨了英国的城市更新,并对美国、欧洲等其他地区的更新进行了讨论。[⑥]

菲尔·琼斯和詹姆斯·埃文斯(Phil Jones and James Evans)在《英国城市更新理论与实践》(*Urban Regeneration in the UK: Theory and Practice*)书中,对英国城市更新的实践和理论进行了总结,特别梳理了布莱尔新工党执政以来的更新政策,通过大量案例探讨了当前实践中更新组织管理、城市竞争、可持续发展、基于设计和文化的城市更新等

① Carley, Michael: Urban regeneration through partnership: a study in nine urban regions in England, Wales and Scotland, 2000.

② Jonathan S. Davies, Partnerships and regimes: the politics of urban regeneration in the UK, Ashgate, 2001.

③ Jacobs, Brian David: Strategy and partnership in cities and regions: economic development and urban regeneration in Pittsburgh, Birmingham, and Rotterdam, 2000.

④ McGreal S, Berry J, Lloyd G, et al. Tax-based mechanisms in urban regeneration: Dublin and Chicago models. Urban Studies, 2002, 39 (10), pp. 1819 – 1831.

⑤ Guy S, Henneberry J, Rowley S. Development cultures and urban regeneration. Urban Studies, 2002, 39 (7), pp. 1181 – 1196.

⑥ Roberts, P. and Sykes, H. Urban Regeneration: A Handbook, SAGE, 2000.

几个较为重要的主题，并特别探讨了城市中心区以外的更新实践活动。①

安德鲁·泰伦（Andrew Tallon）的《英国城市更新》（*Urban Regeneration in the UK*）是另一部较深入研究英国城市更新的综合性著作，首先介绍了英国城市更新的背景，接着梳理了自二战以来的英国中央政府在城市更新方面的总体政策脉络，然后对城市更新中的具体内容和路径进行了探讨，详细分析了基于竞争、管治、社区、可持续发展、零售业导向、住房导向、休闲与文化导向、郊区更新等主题。②此外，安德鲁·泰伦还主编了《城市更新与复兴〈城市研究中的关键概念〉》[*Urban Regeneration and Renewal*（*Critical Concepts in Urban Studies*）]，这是一套四卷本的丛书，汇集了相关研究领域的权威专家研究成果，堪称城市更新研究领域的集大成者。文集包括三个部分：第一部分涵盖了城市更新社会、经济、政治、城市地理等方面的背景研究；第二部分涉及了战后西方发达国家中央政府对城市更新的政策举措；第三部分则主要是从城市角度探讨其自我更新的实践。本书案例涉及英国、北美、欧洲大陆和澳大利亚等众多城市，内容丰富、权威，是研究西方城市更新的重要参考。③



除此之外，还有一些综合性专著《城市更新的环境变化：鹿特丹30年的现代化》（*Changing Contexts in Urban Regeneration*：*30 years of Modernisation in Rotterdam*）④、《城市更新与社会可持续性：来自欧洲城市的最佳实践》（*Urban regeneration & social sustainability*：*best practice from European cities*）⑤ 等也是研究各自国家和地区城市的重要著作，这类著作数量较多，不再赘述。

---

① Phil Jones and James Evans. Urban Regeneration in the UK：Theory and Practice，Sage Publications Ltd，2008.

② Andrew Tallon. Urban regeneration in the UK，Routledge，2010.

③ Andrew Tallon. Urban Regeneration and Renewal（Critical Concepts in Urban Studies），Routledge，2010.

④ Paul Stouten. Changing Contexts in Urban Regeneration：30 years of Modernisation in Rotterdam，Techne Press，2010.

⑤ Andrea Colantonio. Urban regeneration & social sustainability：best practice from European cities，Wiley－Blackwell，2011.

### 3. 国内对西方城市更新的研究

国内对西方城市更新的研究起步相对较晚，系统的学术研究是从20世纪90年代开始的。根据张汉等人的研究，国内对西方城市更新的相关研究集中在四个方向：一是对城市更新概念及具体操作方式的研究；二是对城市更新发展历程的综述性研究；三是对城市更新机制和组织形式的研究；四是对一种独特的城市更新现象“城市绅士化”的研究。[①] 这一研究基本上概括了我国学界对西方城市更新研究的大致情况。本书主要是探讨西方城市更新发展历程中城市更新的转向对文化产业发展的影响和推动情况，同时也是限于篇幅，因此，在本部分综述中只对和本书关系较为密切的西方城市更新发展历程国内学者相关研究进行探讨。

此类文献数量较多，研究内容一般是沿时间轴线对西方城市更新的发展历程进行系统、完整的梳理，重点关注其发展历程的阶段划分，并对各阶段的主要特点进行探讨。在确定城市更新历程时间范围方面，我国相关研究存在明显差异，根据起点时间不同一般有广义和狭义两种标准：广义城市更新时间范围从西方17世纪工业革命之后开始至今；而狭义城市更新则一般以第二次世界大战（以下简称“二战”）结束后美国1949年住宅法案引发的大规模更新为准。相关代表性研究如阳建强分析和探究了西方现代城市更新运动的思想渊源和政策演变，并对其发展趋向和基本特征做了阐述，揭示了西方现代城市更新运动的发展是一个由以大规模拆除重建为主、目标单一、内容狭窄的城市更新和贫民窟清理，转向以谨慎渐进式改建为主、目标广泛、内容丰富的社区邻里更新的发展过程；李艳玲细致梳理了美国早期城市更新的发展历程，探讨了各阶段的联邦法案及其影响下的具体更新实践；戴学来介绍了英国城市经济衰退与城市更新运动；方可引介了欧美城市更新运动，研究西方国家的城市更新在实践与理论上的发展历程；吴晨引入了城市复兴的概念并对其进行详细探讨；曲凌雁讨论了美国和英国城市更新进程；周晓娟介绍了西方国家城市更新与开放空间设计；于涛方等从城市地理学角



① 张汉、宋林飞：《英美城市更新之国内学者研究综述》，载于《城市问题》2008年第2期，第78~83页。

度讨论了国外城市更新历程等。①

需要说明的是，部分研究主要内容并不以此为主，但对历程的考察是其展开研究主题的重要基础。②

在这些整体性的研究中，对于西方城市更新最基本的演变历程大体能够达成这样一种共识，即从大规模推倒重建式城市物质更新到注重经济、社会、文化、生态综合发展的城市整体复兴，但对西方城市更新历程中各阶段的核心目标、基本观念、组织架构以及政府政策的探讨，基于具体的研究视角和着重点不同则有较大的差异。城市规划学科多数研究集中于对英美城市更新的基本历程进行一般性的回顾和评述。还有一些研究，从其他学科的视角对西方城市更新历程进行了独特的审视，一些内容值得特别关注。如于涛方、彭震和方澜从城市地理学的角度出发，把城市更新放在大的区域背景下考察，将西方城市更新历程划分为"城市本身的更新—城市区域系统更新—内城更新"三个阶段。③ 李艳玲则从城市社会学的视角特别关注了城市更新中社会因素和政府政策的社会后果，如更新过程中的矛盾和更新政策的左右摇摆。④ 另外，甄栋和刘云月主要基于土地经济学的基本原理，以不同社会阶层的"有效出



① 阳建强：《现代城市更新运动趋向》，载于《城市规划》1995 年第 4 期，第 27 ~ 31 页。阳建强、吴明伟：《现代城市更新》，东南大学出版社 1999 年版。阳建强：《西欧城市更新》，东南大学出版社 2012 年版。李艳玲：《美国城市更新运动与内城改造》，上海大学出版社 2004 年版。戴学来：《英国城市经济衰退与城市更新运动》，载于《人文地理》1997 年第 3 期，第 54 ~ 57 页。方可：《欧美城市更新的发展与演变》，载于《城市问题》1997 年第 5 期，第 50 ~ 53 页。方可、章岩：《〈美国大城市生与死〉之魅力缘何经久不衰？——从一个侧面看美国战后城市更新的发展与演变》，载于《国外城市规划》1999 年第 4 期，第 26 ~ 29 页。吴晨：《城市复兴的理论探索》，载于《世界建筑》2002 年第 12 期，第 72 ~ 78 页。曲凌雁：《美国现代城市更新发展进程》，载于《现代城市研究》1998 年第 3 期，第 12 ~ 14，28 ~ 62 页。曲凌雁：《更新、再生与复兴——英国 1960 年代以来城市政策方向变迁》，载于《国际城市规划》2011 年第 1 期，第 59 ~ 65 页。于涛方、彭震、方澜：《从城市地理学角度论国外城市更新历程》，载于《人文地理》2001 年第 3 期，第 41 ~ 43 页。

② 典型的例子如甄栋和刘云月的文章《现代城市更新的经济学视野》中基于研究需要，将西方城市更新进程划分为强化市中心土地利用和绅士化及邻里更新运动两个时期。从某种意义上讲，本书也属于这种情况，对城市更新进程的分期和讨论只是论述西方文化产业发展的必要手段和基础，也是开展相关研究的视角和背景。

③ 于涛方、彭震、方澜：《从城市地理学角度论国外城市更新历程》，载于《人文地理》2001 年第 3 期，第 41 ~ 43 页。

④ 李艳玲：《对美国城市更新运动的总体分析与评价》，载于《上海大学学报》（社会科学版）2001 年第 6 期，第 77 ~ 84 页。

价曲线”为分析工具，将西方城市更新历程理解为城市土地经济价值的不断变化和逐步得以实现的过程。[①] 这些研究开阔了对西方城市更新研究的思路，推动既有研究走向深入。

### 1.2.2 对西方文化产业发展理论的研究

从法兰克福学派提出文化工业的概念开始，西方文化产业发展已有近一个世纪的历史。国内外关于文化产业的研究层出不穷，大致包括对文化产业概念、范围的研究、关于文化产业政策的研究、关于文化产业区域发展和具体行业研究等多种内容，研究手法和角度也多种多样。本书无法一一列举，这也没有必要，因此本部分将根据研究需要简要分析国内外西方文化产业发展理论的相关研究。大致来看，西方文化产业理论研究基本上遵循着从意识形态的文化基础理论研究转向基于现实发展的文化产业应用理论研究的发展脉络。

国外关于文化产业发展理论的研究是从法兰克福学派对文化工业的批判理论开始的。法兰克福学派主要是以批判的眼光来研究当代文化的。他们提出了“大众文化”的概念，并将其置换为“文化工业”。该学派从对工业文明的批判中构建了自己的文化产业理论，其思想观点集中体现在一系列著作中，其中以《启蒙辩证法》[②] 一书最为典型。霍克海默和阿多诺对文化产业持否定态度，对其批判体现在文化产品的商品化、技术化、标准化和强迫化四个方面。本雅明，从另一个角度来看待文化产业，他认为艺术和技术的进步为民主和解放提供了机会，其观点集中体现在代表作《机械复制时代的艺术作品》[③] 中。继他们之后，法兰克福学派的其他主要代表人物马尔库塞[④]、哈贝马斯等人也对这个主题加以阐述。法兰克福学派首次利用社会批判理论系统分析和评论文化产业；首次意识到“文化产业”在当代社会再生产前提下的重要



① 甄栋、刘云月：《现代城市更新的经济学视野》，载于《山东建筑工程学院学报》2004年第4期，第13～17页。

② 马克斯·霍克海默、西奥多·阿多诺著：《启蒙辩证法》，渠敬东、曹卫东译，上海人民出版社2006年版。

③ 瓦尔特·本雅明著：《机械复制时代的艺术》，李伟、郭东编译，重庆出版社2006年版。

④ 赫伯特·马尔库塞著：《单向度的人》，刘继译，上海译文出版社2008年版。

性，把文化研究与批判性的社会理论整合起来，成为文化产业研究的起点。

法兰克福学派之后，对文化产业、大众文化及相关方面进行系统研究的当属英国文化学派。该学派以 1964 年英国伯明翰大学的当代文化研究中心（简称“伯明翰学派”）的成立为标志，代表人物有雷蒙德·威廉姆斯、斯图亚特·霍尔、约翰·费斯克、特里·伊格尔顿等，他们的代表作主要有《文化与社会》[①]《理解大众文化》[②]《审美意识形态》[③]等。“商业文化”“阶级性”“通俗文化”被确立为文化研究的中心。他们侧重于对文化产品中所包含的内容进行意识形态方面的探讨，注重研究文化产业的符号生产机制及符号生产的原则，所使用的概念多为哲学、政治学、文学话语，包括霸权、批判、解构、符号、编码、解码等，具有较强的理论思辨性，本质上是将文化置于一种社会生产与再生产的理论中加以研究。

法兰克福学派和英国文化研究都没有集中研究文化产业的技术方面，而没有从印刷、电子到互联网的传播技术的发展，文化生产是不可能产业化的，技术在现代社会的意义，不只是为文化生产及传播提供了一种新的更为有效的手段，更参与改造着当代社会结构及人的生活方式。对当代文化技术媒介的研究始于麦克卢汉。其早期对媒介的研究还是基于批判视角，在 1951 年出版的《机器新娘》[④] 中还猛烈批判各种新兴媒介形式的控制性，指控消费社会及其大众媒介将一种被动的形式强加于主体，促进了大众生产的一致性并加剧了对优秀文艺社会基础的腐蚀，但在 1964 年的《理解媒介》[⑤] 中，他转而研究传播新形式对空间、时间和人类感知等方面的根本性影响。从此开始，麦克卢汉不再关注现代技术的异化后果，而是认为技术是人体神经系统的延伸。按照其“媒介就是讯息”的观点，媒介最重要的方面，不在其传播的内容及其相关问题，而在于传播的技术媒介，重要的是这些媒介技术有效地转化



① 雷蒙德·威廉姆斯著：《文化与社会》，吴松江、张文定译，北京大学出版社 1991 年版。

② 约翰·费斯克著：《理解大众文化》，王晓珏、宋伟杰译，中央编译出版社 2001 年版。

③ 特里·伊格尔顿著：《审美意识形态》，王杰译，广西师范大学出版社 2001 年版。

④ 赫伯特·马歇尔·麦克卢汉著：《机器新娘——工业人的民俗》，何道宽译，中国人民大学出版社 2004 年版。

⑤ 赫伯特·马歇尔·麦克卢汉著：《理解媒介》，何道宽译，商务印书馆 2000 年版。

和形成了新的时空关系，重新结构公共生活和私人生活，重新建构社会关系和感觉方式。技术论不能充分解释文化产业，麦克卢汉的先知式的理论在概念使用上也缺乏严格界定，其理论的唯技术决定论倾向更是受到许多批评，但作为当代科技重要组成部分的传媒技术的重要作用却构成文化产业理论的基本内容之一，并在此后与后现代理论的结合中成为阐释文化产业发展的重要视角。后现代主义与技术论结合的重要人物是法国社会理论家让·鲍德里亚。在1967年写的关于《理解媒介》的评论中，鲍德里亚也认为麦克卢汉是一个技术还原论者和技术决定论者，其“媒介即讯息”的名言是“技术社会中的异化的一个恰如其分的表达形式”，但从1973年的《生产之镜》开始，鲍德里亚迅速转成为“法国的麦克卢汉”，把社会理论从物品功能向符号意义的转换推向极端。鲍德里亚分析了由不断增长的物、服务和物质财富所构成的惊人的消费和丰盛现象，认定当代社会富裕的人们不是像过去那样受到人的包围，而是受到物的包围。他给消费下了一个历史性和结构性定义：“即在否认事物和现实的基础上对符号进行颂扬。”在《物体系》(1968)、《消费社会》(1970)、《生产之镜》(1975)、《象征交换与死亡》(1981)、《传播的迷狂》(1988)、《幻想与仿真》(1994)等重要著作中，鲍德里亚发展了一套后现代文化理论，对分析文化产业的文本、符号而提供了一系列概念和方法，对文化产业理论研究起到重要推动。



随着文化产业的蓬勃发展，当今西方学者结合实际从多层面、多角度研究文化产业，产生了文化产业的应用理论。英国媒体理论家尼古拉斯·迦纳姆在产业理论的应用研究方面做出了重大贡献。他在《资本主义与传媒》[①] 一书中指出，文化产业采用了特有的生产方式和行业法人组织来进行符号的生产和传播，这些符号的表现形式虽然不都是商品，但是其表现形式却都是文化商品和服务。澳大利亚麦加里大学经济学教授、前国际文化经济学会主席戴维·思罗斯比在《经济学与文化》[②] 一书中以经济学的视角探讨了文化产业发展的问题，特别谈到了城市再造

① Nicholas Garnham. Capitalism and Communication: Global Culture and the Economics of Information, Sage Publications, 1990.

② 戴维·思罗斯比著：《经济学与文化》，王志标、张峥嵘译，中国人民大学出版社2011年版。

中的文化产业发展问题。查尔斯·兰德利在《创意城市》[①] 一书中，将"价值生产链分析法"引入了文化产业的应用研究，从而提出了文化产业的五个阶段性环节：创意的形成、文化产品的生产、文化产品的流通、文化产品的发送机构和最终消费者的接受等。理查德·佛罗里达在《创意阶层的崛起》[②] 书中从人的角度探讨文化产业相关问题，提出文化创意阶层的发展将决定城市未来的发展。大卫·赫斯默德夫在《文化产业》[③] 一书中从理论角度，并结合各国的文化产业发展的实际，系统地研究了文化产业的发展情况。全书重点围绕文化产业的"变迁"和"延续"两个方面进行论述，以政治经济学研究方法结合文化、社会、传播三大领域，概述文化产业的关键论题，包括媒体政策规范、产权、文化产品、全球化、数字化及科技聚合等议题。关于文化产业应用理论的研究还有很多，这里不再赘述。

我国对西方文化产业发展理论研究是从引介西方文化工业理论开始的。较早开展相关引介研究的是金元浦，此后程代熙、尹鸿、姚文放、金民卿等学者对法兰克福学派相关文化工业理论进行了引介研究，进一步推动中国对西方文化产业发展理论的研究，这些研究基本上秉承法兰克福学派对文化产业的批判看法。[④]



随着理论研究的深入和文化产业在全球范围的兴起，超越批判视角，对西方文化产业理论进行较全面探讨的研究也不断涌现，较有代表性的包括陈立旭的《现代文化产业形成的经济社会条件》、单世联的《阐释文化产业：三种视角》等文章。[⑤] 单世联在《现代性与文化工业》一书中对西方文化产业理论的发展脉络有比较系统的研究，分析文化与

---

① 查尔斯·兰德利著：《创意城市：如何打造都市创意生活圈》，杨幼兰译，清华大学出版社2009年版。

② 理查德·佛罗里达著：《创意阶层的崛起》，司徒爱勤译，中信出版社2010年版。

③ 大卫·赫斯蒙德夫著：《文化产业》，张菲娜译，中国人民大学出版社2007年版。

④ 金元浦：《试论当代的文化工业》，载于《文艺理论研究》1994年第2期。程代熙：《大众文化谈》，载于《求是》1996年第4期。尹鸿：《世纪转型：当代中国的大众文化时代》，载于《电影艺术》1997年第1期。姚文放：《文化工业：当代审美文化批判》，载于《社会科学辑刊》1999年第2期。金民卿：《西方大众文化理论研究评介》，载于《哲学动态》1999年第10期。以上文章均转引自王育济主编：《中国文化产业学术年鉴（1979～2002年卷）》，文化艺术出版社2009年版。

⑤ 这两篇文章均转引自胡惠林主编的《中国文化产业评论》，陈文发表于第三卷（2005），单文发表于第四卷（2006）。

工业经济的内在关联，并在此后持续深化相关研究，其最新《文化大转型：批判与解释》一书深刻阐明了西方文化产业理论的来龙去脉，评论诸理论的思维风格，可谓国内梳理西方文化理论的集大成者；[①]《世界文化产业发展前沿报告2003—2004》一书中介绍了当今西方学术界关于文化产业研究的前沿理论及实践，这些研究突破过去单纯从意识形态角度探讨西方文化产业发展局限，注重从应用理论角度，从消费社会、媒介技术等多角度探讨了西方文化产业的发展。此外，胡惠林、李怀亮等专家学者也对这一方面内容进行了探索，研究成果散见于各自所出综合性著作中，这里不再一一赘述。

总体来看，我国学者对西方文化产业发展理论的研究相比西方学界研究来说，相对仍较为单薄，研究的视角几乎没有脱离西方已有的理论视角，缺乏具有突破意义的研究。和学者对中国自身文化产业理论发展进程研究取得的突破相比，形成较大反差。[②]

### 1.2.3 对西方城市更新与文化产业发展关联的研究



西方城市更新进程在20世纪70年代以后有了重大转变，一方面，从单纯的物质更新发展到基于经济、社会、文化等多元层面的整体更新，城市的整体复兴成为城市更新的主要目标；另一方面，更新手段也有了较大的变化，对文化和市场等元素的强调成为城市更新的新趋向。学术研究是立足于现实实践的，基于文化在城市复兴中所发挥的积极作用，有关文化产业和城市更新的关联性研究，成为西方文献关注的重点。这类研究相比较城市更新和文化产业发展领域的研究内容起步较晚，但随着实践的发展，数量逐渐增多，内容也丰富起来，研究者的学科背景也跨越规划、建筑、管理、社会、城市地理、文化等多学科，呈现出多学科综合研究的态势。以研究的主题内容和年代分类，则相关研究可以大致分为两类。

---

① 单世联：《文化大转型：批判与解释》，中国社会科学出版社2017年版。

② 如在对中国文化产业相关研究，特别是早期研究的系统梳理中，《中国文化产业学术年鉴（1979～2002年卷）》提出“中国文化产业发展形成具有内生路径，文化产业概念产生有着中国特定语境”“文化产业的概念并不是对文化工业的简单转译，它的生成与改革开放之初对知识分子地位的认定、对知识产品价值的认定、对知识生产部门和行业的认定有着直接的关联”等观点，突破了传统的文化产业概念外来说，具有重大的理论创新意义。

一类是基于文化元素对城市更新作用的相关研究，其关键词在西方一般被称作文化导向的城市更新（Culture-led Urban Regeneration），主要是基于对西方城市更新进程中此类更新方式的大规模推行所展开的，具体研究内容一般涉及其作用、具体策略、评估等方面，主要以分析各地更新策略演化过程以及效果评价为主，这类研究开展较早，成果也较多。如研究各地文化更新策略的演化背景①、操作模式②及实施效果③；此外一些文章开始对单纯依靠大型文化旗舰更新项目重建城市形象的策略进行反思和批判，认为城市景观的文化复兴并没有促进社区发展和社会网络的形成，也未在本质上解决社会的融合问题，它们注重从社会层面关注城市更新进展，提倡政府以有效的制度支持本地社区参与更新，主张利用文化元素推动城市更新的同时更应强调社会的融合。④

---

① Rossi U. The multiplex city：The process of urban change in the historic centre of Naples，European urban and regional studies，2004，11（2），pp. 156 – 169；Miles Steven，Paddison Ronan. Introduction：The rise and rise of culture-led urban regeneration，Urban Studies，2005，42（5），pp. 833 – 839.

② Miles Steven. Our Tyne：Iconic Regeneration and the Revitalisation of Identity in Newcastle Gateshead，Urban Studies，2005，42（5 – 6），pp. 71 – 84；Beatriz García. Urban regeneration，arts programming and major events，International Journal of Cultural policy，2004，10（1），pp. 103 – 118；Perloff，Harvey S. Using the Arts to Improve Life in the City，Journal of Cultural Economics，1979（3），pp. 1 – 21；John McCarthy. Dublin's temple bar—a case study of culture-led regeneration，European Planning Studies，1998，6（3），pp. 271 – 281；Bell D，Jayne M. Design-led Urban Regeneration：a Critical Perspective，Local Economy，2003，18（2），pp. 121 – 134；Keating Michael，Frantz Monika. Culture-led strategies for urban regeneration：a comparative perspective on Bilbao，International Journal of Iberian Studies，2003，16（3），pp. 187 – 194.

③ McCarthy J. The application of policy for cultural clustering：Current practice in Scotland. European Planning Studies，2006，14（3），pp. 397 – 408；Evans，G. Measure for measure：Evaluating the evidence of culture's contribution to regeneration，Urban Studies，2005，42（5 – 6），pp. 959 – 983；Richards G，Wilson J. The impact of cultural events on city image：Rotterdam，cultural capital of Europe 2001，Urban Studies，2004，41（10），pp. 1931 – 1951；Evans，G. Hard-branding the cultural city-from Prado to Prada，International Journal of Urban&Regional Besearch，2003，27（2），pp. 417 – 440.

④ Tony Newman，Katherine Curtis and Jo Stephens. Do community – based arts projects result in social gains? A review of literature，Community Development Journal，2003，38，pp. 310 – 322；Grodach C. Beyond Bilbao：Rethinking flagship cultural development and planning in three California cities. Journal of Planning Education and Research，2010，29（3），pp. 353 – 366；Sharp J，Pollock V，Paddison R. Just art for a just city：Public art and social inclusion in urban regeneration. Urban Studies，2005，42（5 – 6），pp. 1001 – 1023.

另一类主要研究则是对城市更新与文化集聚区[①]、创意产业发展[②]的相关问题进行探讨，部分研究涉及了城市更新对文化产业的推动。这主要是因为随着时代发展，特别是英国政府提出创意产业的概念以后，各国纷纷将文化创意产业作为城市产业未来发展的主导方向，以从事文化活动及文化产品的生产消费为功能的文化产业集聚区成为文化主导城市更新的新形式。通过引导更新地区成为文化经济的集聚中心，或营造适宜产生创意活动的“苏荷区”，实现更新地区的文化、创意式转型，此类实践的发展引发了学界的关注。

纵观西方学者关于城市更新与文化产业发展关联的相关研究，存在两个问题：其一多是探讨文化产业在城市发展，特别是在城市竞争时代形成城市竞争力的作用，缺少从城市更新发展角度探讨其对文化产业推动的研究；其二大多将年代起点设为20世纪80年代以后，特别是创意产业兴起以后，对此前文化产业发展实践缺乏重视，造成城市更新背景下文化产业发展的相关研究存在年代断层。

国内学者对西方城市更新与文化产业发展的相关研究起步较晚，黄鹤和吴晨等从规划学角度较早引介了国外相关研究成果[③]。何韶颖[④]对



① Pollard J S. From industrial district to “urban village”? Manufacturing, money and consumption in Birmingham's Jewellery Quarter, Urban Studies, 2004, 41 (1), pp. 173 - 193; McCarthy J. The application of policy for cultural clustering: Current practice in John Montgomery. Cultural Quarters as Mechanisms for Urban Regeneration. Part 1: Conceptualising Cultural Quarters, Planning Practice & Research, 2003, 18: 4, pp. 293 - 306.

② Anders Lund Hansen, Hans Thor Andersen And Eric Clark. Creative Copenhagen: Globalization, Urban Governance and Social Change, European Planning Studies, 2001, 9 (7), pp. 851 - 869; Kate Oakley. Not So Cool Britannia: The Role of the Creative Industries in Gordon Waitt , Chris Gibson. Creative Small Cities: Rethinking the Creative Economy in Place, Urban Studies, 2009, 46 (5 - 6), pp. 1223 - 1246; Graeme Evans. Creative Cities, Creative Spaces and Urban Policy, Urban Studies, 2009, 46 (5 - 6), pp. 1003 - 1040; Ponzini D, Rossi U. Becoming a creative city: The entrepreneurial politics and the promise of an urban renaissance, Urban Studies, 2010, 47 (5), pp. 1037 - 1057; Darrin Bayliss, Denmark's Creative Potential: The role of culture within Danish strategies, International Journal of Cultural policy, 2004, 10 (1), pp. 5 - 28; Allen Scott. Creative Cities - Conceptual Issues and Policy Questions, Journal of Urban Affairs, 2006, 28 (1), pp. 1 - 17.

③ 吴晨:《文化竞争：欧洲城市复兴的核心》，载于《瞭望新闻周刊》2005年第z1期，第26~28页。黄鹤：《文化政策主导下的城市更新——西方城市运用文化资源促进城市发展的相关经验和启示》，载于《国外城市规划》2006年第1期，第34~39页。

④ 何韶颖:《基于文化活动的人文主义城市复兴》，载于《华中建筑》2007年第2期，第86~87页。

西方文化导向型城市更新发展进程中产生重要影响的报告《城市复兴中的艺术：基于文化活动的城市更新》（*The Art of Regeneration*：*Urban Renewal Through Cultural Activity*）一文进行引介和述评。由于英国在相关实践方面开展较早，也取得了较大的成功，因此，国内对于英国经验的介绍和研究相对集中，于立、董奇、张乃戈、王文婷、易晓峰、李宝芳等先后从不同方面开展了相关研究。[①] 随着创意产业在国内的兴起，周蜀秦、徐琴等探讨了西方创意产业与城市更新的关系。[②] 除了从城市规划学角度展开研究之外，近几年出现了从地理学[③]和社会学[④]角度对相关内容的研究。总体来看，国内相关研究还处于起步阶段，无论是研究内容还是研究角度都和西方相关研究有较大差距。

### 1.2.4 已有研究的不足

从已有的研究来看，国内外对西方城市更新进程、文化产业发展进程和二者关联的研究内容相对丰富，成果也较为突出，较好地反映和指导了相关实践。丰富的研究成果一方面为笔者认识相关问题奠定了基础，另一方面也为本书写作的开展提供了思路和素材。但已有的相关研究也不是完整无缺，通过阅读前人的研究成果，笔者发现，此前相关研究还存在一些问题，这为本书的研究提供了探索空间，具体包括以下三点：



---

① 于立、杰里米·奥尔登：《城市复兴——英国卡迪夫的经验及借鉴意义》，载于《国外城市规划》2006 年第 2 期，第 23 ~ 28 页。于力、张康生：《以文化为导向的英国城市复兴策略》，载于《国际城市规划》2007 年第 4 期，第 17 ~ 20 页。董奇、戴晓玲：《英国“文化引导”型城市更新政策的实践和反思》，载于《城市规划》2007 年第 4 期，第 59 ~ 64 页。张乃戈、朱韬、于立：《英国城市复兴策略的演变及“开发性保护”的产生和借鉴意义》，载于《国际城市规划》2007 年第 4 期，第 11 ~ 16 页。王文婷：《以文化为导向的英国城市复兴策略及其对中国城市的启示》，载于《室内设计》2009 年第 5 期，第 55 ~ 58 页。易晓峰：《从地产导向到文化导向——1980 年代以来的英国城市更新方法》，载于《城市规划》2009 年第 6 期，第 66 ~ 72 页。李宝芳：《英国城市复兴中的文化因素及其对我国的启示》，载于《生产力研究》2010 年第 2 期，第 168 ~ 169 页。

② 周蜀秦、徐琴：《全球化的创意产业与城市空间再造》，载于《世界经济与政治论坛》2007 年第 2 期，第 40 ~ 45 页。

③ 孙萌：《后工业时代城市空间的生产：西方后现代马克思主义空间分析方法解读中国城市艺术区发展和规划》，载于《国际城市规划》2009 年第 6 期，第 60 ~ 65 页。

④ 王婷婷、张京祥：《文化导向的城市复兴：一个批判性的视角》，载于《城市发展研究》2009 年第 6 期，第 113 ~ 118 页。

第一，既有研究过于强调文化等因素对城市更新的推动作用，忽视从城市更新角度探讨文化产业发展相关问题。这主要是因为目前相关研究大多是从城市规划、社会学等学科开展的，其研究的本体是城市更新，文化导向的城市更新只是城市更新众多策略中的一种，文化、文化产业等因素只是被视为推动城市更新的工具。因此本书将研究的重点放在了城市更新对文化产业的推动上，对文化产业对城市更新的推动不做重点研究。

第二，传统文化产业发展理论研究强调从政治经济学、哲学批判角度、文化学角度和传媒、技术角度探讨西方文化产业发展的问题，缺乏从空间理论、城市发展视角探讨文化产业发展的研究。事实上，通过梳理西方城市更新和文化产业发展历史，我们可以发现城市更新在文化产业发展历史上具有举足轻重的作用，同时从城市发展的视角研究文化产业发展，可以较好地阐释一些文化产业发展中长期存在的学理问题。因此本书着重从城市发展角度，以城市更新实践为线索，探讨文化产业的发展问题，不过多涉及基于批判视角、文化视角和技术视角对文化产业发展的研究。

第三，既有研究过多探究城市更新与创意产业发展的关系问题，忽视对文化产业早期发展的研究，造成研究的年代缺环。创意产业是在新形势下涌现的文化产业发展的较高阶形式，其的确和城市更新有较直接的关联，但整体性的文化产业和城市更新的关系也十分密切，可以说城市更新对文化产业从产生到发展都有密切关联，其在20世纪70年代以前早期文化产业发展历程中的作用尤为关键，只不过是作用形式较为隐蔽而已，而这也恰恰是学界所忽视的。因此，本书后面特别将研究的着重点放在这个年代缺环上。



## 1.3 研究思路及方法

### 1.3.1 以史为本与兼跨学科相结合的研究视角

本书力图以“发展”的观念研究城市更新与文化产业各自的历史及二者之间的关系史。之所以将历史研究作为本书的研究基础与核心，除了学科专业所属之外，更在于笔者认为，当下城市更新和文化产业发展进程研究特别是后者的诸多理论盲点，很多误解、偏见，相当大程度上需归结于我们不了解二者之间那段波澜壮阔、复杂多变的发展历史进程，而过往历史的发展与实践经验往往是探讨和解决某一问题最有力的证据。选择从专门史研究的视角来分析解读那段历史，通过案例和重要事件来勾勒出文化产业和城市更新发展的历史轮廓，除了这二者本身即属于实践性很强的探索之外，还是一种相对无奈的学术研究选择，这主要是因为无论是世界范围还是当前中国文化产业和城市更新发展的基础理论研究还相对缺乏，缺少学界公认的理论原点。① 既然无法从学科既有框架之内搭建起研究的理论脉络，不如从历史的宏大叙事中、从波澜壮阔的发展实践中，撷取关键的发展节点、事件，探讨文化产业与城市更新互动发展的理论研究体系，从实践中总结理论，以理论指导实践并在实践中检验理论。

本书立足于历史学的研究方法，对西方城市更新与文化产业各自兴起、发展的背景与进程进行了深入探讨，并将研究的重点放在了考察城市更新对文化产业发展的推动上。研究主要围绕两条历史主线进行：一条是西方城市更新的历史进程，另一条则是文化产业受城市更新影响推动发展的演进历程，试图在对城市自身更新历程的研究和描述中，使文化产业在城市发展的路径历程得以映现。其中对城市更新进程的描述采取了平铺叙事的方法，通过对历史年代的分期、重大事件的选取和评价，勾勒出西方城市在半个多世纪来的更新发展过程；而对文化产业发展历程的叙事，则更多地采取“伴生”的视角，通过选取关键性节点事件来论证、分析城市更新对文化产业发展的影响，进而推演其发展的路径和历程。文化产业发展是当代历史演变的产物，利用历史学研究方法对这段历史做一番考察将有助于我们从宏观上把握战后文化产业发展的大背景，使我们得以在时代变化的动态情形下考察和分析其产生发展的历史渊源和深刻原因。从这个意义上讲，历史学研究方法为本书的研究提供了一种历史维度，一种历史纵深感。



① 山东大学出版的《中国文化产业学术年鉴》对中国文化产业发展的理论原点等进行了较为细致的研究，在此方面进行了具有开创意义的研究，基本厘清了中国文化产业发展的内生路径，对本书相关研究思路的形成具有一定启示作用。但目前国内外对西方文化产业发展进程的相关研究还比较零散，缺乏系统性。

以史为本而又不囿于单纯的历史研究，跨学科的综合多元研究也是本书较多采用的一种研究方法。历史的研究方法并不能确保提供一种答案，采用跨学科研究方法不仅是本书深入研究的必需条件，也是实践发展和理论研究深入使然。本书研究内容涵盖城市更新和文化产业发展两个主题，并着重探讨二者间的关联，这本身就构成跨学科的研究；更遑论城市更新和文化产业都是发展中的学科，时至今日，城市更新以及文化产业发展等早已是社会广泛关注的议题，建筑、城市规划、文化学科之外，社会学、产业经济学、生态学、地理学等多学科介入相关研究，使城市更新和文化产业研究二者本身已成为跨学科的研究领域，在相关学科中迅速兴起，成为横跨文、社、理、工各科的新兴显学。因此在对城市更新和文化产业发展两条历史主线的梳理过程中，文章综合运用了城市规划学、建筑学、遗产保护学、经济学、社会学、文化学、管理学等多学科的基本理论，以二战后西方城市特别是欧美国家城市更新进程为主线，探讨了其发展范式理念的转变，通过其对文化产业的影响推动映现出文化产业发展的历程，研究文化产业与城市发展的关联，并在对文化产业发展史上一些理论盲点的分析中采用了跨学科的理论与方法和全方位、多层面的视角，进行了具体研究，取得了一些成果。如通过社会学的相关研究，对西方20世纪60年代发生的反正统文化运动在文化产业发展进程中的作用和意义进行了探讨，揭示了其在“大众文化的自我正名并进而解决文化产业发展道德困境”层面所起到的重要作用。而在探讨20世纪70年代文化产业在城市更新过程中取代传统产业成为后工业时代主导产业的研究中，则更多地采用了产业经济学的视角等。可以说，这种跨学科的研究方法和多层面的视角的运用几乎贯穿了本书的各个章节。



### 1.3.2 整体论证与微观分析相结合的研究手法

对城市更新和文化产业发展的研究都是各自学科领域较为重要的研究内容，甚至毫不夸张地说，随着二者影响力的提升，已经形成了事实上的独立学科体系，城市更新早期在城市规划学科体系内，主要是因为早期城市更新更多的是从物质层面探讨城市空间的发展，而随着城市更新向城市复兴的理念转向，城市更新更多的涉及城市的整体综合发展，其融合社会学、经济学、地理学等相关学科内容，自身逐渐发展成为一门独立学科。文化产业的学科发展更是经历了实质性的突破，早期作为文化学的一个分支，主要是探讨文化的意识形态属性，而随着对文化功能价值、经济资本因素的强调，文化产业逐渐成为社会发展中的重要产业门类，相关研究也脱离单纯文化学的研究范畴，进入更为广阔的发展体系，自身也逐渐发展成为独立的文化产业学科体系。从这个角度来看，本书研究的内容实质上涉及了两个当前发展最为显著的学科，即使单就研究二者之间的关联而言，其涵盖内容也极为丰富，作为年份跨越极大的两个事件，其发展过程经历了战后较长的历史，二者本身各类标志性事件也层出不穷，这就需要强调整体性的研究理念，从整体角度研究二者之间的关联。因此，无论是探讨二者各自的发展简史，还是二者的关系，本书对城市更新和文化产业采用的都是整体性范畴下的概念。对二者发展的历史分期，也采用较为宽松的历史年代分期方式，不去纠结具体年份的问题。此外，城市更新和文化产业发展是西方城市发展进程中影响深远的历史实践，波及几乎是所有的国家和城市，虽然在具体政策、事件上有差异，但城市更新运动和文化产业发展的整体阶段具有一定的相似性，因此在文章的讨论中，把目光投向各分期中主要的有代表性的国家及其相关政策，以映射出整个西方社会的发展脉络，而尽量不去纠结每个阶段具体的国家、城市差别。



在强调整体性概念的研究视角之下，本书对二者发展进程中个别关键事件、关键节点、关键行业的研究则采取了具体的微观分析的研究方式，力求做到个别研究和一般研究相结合，以更好地构建研究体系。如对美国城市更新在 20 世纪 60 年代的转向就进行了详细的阐述，这是因为这一转向具有发展理念范式转向的意义，同时对个别事件如反正统文化运动、阁楼运动、美国国家历史保护法颁布等进行了具体探讨，因为这些城市更新和文化产业发展进程中的关键事件对整个历史进程产生了较大影响，具有里程碑式的发展意义，因此必须详细论述这些具体实践。再比如在具体探讨城市更新对文化产业发展推动的第 3、第 4 章中，每章的讨论中笔者都安排了相当篇幅的内容对文化遗产保护行业进行了具体探讨，从整体框架来看，似乎有突兀之感，但实际上，这正是本书强调整体论证与具体分析相结合研究手法的体现，在这里，文化遗产保护行业是作为文化产业行业体系中重要组成部分出现的，而且它又是和城市更新发展进程关系最密切的文化产业行业。可以说，城市更新最直接作用的具体文化产业行业门类就是文化遗产保护行业，不仅包括一些直接的具体推动，如对某一个或一类文化遗产的具体保护，更包括遗产保护整体发展理念的转变，即城市更新不仅推动文化遗产保护事业的起步和发展，更通过消解文化遗产的文化高雅性、纪念碑性内涵，实现了将文化遗产作为经济资源投入到社会世俗生活领域，进而推动文化遗产保护事业更好发展的目的。因此，通过对这个具体行业在城市更新进程中实现理念转向进而蓬勃发展的分析论述，能够最直接也最深刻地揭示出城市更新对整体性文化产业发展的根本性推动，即通过消解文化的意识形态性，强调其功能价值和经济价值，使其进入经济社会等世俗生活领域，进而形成产业门类。

### 1.3.3 理论演绎与个案分析相结合的研究框架

城市更新和文化产业各自学科发展都有一定的理论体系。本书立足于这些基本理论，梳理了城市更新和文化产业发展的历史，从城市更新视角审视文化产业发展，在探讨城市更新对文化产业发展的推动过程中，初步探讨了西方城市更新推动文化产业发展的理论体系，对明确西方文化产业发展特别是早期发展具有一定的学理意义，同时对我国文化产业发展和城市更新都有较好的借鉴意义。



在演绎相关理论的同时，本书还选取合适案例对理论体系进行了实证研究。理论的作用在于指导实践，西方城市更新推动文化产业发展理论毕竟是特定历史和发展环境的产物，是西方城市社会发展到一定阶段的产物，中国的城市更新和文化产业发展具有较强的本土性，基本上是沿着中国特殊国情和城市环境内生路径发展起来的，相关理论能否用于指导中国的实践，还需要实践检验。因此，本书在文末特地安排了案例分析，通过选取特定城市对相关内容进行了实证研究，具体选取了近期产生广泛影响的山东省枣庄市台儿庄区通过“台儿庄古城”项目带动城市更新，进而推动城市文化产业发展的实践案例。之所以选择这个案例，首先，因为它具有典型的样本意义，它通过城市更新和文化产业互动发展，在较短的时间内实现了城市更新发展和文化产业发展的目标，产生了较大的影响。其次，由于此前一些实践和科研的原因，我对该案例从头至尾一直较为关注，从 10 多年前最早的“台儿庄古城”旅游总体性规划时期就曾参与其中，并在随后的时间内多次调研考察项目进展，获得了大量的相关资料，保证了研究的深度和精度。在实证研究的过程中，将研究理论运用于具体实践，使用新的观点和角度去解读、分析案例，探讨了其具体发展经验。

# 第2章 西方城市更新与文化产业发展的相关理论研究基础

## 2.1 经历发展理念范式转变的两个概念

城市更新和文化产业都是发展中的概念，其发展的路径都是循着内涵提升，外延扩大进行的。城市更新概念经历了从城市重建、城市更新、城市再开发、城市再生、城市复兴的不同界定，文化产业的发展也经历了诸如大众文化、文化工业、知识经济、内容产业、文化产业、创意产业等不同的概念，这些概念虽然繁杂，但都贯穿着一个核心的本质，即定义变化的过程就是人们对其认识理念发展的过程，而且都显著地表现为去污名化，都从带有贬义的被批判对象发展为重要的理论和实践的概念，同时也体现了学科发展意义上的思维范式转向的过程。

### 2.1.1 从城市更新到城市复兴

就广义内涵而言，城市更新是一个历史的概念。

城市更新古已有之，中外历史上比比皆是，算不上什么新鲜事。城市从诞生之日起，其不断发展的过程就是不断更新的过程，因此，可以说城市更新伴随城市发展的全过程。芝加哥学派城市社会学家伯吉斯和博格认为，如果将城市视为一个有机体，那么其动态变化的过程就会出现成长、成熟、衰退、没落或更新等现象。城市更新是城市在生长过程中必然要进行的新陈代谢过程，除了一些历史上业已消逝的城市，它从未停止也不可能停止，在一定程度上讲，它是城市发展永不停滞的脉搏，其表现形态就是城市物质结构、空间结构、经济结构、社会结构和文化结构的一次次变迁。古往今来无数城市发展的历史已经证明这一点。考古发掘已经证实中国古代很多城市都在岁月流逝中经历了不断地更新，如古都洛阳，其新旧城池叠压的格局，就可视为城市更新留下的痕迹；而放眼世界，从雅典到罗马，从巴黎到伊斯坦布尔，也无不经历着城市更新的漫漫历程，巴黎城内残存的几道不同时期的城墙遗迹已成为这个城市从塞纳河中的一个小岛上的“卢特提亚”一步步更新成为现今世界超级大都市的见证。

尽管城市更新就其广义内涵而言可以追溯至城市诞生之日起，但城市更新作为一个专有名词正式提出并引起广泛关注则是在 20 世纪中叶以后。一般认为现代意义的城市更新发轫于美国，其标志是 1949 年美国国会通过的《住宅法》引发了持续了近 20 年之久的大规模的城市更新运动，这也是狭义的城市更新概念最早所指。

较早地对城市更新的学术界定来自 1958 年 8 月在荷兰海牙市召开的第一次城市更新研究会，会上对城市更新做了列举式说明：“城市更新是一种将城市中已经不适应现代化城市生活的地区做必要的有计划的改造活动。生活在城市中的人，对于自己所居住的建筑物、周围的环境或出行、购物、娱乐及其他生活活动有各种不同期望和不满；对于自己所居住的房屋的修理改造，对于街路、公园、绿地和不良环境的改善有要求及早施行，尤其对于土地利用的形态或地域地区制的改善，大规模都市计划事业的实施，以形成舒适的生活环境和美丽的市容抱有很大的希望。包括所有这些内容的城市建设活动都是城市更新。”①

韦氏词典将“urban renewal”定义为“在都市区重建或修复不合规格建筑的建造计划”。此外《不列颠百科全书》对城市更新的定义为：“对错综复杂的城市问题进行纠正的全面计划。包括改建不合卫生要求、有缺陷或破损的住房，改进不良交通条件、环境卫生和其他服务设施，整顿杂乱的土地使用方式，以及车流的拥挤堵塞等。最早，工作重点通常集中于改建住房与公共卫生设施，最后则日益强调拆除贫民区，将居民及工厂拥挤的城区安置在空地较多的地点。每个国家都根据本国的政治制度与行政体系，按各自的办法进行城区更新工作”。②



① 李德华主编：《城市规划原理》，中国建筑工业出版社 2001 年版，第 558 页。

② 转引自李世伟：《我国大项目带动城市更新探析》，清华大学硕士学位论文，2004 年。

这几个界定都是对狭义现代城市更新运动早期单纯物质更新特征的深刻揭示，事实上，无论是美国还是西欧等其他西方国家，20 世纪 70 年代之前的城市更新运动大多是基于对城市物质空间磨损的补偿。而究其本质，此类城市更新运动仍是历史上广义城市更新的延续，是对城市在不断发展和扩展过程中造成的旧有城市肌理物质衰败的更新。只是由于战争破坏和资本主义快速发展，此时的城市更新在规模和速度上，都已明显超越以前缓慢的、自然的更新进程。

狭义的城市更新也是一个发展中的概念，是一种任务导向的动态变更过程。事实上将广义的城市更新进程限制在具体的年代和地域就构成狭义的城市更新，它更多地体现出阶段性的特征，其内涵也表现出鲜明的时代性和地域性，并根据背景的变化，呈现出日益完善的高阶特征，这是城市更新概念不断发展变化的根源所在，也是迄今为止学术界未能形成一个关于城市更新的权威、确切定义的原因。

自 20 世纪 40 年代末以来，西方城市更新概念发生了多次明显的变革，产生了多个和城市更新相关的概念，如城市重建（urban reconstruction）、城市复苏（urban revitalization）、城市更新（urban renewal）、城市再开发（urban redevelopment），以及城市复兴（urban regeneration、urban renaissance①）等，这些词汇虽有差别，就其本质来讲都是属于城市更新的范畴，既是城市更新不同历史阶段任务、目标的具体表达，又是城市更新不同内容、范围的改造方式的表达，但都是特定阶段的城市更新运动的不同表现形式而已，具体可见表 2-1。学界已经对这些概念的细微区别进行了一些探讨，本书就不纠缠于此了，而是将重点放在具有范式意义的思想转向上。考察这些不同阶段的城市更新运动，可以发现其中最关键的转变是从“urban renewal”到“urban regeneration”。这一转变反映出对城市更新认识的理论深化和实践发展，城市更新运动的实质由



① “urban regeneration”一词国内有译作“城市再生”，主要是基于 regeneration 的生物学词源意义，吴晨 2002 年在《世界建筑》杂志上发表《城市复兴的理论探索》一文，首次将此词译作“城市复兴”，后来又在其 2004 年博士论文《西欧城市复兴理论研究及对中国的借鉴》一文中详细阐释了该词的译法，此后国内学术界基本采用了该译法。urban renaissance 是英国罗杰斯爵士领衔编写的《迈向城市的文艺复兴》（*Towards an Urban Renaissance*）报告标题中率先使用的，但该报告并未对该词进行阐述，且报告正文涉及城市复兴的词汇大多均使用“regeneration”一词，基本可以将这两个词视为同义，即均为“城市复兴”的意思，renaissance 用于标题有可能更多的是起强调和突出作用。

单纯物质环境的改善到社会与经济的复兴，进而发展到谋求城市竞争力的提升，逐步走向成熟。

**表 2－1　　西方城市更新的阶段演进**

| 整体分期 | 二战后至 20 世纪 60 年代 | | 20 世纪 70 年代以后 | | |
|---|---|---|---|---|---|
| 政策范式 | 城市物质更新 urban renewal | | 城市综合复兴 urban regeneration | | |
| 具体年代 | 20 世纪<br>四五十年代 | 20 世纪<br>60 年代 | 20 世纪<br>70 年代 | 20 世纪<br>80 年代 | 20 世纪<br>90 年代至今 |
| 城市政策具体特征 | 城市重建<br>reconstruction | 城市活化<br>revitalization | 城市再生<br>regeneration | 城市再开发<br>redevelopment | 城市复兴<br>renaissance |
| 社会背景 | 战后恢复、人口增长、住房短缺 | 贫困、种族矛盾等社会问题突出 | 全球产业转移导致社会经济衰败 | 新自由主义社会经济政策导致社会、经济结构剧烈变动 | 城市经济复苏，但社会发展不平衡，社会排斥严重；全球竞争加剧 |
| 国家政策总体理念 | 凯恩斯主义 | 凯恩斯主义 | 新自由主义 | 新自由主义 | 新凯恩斯主义 |
| 城市更新战略导向 | 根据总体规划设计对城镇旧区进行重建与扩展；郊区化 | 注重解决社会贫困和公平问题，缓解社会矛盾 | 振兴城市经济，提高内城吸引力 | 振兴城市经济，促进社会转型 | 面向全球化国际竞争；可持续发展和社区更新 |
| 参与角色 | 国家和地方政府主导；私人开发商适度参与 | 公共部门和私有部门共同作用；私有部门作用开始增强 | 私有部门逐渐承担重要作用；地方政府作用逐渐增强 | 强调私有部门主导作用；强调公私伙伴关系；公共部门提供基金、政策引导 | 公私合作伙伴关系成为主导，公共部门、私有部门和非营利性组织之间较好合作 |
| 空间层次 | 特定毁坏、贫困、衰败片区 | 贫困衰败片区、少数族裔社区 | 内城衰败地区 | 城市中心区 | 向更大的区域范围拓展，强调城市与区域整体化发展，应对全球化调整 |

资料来源：根据彼得·罗伯茨、休·塞克斯主编：《城市更新手册》，叶齐茂、倪晓晖译，中国建筑工业出版社 2009 年版，第 13 页；阳建强：《西欧城市更新》，东南大学出版社 2012 年版，第 23 页；曲凌雁：《更新、再生与复兴——英国 1960 年代以来城市政策方向变迁》，载于《国际城市规划》2011 年第 1 期；朱力、孙莉：《英国城市复兴：概念、原则和可持续的战略导向方法》，载于《国际城市规划》2007 年第 4 期等资料综合整理。

20 世纪 70 年代以前“urban renewal”体现的机械物质环境更新破坏了城市原有社会肌理和内部空间的完整性，因而受到学者广泛的质疑，同时也引发了政府的反思。此后“urban regeneration”一词在一些西方发达国家逐渐发展起来，指代西方尤其是英国在经历全球产业链转移后衰败旧工业城市的一种城市更新策略，以及其他改善内城及人口衰落地区城市环境，刺激经济增长，增强城市活力，提高城市竞争力的城市再开发活动。它进一步丰富和深化了“城市更新”的内涵，使“城市更新”从最早单纯的物质空间变更向着更为深远的产业更替、经济转型等城市综合更新转变。目前，它已成为相当数量的西方国家城市建设领域的一个主要议题和社会实践活动，并且日益成为一个主要城市政策目标。这一概念产生的背景是，西方国家在二战之后经历了一段长时间平稳高速的经济增长期后，进入到 20 世纪 70 年代，由于各种因素的作用，经济增长呈现的则是更多不规律性和不可捉摸性，也随之引发了越来越多、越来越严重的各种社会问题，许多西方传统工业城市或城市的部分地区出现了衰败。随着不同阶段的理论探索与实践，他们逐步认识到，城市的更新不仅仅是物质环境的改善，更应该重视运作的过程，以人为本，融汇社会、经济、环境和文化全面的复兴。



学界对城市复兴的概念也进行了总结，虽有争议，但基本上都认可城市复兴是一种全面综合的城市更新发展策略。如英国彼得·罗伯茨认为：urban regeneration 是一项旨在解决城市问题的综合整体的城市开发计划与行动，以寻求某一亟须改变地区的经济物质、社会和环境条件的持续改善。它主要涉及已经失去的经济活力的再生或振兴；恢复已经部分失效的社会功能；处理未被关注的社会问题；以及恢复已经失去的环境质量或改善生态平衡等，更着眼于对现有城区的管理和规划。①

伦敦规划顾问委员会的利歇菲尔德（D. Lichfield）在她的《为了 90 年代的城市复兴》（*Urban Regeneration for* 1990s）一文中，将“城市复兴”一词定义为：用全面及融汇的观点与行动为导向来解决城市问题，以寻求对一个地区得到在经济、物质环境、社会及自然环境条件上的持续改善。②

---

① 彼得·罗伯茨、休·塞克斯主编：《城市更新手册》，叶齐茂、倪晓晖译，中国建筑工业出版社 2009 年版，第 15 页。

② 转引自吴晨：《城市复兴的理论探索》，载于《世界建筑》2002 年第 12 期，第 72～78 页。

虽然这些还尚不能被认为是“城市复兴”一词的标准定义，但可说是基本涵盖了城市复兴一词所应有的内容。城市复兴概念的形成是一个发展的过程，它是建立在过去半个世纪城市更新变化及政策调整的基础上。城市复兴是综合的，在精神和物质上是双重的，它不仅包括了旧城保护与整治的全部内容，还包括了经济、社会、环境与文化等社会范畴的一种全面的建设。同时它还是个相当艰巨、持续性的任务，是后工业社会城市更新的基本目标，于多方面、多层次地影响着城市发展。

### 2.1.2 从文化工业到文化产业

在20世纪中叶，和西方城市更新几乎同时兴起并引发广泛关注的还有一个社会现象，就是“文化工业化”（culture industry）问题。巧合的是，这一概念的发展也是从否定性批判开始的，法兰克福学派对这一课题进行了先锋探索，并以其哲学家的敏感对这一现象进行了发人深省的批判，以否定批判的姿态点燃了文化产业研究的燎原之火。随着时间的流逝，半个多世纪过去了，如同城市更新运动随着不断发展日益理性和深入而被人们广泛接受一样，“文化工业化”现象及其引发的文化产业在全球范围内的蓬勃发展，也已被人们普遍认可。美国后现代理论家詹姆逊在《后现代主义：晚期资本主义的文化逻辑》一书中，将文化产业的迅速崛起称为文化的“爆炸效应”，他认为文化的威力在整个社会范畴里以惊人的幅度扩张起来，使社会生活里的一切活动都充满了文化意义，从经济价值到国家权力，从社会实践到心理结构，人们对文化产业重要性的认识已达到空前的统一。①



和城市更新概念一样，文化产业也是一个特定历史语境的概念，并在社会环境的变动中不断发展完善着，同时基于文化内涵的丰富性，也导致了文化产业在发展中衍生出了诸多近义词，除了文化产业这一常用的词汇之外，还有内容产业、艺术产业、媒体产业、娱乐产业、版权产业以及创意产业等，因此，对文化产业的概念界定也是众说纷纭的，并在不同的历史和文化背景下以及不同的意义上理解和使用着这一概念。众多学者在大量的论文、专著中对此进行了深入探讨，取得了一些共

① 转引自李春媚：《文化产业·文化工业·大众文化——涵义与功能的廓清》，载于《湖湘论坛》2009年第1期，第66~67页。

识，但也留下了很多的争论；同时文化产业又是一个实践性较强的概念，各国政府和国际组织也基于国家战略、地域特征、文化政策等的差异，从实际出发提出了各自不同的概念，这些概念更多的是基于文化产业的范围来进行界定，从而导致文化产业外延界定的复杂性。从严格意义上来讲，这些概念间或多或少都有差异，但从这些概念的外延看，它们有极大的重叠，除了小部分外延差异外，主要是观察视角的不同，专家们也常常相互替换使用。因此，本书不过分纠缠这些概念的具体差异，而将其视为同类概念，都统一作为文化产业处理。

界定文化产业，必须首先对文化产业的词源和概念发展史进行梳理，透过历时性背景得出概念性认识，从中了解文化产业是如何在半个多世纪内，从一个否定意义的学术概念逐步发展成为一种广为接受的政策实践的。这方面已经有很丰富的研究成果，总揽这些成果，可以发现文化产业的词源比较清晰，学界也基本达成共识，即比较统一的认为法兰克福学派的阿多诺和霍克海默在他们 20 世纪 40 年代出版的《启蒙的辩证法》一书中最早提出了“culture industry”的概念；此后文化产业概念经历了较为明显的阶段性转向，并根据时代背景的变化呈现出不断发展、完善的特征。



在西方，文化产业概念通用的形式为“culture industries”，其词源为法兰克福学派批判理论中的“culture industry”（中文一般译作“文化工业”）一词，它有着十分具体的历史和文化语境。阿多诺和霍克海默在 1947 年出版的《启蒙的辩证法》一书中首先使用了“文化工业”（culture industry）一词。开始写作时阿多诺用的是“大众文化”，后来又改为“文化工业”。阿多诺曾在《文化工业的再思考》中这样回忆说；“在草稿中我们用‘大众文化’。我们之所以用‘文化工业’取代‘大众文化’是为了从一开始就排除与它的鼓吹者相一致的那种解释。”① 显然，以“文化工业”取代“大众文化”，意在强调批判性的概念。他们用这一概念来批判资本主义社会里凭借先进的技术手段大规模复制、传播和消费文化产品的现象。在他们的语境中，“culture industry”是一个否定性概念，并在很长时间内都被用作一个高度概括的抽象哲学词汇，具有强烈的意识形态意义，形成一系列复杂的批判与反批

① 马丁·杰著：《阿多诺》，瞿铁鹏、张赛美译，中国社会科学出版社 1992 年版，第 183 页。

判理论体系。

但随着历史的推进，尤其是科技革命带来产业升级的压力、城市更新推动的城市发展、消费社会的成型以及社会文化运动对文化意识形态属性的消解，这一词语最初产生的语境已被新的语境所置换，已逐渐取代对文化产业的批判，导致对文化的经济属性的观照得到强调，“culture industry”这一概念的意识形态功能逐步弱化，“culture industry”一词的翻译，也从“文化工业”这一带有批判取向的名称，向“文化产业”这一无感情色彩、较为中性的名称转换，用来特指一个新的产业类别，被广泛运用于各国文化产业的管理实践和理论研究中。1980年初，欧洲议会所属的文化合作委员会首次组织专门会议，召集学者、企业家、政府官员共同探讨“文化产业”的含义、政治和经济背景等问题，“文化产业”作为专用名词从此“正式与其母体脱离”，成为一种广泛意义上的“文化—经济”类型，较多地使用其复数形式“culture industries”，以标示区别。[①] 需要说明的是，文化产业概念的这一转向虽然在20世纪80年代得以明确，但其发生发展早在五六十年代就已经逐渐开始了，并有关键性的节点事件推动，如反正统文化运动、阁楼运动等，本书之后章节将予以详细阐述。



文化产业概念发展阶段可以较为清晰的呈现这一转变。澳大利亚昆士兰技术大学创意产业研究和应用中心主任斯图亚特·坎宁安对文化产业的概念发展史做了四个阶段的划分：20世纪三四十年代法兰克福学派的否定性批判时期；七八十年代重新用文化来界定古老的商业产业时期；撒切尔城市重建等实用主义艺术实践时期；新古典主义经济学对艺术的应用时期。从坎宁安的划分来看，文化产业自第二阶段开始就脱掉了学术争论的外衣，开始成为经济政策的工具。进入90年代，西方文化产业的发展日益迅猛，学者们对于文化产业的争论逐渐由学理意义上的探究转向现实功能上的界定。[②]

国内也有研究者将西方文化产业概念发展划分为三个阶段：即20世纪30~50年代，法兰克福学派的批判性观点；20世纪七八十年代，文化产业概念的界定逐步走向实践层面的一个重要过渡阶段；20世纪

① 单世联：《现代性与文化工业》，广东人民出版社2001年版，第381页。

② 苑捷：《当代西方文化工业理论研究概述》，载于《马克思主义与现实》2004年第1期，第98~105页。

80 年代以后，文化产业从概念之争完全走向实践层面。①

本书认为，尽管上述几种划分具有较好的探索意义，但仍有一些问题存在。首先，阶段分期有断层，忽视了 20 世纪五六十年代在文化产业发展历史上的重要作用，这主要是没有意识到城市更新对文化产业发展的重要作用，关于这一点，本书后面将会详细论述；其次，对文化产业具有范式意义的转向强调不够，事实上，70 年代是文化产业发展历史上具有重要范式意义转向的时代，是从文化工业到文化产业发展的重要历史转折时期。

因此，本书认为，文化产业概念和实践演进阶段可简单分为两期，即 20 世纪 70 年代之前和之后两个阶段，前一阶段是批判文化工业和大众文化自我正名时期，后一阶段是文化产业全面发展成型时期。这一阶段分期立足于文化产业发展的具体语境和时代背景，强调了文化产业经历从学术概念向政策实践（文化政策、城市发展政策）的转变，强调其从意识形态领域的抽象概念向现实社会经济生活中具体实践的转变，对厘清文化产业的发展历程，特别是早期发展中城市更新的推动作用具有显著的意义，也可以使我们更好理解文化产业的内涵。



尽管文化产业概念的演进脉络基本清晰，但由于概念的开放性和不断发展，因此对当前文化产业概念的具体界定而言，特别是文化产业的外延，理论界与实践界仍未达成一致意见。目前西方学界对于文化产业概念的界定大致包括表 2 -2 所列几种比较有代表性的观点。

**表 2 -2　　文化产业代表性概念**

| 代表人物 | 主要内容 |
| --- | --- |
| 戴维·思罗斯比［澳大利亚］ | 文化产业环状模型，即文化产业是由一系列创造性不同的行业组成，根据行业的创造性强弱由里向外形成系列同心圆的环状结构。创造性的艺术（如音乐、文学、视觉艺术等）处于这一同心圆的核心，并向外辐射；环绕这一核心的是那些既具有上述文化产业的特征同时也生产其他非文化性商品与服务的行业（如电视、广播、书籍等）；处于这一同心圆最外围的则是那些有时候具有文化内容的行业（如建筑、广告、观光等） |

① 郭晋：《转型期中国文化产业的发展与对策研究》，山西大学硕士学位论文，2007 年。

续表

| 代表人物 | 主要内容 |
| --- | --- |
| 芮佳莉娜·罗马［芬兰］ | 文化产业金字塔模型，在金字塔模型中，文化产业处于金字塔的顶端，处于塔底的是由经济、技术和艺术组成的三角，这个三角支撑了文化产业 |
| 贾斯廷·奥康纳［英国］ | “文化产业是指以经营符号性商品为主的那些活动，这些商品的基本经济价值源自它们的文化价值。”“它首先包括了我们称之为‘传统的’文化产业——广播、电视、出版、唱片、设计、建筑、新媒体——和‘传统艺术’——视觉艺术、手工艺、剧院、音乐厅、音乐会、演出、博物馆和画廊。” |
| 尼古拉斯·加纳姆［英国］ | “文化产业指那些使用同类生产和组织模式如工业化的大企业的社会机构，这些机构生产和传播文化产品和文化服务。如报纸、期刊和书籍的出版部门、影像公司、音乐出版部门、商业性体育机构等等。” |
| 安迪·C. 普拉特［英国］ | 文化产业与以文化形式出现的材料生产中所涉及的各种活动有联系，在全球化时代构成一个巨大的产业链，包括内容的创意，生产输入，再生产和交易四个链环，相互交融构成庞大的文化产业生产体系（CPIS）。这一分类隐含了对构成文化创新产业的单一活动间的相互依赖性的承认，从而为文化产业政策及其战略分析提出了更为合理的基本依据 |

资料来源：根据海江、谭翔浔：《对文化产业概念的辨析》，载于《学术探索》2005 年第 2 期，第 17～20 页；苑捷：《当代西方文化工业理论研究概述》，载于《马克思主义与现实》2004 年第 1 期，第 98～105 页，综合整理。



不仅学界如此，由于“文化研究是一种具有高度社会性、实践性、参与性的知识活动，这就决定了它必须针对自己的现实提出问题并解决问题，它的一个重要特征就是它的‘极度语境化’，这种语境化是指它必然地呈开放状态，而在特定历史时间，在本土的具体实践中展示或实现自身。”① 因此基于国家战略、地域特征、文化政策等的差异，各国官方总是在不同的历史文化背景下和不同的语境中理解和使用着文化产业或与文化产业相近的概念，不同国家和地区也提出了各自不同的概念，这些概念更多的是基于文化产业的范围来进行界定，从而导致文化产业外延界定的复杂性。如美国、英国、法国、日本、澳大利亚等国家就对文化产业的具体范围概念进行了不同的界定，具体情况见表 2－3，此外芬兰、新西兰、韩国、新加坡以及北欧等比较重视文化产业发展的

① 金元浦：《文化研究：理论与实践》，河南大学出版社 2004 年版，导言第 6 页。

国家对文化产业也有各自不同的界定和行业划分。①

表 2－3　　　　代表性国家对文化产业概念范围的界定

| 代表国家 | 相关界定 |
| --- | --- |
| 美国 | 没有对文化产业的官方界定，但就行业范围而言，美国的文化产业主要包括了文化艺术业、影视业、图书业和音乐唱片业 |
| 英国 | 文化产业称作创意产业，并将其界定为“源于个体创造力、技能和才华的活动，而通过知识产权的生成和取用，这些活动可以发挥创造财富和就业的潜力。”英国的创意产业包括了广告、建筑、艺术和古董市场、手工艺、时尚设计、电影、互动休闲软件、音乐、电视广播、表演艺术、出版和软件等 13 个部门 |
| 日本 | 文化产业被统称为娱乐观光业，主要包括文化艺术、信息传播、网络、旅游、体育与健身等行业 |
| 法国 | 沿用文化产业的概念，特指“传统文化事业中特别具有可大量复制性的产业” |
| 澳大利亚 | 将文化产业划分为四大类：遗产类、艺术类、体育和健身娱乐类、其他文化娱乐类 |

资料来源：根据海江、谭翔浔：《对文化产业概念的辨析》，载于《学术探索》2005 年第 2 期，第 17～20 页；苑捷：《当代西方文化工业理论研究概述》，载于《马克思主义与现实》2004 年第 1 期，第 98～105 页，综合整理。



需要注意的是，虽然许多国家政府和研究机构所用的概念与国际上通用的文化产业并不完全相同，但大多强调了文化产业是以文化内容生产为核心的产业。在这些定义中，有两种界定值得我们特别关注，这两个界定也都是不断发展完善的，也从一个侧面印证我们所说文化产业概念的发展性特征。

一种是联合国教科文组织的概念。1985 年，为了搜集统计数据，联合国教科文组织最早建立了文化产业分类标准，制定了统计框架，联合国教科文组织的统计框架把文化产业定义为：以艺术创造表达形式和遗产古迹为基础而引起的各种活动和产出，具体包括文化遗产、出版印刷业的著作文献、音乐、表演艺术、视觉艺术、音频媒体、视听媒体、

① 苑捷：《当代西方文化工业理论研究概述》，载于《马克思主义与现实》2004 年第 1 期，第 98～105 页。

社会文化活动、体育和游戏、环境和自然等十大类。[①] 1993 年作了进一步修正，其文化产业定义为："按照工业标准生产、再生产、储存以及分配文化产品和文化服务的生产、再生产、供应和传播。"按照联合国教科文组织的归纳，文化产业包括以下行业：影视业、音像业、广告业、咨询业、网络业、文化旅游业、文化娱乐业等。随着形势的发展和技术的创新，联合国教科文组织以及其他联合国机构在进行文化统计时，对文化产业概念进行了又一次修正，采取了"文化创意产业"的新概念，并重新确定了分类方法。《2008 创意经济报告》对定义进行了概括："一是使用创意与智力资本为初始投入的产品与服务创作、制造和销售的循环过程；二是由一系列以知识为基础的活动构成，不仅侧重于艺术，也从贸易与知识产权中创造潜在收入；三是既包括有形产品、也包括无形的拥有创意内容、经济价值和市场目标的智力与艺术服务；四是处于手工艺、服务和产业部门之间的交界处；五是在世界贸易中构成了一个新的充满活力的领域"。文化创意产业被区分为九类，包括：传统文化表现形式、文化场所、视觉艺术、表演艺术、出版和印刷媒体、视听产业、设计、新媒体、创意服务。[②] 联合国教科文组织对文化产业的定义具有与时俱进的发展特色，在国际上影响较大，正被越来越多的国家所认可。



另一种是我国于 2012 年发布的《文化及相关产业分类》中使用并在最新的 2018 年修订版中得到延续的概念，这一定义是对 2004 年我国同名文件的修订，体现了在实践发展中不断完善的理念创新。尽管中国的文化产业发展具有内生性，是在发展社会主义市场经济和文化体制改革过程中作为"文化事业"的"他者概念"而被创造和使用的，与西方基于成熟而发达的市场经济发展起来的产业策略不同，"我国发展文化产业的最直接的目的，就是为了在市场经济条件下繁荣社会主义文化"[③]，有其独特的社会背景和发展逻辑。[④] 但是，近些年来，随着文

---

① 国际统计中心课题组：《国外关于文化产业统计的界定》，载于《中国统计》2004 年第 1 期，第 54 ~ 56 页。

② UNCTAD：Creative Economy Report，2008. 转引自熊澄宇、傅琰：《关于当前我国文化产业分类标准的研究》，载于《社会科学战线》2012 年第 1 期。

③ 杜丽芬、王育济：《以 30 年中国文化产业学术研究进程为视域——逻辑原点、概念生成及其内涵演进》，载于《中国第六届文化产业年会论文集》2010 年。

④ 关于这一问题，《中国文化产业学术年鉴》（1979 ~ 2002 年卷）已经进行了深入的探讨，这里不再赘述。

化体制改革的深入及与国际文化产业发展的接轨，我国文化产业发展和世界文化产业发展呈现出同步性特征。我国这一最新的对文化产业的界定参考了世界文化产业发展理论及实践潮流，具有较好的兼容性，同时结合了我国具体实践，具有较强的时代性和适应性，因此可以视为目前对文化产业概念内涵及外延的较好界定，本书基本采纳此概念界定。

具体来看，2004 年制定的分类把文化及相关产业定义为“为社会公众提供文化、娱乐产品和服务的活动，以及与这些活动有关联的活动的集合”。后续两次修订把文化及相关产业的定义进一步完善为“为社会公众提供文化产品和文化相关产品的生产活动的集合”，并在范围的表述上对文化产品的生产活动（从内涵）和文化相关产品的生产活动（从外延）做出解释。[①]

在 2012 年修订版中，为适应我国文化产业发展的新情况新变化，对原有的类别结构和具体内容作了调整，将新生的文化业态和与文化及相关产业定义较为符合的生产活动纳入分类，新增加了：①文化创意，包括建筑设计服务（指工程勘察设计中的房屋建筑工程设计、室内装饰设计和风景园林工程专项设计）和专业设计服务（指工业设计、时装设计、包装装潢设计、多媒体设计、动漫及衍生产品设计、饰物装饰设计、美术图案设计、展台设计、模型设计和其他专业设计等服务）；②文化新业态，包括数字内容服务中的数字动漫制作和游戏设计制作，以及其他电信服务中的增值电信服务（文化部分）；③软件设计服务，包括多媒体软件和动漫游戏软件开发；④具有文化内涵的特色产品的生产，主要是焰火、鞭炮产品的制造，珠宝首饰及有关物品的制造、销售，陈设艺术陶瓷制品的制造等；⑤其他，包括文化艺术培训、本册印制、装订及印刷相关服务、幻灯及投影设备的制造和舞台照明设备的批发等多项内容。[②] 本次修订进一步完善了文化产业体系分类，体现了动态的、发展的、开放的体系设立标准。此



① 国家统计局：《文化及相关产业分类（2012）》，国家统计局网站，http://www.stats.gov.cn/tjsj/tjbz/201207/t20120731_8672.html，2012 年 8 月 2 日。国家统计局：《文化及相关产业分类（2018）》，国家统计局网站，http://www.stats.gov.cn/tjsj/tjbz/201805/t20180509_1598314.html，2018 年 5 月 9 日。

② 国家统计局：《文化及相关产业分类（2012）》，国家统计局网站，http://www.stats.gov.cn/tjsj/tjbz/201207/t20120731_8672.html，2012 年 8 月 2 日。

外，文化产业的分类标准必须与技术、创新等保持紧密联系，还应与国家产业政策导向，需要大力扶持的行业有关，这些都在本次修订中得到了一定的体现。2012 年版文化产业统计标准基本上全面反映了我国文化改革发展的客观进程和可喜成就，顺应了我国文化产业发展趋势，同时也澄清了以往在文化产业认识上的模糊看法，在我国文化产业统计史上具有重要意义，也对我国文化产业发展具有重要指导意义。

随着经济的发展，文化被运用到各项经济活动中，越来越多的行业加入到文化产业中来，因此文化产业的分类应该始终是动态的、开放的体系，其标准的制定要根据实际情况进行调整。[①] 近几年随着互联网时代的到来和数字经济的蓬勃兴起，数字文化新业态不断涌现，文化产业边界进一步扩大，这些动态变化基本都体现在最新修订的 2018 年版标准里，具体内容可见表 2－4。



**表 2－4　　文化及相关产业分类（2018）**

| 文化核心领域 | | 文化相关领域 | |
|---|---|---|---|
| 以文化为核心内容，为直接满足人们的精神需要而进行的创作、制造、传播、展示等文化产品（包括货物和服务）的生产活动 | 01 新闻信息服务<br>011 新闻服务<br>012 报纸信息服务<br>013 广播电视信息服务<br>014 互联网信息服务<br>02 内容创作生产<br>021 出版服务<br>022 广播影视节目制作<br>023 创作表演服务<br>024 数字内容服务<br>025 内容保存服务<br>026 工艺美术品制造<br>027 艺术陶瓷制造<br>03 创意设计服务<br>031 广告服务<br>032 设计服务 | 为实现文化产品的生产活动所需的文化辅助生产和中介服务、文化装备生产和文化消费终端生产（包括制造和销售）等活动 | 07 文化辅助生产和中介服务<br>071 文化辅助用品制造<br>072 印刷复制服务<br>073 版权服务<br>074 会议展览服务<br>075 文化经纪代理服务<br>076 文化设备（用品）出租服务<br>077 文化科研培训服务<br>08 文化装备生产<br>081 印刷设备制造<br>082 广播电视电影设备制造及销售<br>083 摄录设备制造及销售<br>084 演艺设备制造及销售<br>085 游乐游艺设备制造<br>086 乐器制造及销售 |

① 熊澄宇、傅琰：《关于当前我国文化产业分类标准的研究》，载于《社会科学战线》2012 年第 1 期，第 149～154 页。

续表

| 文化核心领域 | | 文化相关领域 | |
|---|---|---|---|
| 以文化为核心内容，为直接满足人们的精神需要而进行的创作、制造、传播、展示等文化产品（包括货物和服务）的生产活动 | 04 文化传播渠道<br>041 出版物发行<br>042 广播电视节目传输<br>043 广播影视发行放映<br>044 艺术表演<br>045 互联网文化娱乐平台<br>046 艺术品拍卖及代理<br>047 工艺美术品销售<br>05 文化投资运营<br>051 投资与资产管理<br>052 运营管理<br>06 文化娱乐休闲服务<br>061 娱乐服务<br>062 景区游览服务<br>063 休闲观光游览服务 | 为实现文化产品的生产活动所需的文化辅助生产和中介服务、文化装备生产和文化消费终端生产（包括制造和销售）等活动 | 09 文化消费终端生产<br>091 文具制造及销售<br>092 笔墨制造<br>093 玩具制造<br>094 节庆用品制造<br>095 信息服务终端制造及销售 |

资料来源：根据国家统计局《文化及相关产业分类（2018）》综合整理。

### 2.1.3　思想理念范式的转变



从本节此前对两个概念的论述中不难发现，自 20 世纪中叶以来，城市更新和文化产业的理念与实践一直在不断发展着，其中既有发展方式和实践小规模的调整完善，也有发展理念深层次根本性的转变。特别是在 70 年代前后，这两个概念都经历了意义深远的转向，城市更新从单纯强调物质更新转向城市的综合整体更新，发展理念也强调以人为本，摒弃了过去“见物不见人”的更新理念，注重从更加综合的层面把握城市的发展问题，力图实现城市的整体复兴；而文化产业的理念转变则更加深刻，从哲学批判的学术领域迈入经济发展的现世领域，从单纯强调文化的内在价值到更加重视文化的经济社会价值，使文化脱离了单纯精神意识研究的领域进入社会经济发展的综合领域，对社会经济发展产生了深远的影响。

从学科发展史的角度来考量，这些转变无疑具有“范式”转变的意义。

“范式”（paradigm）的概念最初来自托马斯·库恩，“通常指那些公认的科学成就，它们在一段时间里为实践共同体提供典型的问题和解答”，库恩使用这个概念描述科学史中特别是自然科学领域理论观点的主要转变。随着其他学者对此概念的不断发展完善，特别是在社会科学领域的广泛采纳应用，“范式”现已脱离了早期的语境范围，被广泛用于描述各类思想理论的变化。根据库恩的说法，科学史是以不同发展时期为标志的，在某个时期既定理论观点——或者“范式”十分流行，为科学界广为接受，在这些相对稳定的发展阶段，大部分科学研究都是基于流行的范式，经验数据也是根据范式来解释；但是，通常也有一些经验事实与流行的理论主张不尽一致，只有真正富于创造性的科学家，才能发展一个新的理论框架，去成功解释迄今为止的迷惑现象及以前使用旧范式难以说明的观念，这样，一个新范式成功取代一个旧范式时，在科学思想方面就产生了革命。如从地球是平面且为宇宙中心的地心说观点向地球是圆的且仅为太阳系行星之一的日心说转变即可视为天文学理念的一次范式转变。① 当然，库恩的范式理论内容包括众多内容，理论体系也较为复杂，涉及观念范式、规则范式和操作范式等多个系统，本书不是科技哲学专业著作，因此也就不深入探讨范式理论的全部内容了。本书引入范式理论主要是用以更加深刻描述和揭示城市更新和文化产业两个概念在学科发展中的转变，强调其20世纪70年代发生的转向的学理价值和实践意义。



库恩在对科学进行历史研究的基础上阐述了一套新的科学发展模式：前科学时期（无范式）→常规科学时期（建立范式）→科学革命时期（范式发生动摇）→新常规科学时期（新范式建立）。在常规时期，科学是科学共同体在范式指导下的解谜活动，范式成为科学共同体共同遵守的规范与信念，这个阶段科学是积累地向前进步的，但在革命时期就不是积累的过程了，随着研究的深入，反常现象增多，危机产生，范式开始动摇，科学家开始对竞争的理论进行选择，最后抛弃原有的范式，替换新的范式，由于前后相继的理论不可通约（incommensurable），一种新的世界观产生，科学又进入了常规时期。②

---

① Kuhn, T: The Structure of Scientific Revolutions, University of Chicago Press, 1962, pp. 69 – 70. 其中译本参见托马斯·库恩著：《科学革命的结构》，金吾伦、胡新和译，北京大学出版社 2003 年版，第 63 ~ 64 页。

② 孙景娜：《库恩的范式理论与科学知识社会学的研究纲领》，吉林大学硕士学位论文，2008 年。

考察城市更新的理论发展可以发现，现代主义城市规划强调物质更新的理念是城市更新早期的范式思想，随着更新进程的深入，一些弊端逐渐暴露，物质更新的理念已经无法适应城市更新的新需要、无法解决新问题，雅各布斯、芒福德等一些理论学者对此理念范式进行了深入的批判，导致物质更新理念的动摇，以人为本的有机更新理念、强调社会、经济、环境、文化综合更新的复兴理念逐渐在理论竞争中成为主流，为学界和政府广泛接受，成为城市更新新的理念范式，完成了城市更新的理念范式转向。从具体实践来看，早期“城市更新”是二战后至20世纪六七十年代在欧洲及北美的许多城市中普遍进行的一场旧城改造运动，其原意在于振兴受30年代经济萧条打击和二战破坏的城市，特别是解决中心区日益“衰落”的问题。在美国，很多城市规划师、社会学家与经济学家等都认为这并不是一次成功的运动，“urban renewal”（城市更新）几乎成了一个不光彩的专有名词，被各类书刊评论攻击。[①]此后城市更新逐渐转向城市复兴，这就是城市更新的理念范式转向，产生了巨大的影响。



同样，文化产业发展也经历了类似的理念范式转向。文化产业与城市更新发展最本质的相似就是都实现了从“负担”到“资产”的转变。城市更新最基本的宗旨是对城市进行社会、经济和文化上的更新，将一个由于衰败成为整体社会负担的城市转变为社会的一种资产。[②] 而文化产业发展的历史也体现了文化从一种经济社会的上层建筑附属物一步步转变为一种文化资本投入社会生产、产生效益的过程。通过文化的理念转变可以看出文化产业是如何一步步消解文化神圣性，逐步使其走入世俗生活的。从高雅文化到大众文化，从批判文化到利用文化，从强调文化的文化性、社会性到强调文化的经济性，实现了文化一步步从意识形态领域的东西进入到经济发展领域的资产，这一转变可以视作文化发展领域具有范式意义的转变。从文化产业重要组成部分文化遗产保护行业可以很清楚地看出这一转变。文化遗产最早是作为文化的物质形态存在的，对文化遗产的绝对保护实际上就是将文化遗产视作一种神圣的“文

---

① 甄栋、刘云月：《现代城市更新的经济学视野》，载于《山东建筑工程学院学报》2004年第4期，第13~17页。

② 于立、Jeremy Alden：《城市复兴——英国卡迪夫的经验及借鉴意义》，载于《国外城市规划》2006年第2期，第23~28页。

化纪念碑”似的理念，而文化遗产再利用特别是在经济领域的活化利用，体现了一种将其视为资产而不是再当作纯粹的文化载体的转变，这就为文化产业发展提供了思想范式上的转变，既然这么神圣的东西都可以世俗化了，那还有什么文化元素不可以进入产业化进程呢？事实上，文化产业概念外延的扩大化从某种意义上讲正是文化元素越来越多进入世俗经济领域的表现。遗产保护产业化、艺术产业化都是很好的说明，而创意产业的兴起其实质上也是文化产业化的表现形式，而且是较为高端的表现，连人的思维这种最本质上的文化元素都已经进入经济领域并创造着最具附加值的经济利润，正说明文化在一步步更加深入地进入经济领域并形成产业体系。

城市更新和文化产业领域各自观念的范式转变，推动了二者学科理论体系的深入发展，并对城市社会、经济、文化等实践领域产生了深远影响。它们既是人类社会从工业社会向后工业社会转向的结果，其自身的转向也加速了人类社会这一转向的进程。



## 2.2 城市更新对文化产业发展推动的理论研究基础

在上一节，我们通过分析词源和阐释概念发展历程，界定了城市更新和文化产业两个概念，了解了二者在各自发展进程中具有深远意义的范式转变。在对两个概念发展的分析中，我们不仅发现了二者进程的相似性，同时也发现在二者的发展中存在着一些特别的联系：城市更新和文化产业在发展的过程中，彼此之间存在着较为紧密关联，特别是城市更新的进程及其转向对文化产业的发展具有较大的影响。明确这一点，对我们了解西方文化产业的发展，特别是早期发展具有特别的理论意义，它使我们在传统的批判理论、文化受众理论、媒介文化理论之外，有了另一种解析西方文化产业发展的理论研究视角。

接下来，笔者将简要阐述这一研究的基本逻辑框架，并在随后的两章详细展开论述。对城市更新推动文化产业发展的演绎基于以下三个逻辑要点：首先，文化产业发展的时空性内涵是城市更新能够推动文化产业发展的基础；其次，20 世纪 70 年代——西方社会从工业社会进入到后工业社会并由此引发一系列的社会、经济、文化转向——不仅是城市更新和文化产业各自发展的重要分期节点，同时也是城市更新推动文化产业发展的重要分期节点，在这两个历史分期内，城市更新对文化产业发展的推动呈现出不同的影响；最后，城市更新对文化产业发展的推动是多层面的，既有直接的，也有间接的，甚至有些推动是经由否定性批判而导致的，但大致是有一明一暗两条线索可以遵循的。

### 2.2.1　研究的支点——文化产业发展的时空性内涵

作为整体性的概念而言，文化产业是在一定的时间与空间里诞生和发展的，这是城市更新能够推动文化产业发展进程的基础支点。

**1. 文化产业发展的时间性内涵**

产业是一种包含众多行业业态的整体性概念。就整体而言，任何一种产业的诞生都只有在一定的时间里才有可能，而且也只有在一定的时间里才能得到发展。正如“配第—克拉克定律”揭示的那样，人类社会三次产业的出现与发展都是特定历史的产物，早期农耕社会里不可能发展起高度繁荣的现代工业，而以服务业为主的第三产业也只有在农业和工业充分发展的基础上为满足人类基本物质生活需要以外的各种更高级的需要，如生活上的便利、娱乐及其他种种精神上的需要，才能得以发展。作为第三产业中最为高端的部分或者说是所谓“第四产业”“第五产业”，文化产业通常也只有在第三产业发展较为成熟条件下才能获得自身发展，网络数字等高新技术的应用、金融法律等支持行业的发展、城市空间的更新优化等才能为文化产业发展奠定物质基础，而对文化、娱乐、休闲消费等此类体现自我品位价值的高阶消费的诉求则为文化产业发展提供动力。因此文化产业的发展需要特定的历史条件，需要一个足以支撑其发展的历史环境，需要一种新的社会生活方式与消费结构。从这个意义上讲，整体性概念的文化产业应是历史的产物。

在历史进程中，适应整个社会发展需要，文化产业每一个阶段的整体性表现是不一样的。战后至 20 世纪 60 年代，文化产业是以所谓“精英文化”的他者概念“大众文化”“文化工业”面貌出现的，在对抗精英阶层的批判中，在城市更新引发的一系列社会运动中，完成了自身的后现代转向，一方面文化日益商品化，另一方面商品也日益强调文化内涵、强调象征价值，满足了社会地位日益提升的普通群众对自身文化消费的需要，开启了大众文化的繁荣，实现了大众文化的正名，也推动和催生了早期文化创意阶层的萌芽和初步发展，实现文化产业自身发展的起步；70 年代以后，在社会经济结构、城市空间体系剧变的情况下，文化产业作为实现产业升级的替代产业和解决城市内部空间、社会问题的“工具”，在城市内部获得较大发展空间和发展机遇，塑造和引导新型文化消费，取得了突飞猛进的发展，此后全球化的深入导致城市竞争加剧，网络信息产业等新经济形态的发展促进产业向更深层次融合，人类进入信息社会，文化创意阶层作为一个社会阶层逐渐崛起，文化创意城市成为城市更新发展的高层目标，这种情况下，文化产业突破了单纯工具和手段的地位，作为一个整体产业的形态破茧而出，新型主导产业的轮廓愈发清晰，文化空间的繁荣、文化经济的兴旺、文化创意阶层的形成和文化创意城市发展理念的确立等，标志着文化产业作为一个整体产业，实现了对自身的完整建构。这证明了作为整体性概念的文化产业形态，其形成是一个历史演变过程，一方面，它有自己的生命形态；另一方面，这种形态更多的是受到人类社会整体演变历史进程影响的，在和人类其他发展活动（特别是城市更新活动）的互动中，作为人类社会的历史演化史的一部分表现着历史。胡惠林先生“文化产业是历史进程中的重大事件和事变的载体，是人类文明发展的动力和工具”[①] 所言不虚。澳大利亚的约翰·哈特利也认为文化产业“本身是历史的产物，而不是产业的产物……是个历史性的概念而不是一个绝对的理论概念”[②]。因此若要了解当代文化产业发展，必须考察文化产业发展的历史进程；若要更好地促进引导当代文化产业发展，必须回溯至文化产业发展的历史长河中汲取经验。



而目前，坦率地讲，关于文化产业发展历史进程的研究在国内是存在年代断层的，即使在国外关于 20 世纪 90 年代之前文化产业发展的历

① 胡惠林：《文化产业正义：文化产业发展的历史地理学问题——关于文化产业发展新战略理论思考》，载于《上海交通大学学报》（哲学社会科学版）2009 年第 5 期，第 5 ~ 17、32 页。

② 约翰·哈特利编著：《创意产业读本》，曹书乐、包建女、李慧译，清华大学出版社 2007 年版。转引自胡惠林、单世联编：文化产业研究读本（西方卷），上海人民出版社 2011 年版，第 107 页。

史也往往语焉不详，关注文化产业发展的人一般都了解文化产业的概念是从 40 年代法兰克福学派对大众文化的批判中发展起来的，也大多知道实践中在英国布莱尔政府 1997 年提出“创意产业”的概念之后文化产业作为一个整体性产业在世界范围内才突飞猛进地发展起来。既然文化产业是个历史的概念，那它在 90 年代“走红”之前的历史如何？产业发展早期的原点在何处？从 1947 年法兰克福学派提出的“文化工业”到 90 年代末期的“创意产业”，中间发生了怎样的价值位移？这些问题都值得深入研究和探讨。也正是在对这些问题的深入思索中，在对文化产业发展历史缺环的追踪中，我们发现了文化产业发展和城市更新的密切关联，因此，文化产业发展的时间性特征是构建城市更新对文化产业发展推动理论的一个重要支点。

### 2. 文化产业发展的空间性内涵

文化产业不只是在历史进程中建构自身发展史，而且也必须在一定的空间中发展。英国学者奥康纳认为：文化产业的繁荣在城市，城市支撑着处于自身运作核心的信息网、专业技能和相互作用。美国加利福尼亚大学洛杉矶分校教授艾伦·斯科特在指出了现代文化同现代社会生活发生密切联系所引起的文化生产方式变化的同时，还指出了现代文化产业从地理分布上来看，主要是集中在像洛杉矶、纽约、巴黎、米兰或者东京这样的国际化城市。这也说明，城市已成为当代文化产业的策源地和汇聚中心，它同文化产业发展的关系极其密切。城市是文化产业的主要集聚地，文化产业的发展始终是和城市联系在一起的。城市为其发展提供了必要的空间场所、人力资源、经济基础和发展机遇，因此要考察文化产业发展的历史，必须将目光投向城市，从城市发展的历史中，寻找文化产业发展的轨迹。

城市绝不是个机器，而是一个包容万物、自然生长的有机体，有其发展代谢的进程，需要更新和再生，而就是在城市这不断发展变化的过程中，我们发现了文化产业借此不断生长的痕迹，早期的城市更新及其范式转向不仅直接推动了文化产业的发展，更消解了文化的“高雅性”内涵，破除了精英文化与大众文化的对立，为大众文化正名，解决了文化产业发展的道德困境与理论难题；20 世纪 70 年代以后的城市更新发展造就了文化产业生长的现实条件和机遇；城市的物质空间更新为文化产业的发展提供了场所空间，城市的经济结构调整和消费结构变迁为文化产业发展提供了发展动力和历史机遇，城市的社会阶层变动推动了创意阶层的崛起，城市更新强调城市在全球范围竞争催生了文化创意城市的整体发展理念。文化产业的发展在一定程度上是由现代城市的更新发展带动起来的，从某种意义上说，城市更新的历史推动了文化产业发展的历史。西方文化产业生命运动的历史轨迹，基本上是沿着现代城市生命运动的更新代谢规律前进的。这就使我们获得了构建城市更新对文化产业发展推动理论的另一个重要支点。

### 2.2.2 研究的分期——20 世纪 70 年代为界划分的两个重要发展阶段

如本章 2.1 节论述的那样，西方城市更新运动发展至今，其内涵与外延已变得日益丰富，基于不同时期发展背景、面临问题与更新动力的差异，城市更新的目标、内容以及采取的方式、政策、措施亦相应发生变化，呈现出不同的阶段特征。具体来说，欧洲城市更新的历史发展界限和轮廓较为明显，大致可分为：20 世纪四五十年代的城市重建（urban reconstruction），60 年代的城市复苏（urban revitalization），70 年代的城市更新（urban renewal），80 年代的城市再开发（urban redevelopment），90 年代以来的城市复兴（urban regeneration、urban renaissance）。[①] 而对美国而言，狭义的城市更新活动仅指 20 世纪五六十年代联邦政府的城市更新计划（urban renewal program），即从 1949 年住宅法开始到 70 年代早期国会通过决议终止大规模城市更新为止。但从广义角度来看，七八十年代以后城市更新活动并未消失，只不过发生了转向：一方面小规模的“社区开发计划”取代了之前联邦政府主导的规模庞大的住宅更新计划；另一方面城市滨水区、中心区通过产业结构的转型，成为商务、娱乐等服务业中心和高新技术产业中心。1974 年《住房与社区开发法》的实施是联邦政府城市政策的转折点。该法案旨在实现城市中心区的复兴，更具综合性，允许地方政府参与更多的城市决策，自由使用联邦资金，广泛开展各类项目，实现各种经济发展目标等。更新政策的

① 阳建强：《西欧城市更新》，东南大学出版社 2012 年版，第 23 页。

制定也更注重当地社区与公民的参与，因地制宜地制订开发计划，避免了之前城市更新中只重视经济因素所带来的弊端。80 年代之后联邦政府进一步退出城市开发项目，采用商业方式代替曾经的纯政治运作，基本不再给予城市政府直接拨款，鼓励私人资本投资城市，逐步通过减税、公私合营、建立企业区、市中心开发授权等方面提高地方政府的配合力度和私人开发商的参与热情，使许多城市中心区恢复了昔日的活力，对城市的发展产生了深远的影响。尽管欧美城市更新具体进程存在差异，但若以范式转变的角度考量，则 70 年代无疑具有分水岭的意义。因为正是从此之后，西方城市更新实现了从城市更新向城市复兴的综合转向。

西方文化产业的发展也体现出较为明显的阶段性，本书之前将文化产业概念和实践演进阶段简单分为两期，即 70 年代之前和之后两个阶段，前一阶段是批判文化工业和大众文化自我正名时期，是文化去意识形态化时期，后一阶段是视文化为资本，自觉运用文化于社会经济发展时期，也是文化产业全面发展成型时期。本书在探讨文化产业概念的部分已经对此进行了介绍，这里就不再重复了。



鉴于本书主要是考察城市更新运动与文化产业发展的关系史，将研究的视角放在二者特别是前者对后者的影响和推动上，而作为年份跨越极大的两个事件，其发展过程经历了二战后较长的历史，二者本身各类标志性事件也层出不穷，学界对二者各自的分期也有较大的分歧，特别是对一些具体分期的起始年份存在比较大的争议，考虑到研究的主要目的在于透过二者关系的表象研究城市更新活动对文化产业发展的影响，进而勾勒出作为整体概念的文化产业所经历的发展历程，同时也为了文章清晰和明了，因此本书对城市更新和文化产业发展的分期采用了按整体年代叙事的宏观分期方式。

需要说明的是西方国家（尤其是英、美两国）虽然在具体政策、事件上有差异，但城市更新运动和文化产业发展的整体阶段具有一定的相似性，这种相似性一方面是由于国家政策在世界范围内的传导性，另一方面也是由二战后西方国家的政治、经济与社会发展背景的相似性所决定的。窥一斑而知全豹，因此在以后的讨论中，为了行文的简练及连续，我们将会把目光投向各分期中主要的有代表性的国家及其相关政策，以映射出整个西方社会的发展脉络，而尽量不去纠结每个阶段具体的国家差别。

基于以上认知，本书以下将按照20世纪40～60年代、70年代以后两个大的时间段考察西方城市更新和文化产业发展。当然这不可避免地会导致一些具体事件在年代归属上存在问题，如战后美国初期城市更新是从1949年国会通过的《住房法》开始，直到1972年尼克松政府宣布结束才告终结，而文化产业早期发展的历史特别是法兰克福学派对大众文化的批判是从30年代就开始发端的，我们则选取将二者划入40～60年代的分期内考察。考虑到研究对象的跨越性和研究内容的庞杂性，这种宏观分期应该是可以接受的。

### 2.2.3 研究的路径——西方城市更新推动文化产业发展的两条线索

城市更新对文化产业发展的推动，有明、暗两条线索。

其中，明的线索主要是城市更新对文化及文化产业发展的直接推动，包括早期城市更新中对文化设施的修建、对文化艺术组织的资助，以及后期文化导向的城市更新活动、对文化产业区的扶持等举措，这些都属于城市更新对文化产业发展的直接支持。此外，从一定层面上看，早期城市更新所引发的一些问题也对文化产业的发展起到了推动作用，虽然不是直接正面作用于文化产业发展，但也为文化产业发展提供了机遇。如早期城市更新对文化遗产的忽视甚至是破坏，从负面角度讲的确对文化有消极作用，但从另一层面讲，它也起到了警示和引发反思的作用，使人们认识到文化遗产的重要意义，并引发一系列的法律、社会运动，推动文化遗产保护事业的起步和发展。对城市更新的反思和政策转向也应视为对文化产业的起步和发展有直接推动作用。这些我们在随后章节里将进一步讨论。



城市更新对文化产业发展推动的另一条线索则相对间接，属于相对隐性的推动，是一种处于暗处的线索。它主要是通过消解文化的神圣性，消解文化作为与经济社会对立的意识形态地位，消解文化的超然性，实现其从神圣性进入世俗性的转变，使文化作为资源、作为资本、作为生产要素投入到经济生产中，推动文化成为产业，并最终使文化产业从服务业中分离出来，形成所谓的第四产业。

这条线索是人们在探讨城市更新与文化产业发展关联时经常忽视的地方，也正是本书最为看重和着力探讨的。事实上，本书认为，城市更新对文化产业发展最大的推动意义就是通过在城市更新过程中对文化的认识态度的转变，解放了人类对于文化的认识。文化越是作为更新发展手段进入城市更新领域，就越消解了其被神圣化、抽象化的意识形态本质，就越具有了世俗性、经济性，而城市更新中先是出于对其神圣性的膜拜投入物力、人力对文化进行保护、资助艺术，到有意识地利用文化元素作为手段促进城市更新发展，再到将文化视为发展元素直接投入到文化生产中，促进城市经济社会整体发展，实现了文化产业化的历史进程，催生了包罗众多行业的文化产业的诞生、发展。

具体来看，在 20 世纪五六十年代，城市更新实践使人们开始意识到，文化特别是大众文化对城市社会经济生活是比较重要的；进入 70 年代，比较强调个体与社会发展、参与意识、平等主义和城市空间的民主化，并鼓励在城市生活中具有更强烈的文化意识、社会意识和环境意识；而到了 80 年代以后，这种城市更新中与城市文化有关的思想已经进一步演变为更注重城市文化发展带来经济潜力这样偏向实际的观念：最大化文化在收入和就业方面对本地经济所产生的经济回报，提升城市作为充满活力的经济中心的“形象”，在衰退城区的社会再造与物质再造中把文化作为一种积极的经济力量。① 文化脱离精神意识范畴进入产业领域是文化产业发展的一种深层次范式理念转变。这种思想理念的转变得益于城市更新的推动，是城市更新从物质更新向更综合的城市复兴发展转向的结果。

政府文化政策的转变也可以说明文化理念的这种深层转变得益于城市更新的隐性推动。在 20 世纪五六十年代的 20 年里，特别是 60 年代以后，随着城市更新的发展和初步转向，对城市更新中平等与人权等社会问题的重视使大部分西方国家都调整了过去面向精英阶层的文化政策，摒弃了为社会上层和中产阶级服务的高雅文化标准的支配地位，注重鼓励“普通人”对文化活动的参与，表现出了对文化弱势群体的强烈关注。在政策层面上可以看出，这一转变或多或少体现在以下几个方面：在受资助的艺术项目中削弱“精英”标准在确定艺术优劣方面的

① 戴维·思罗斯比著：《经济学与文化》，王志标、张峥嵘译，人民大学出版社 2011 年版，第 136 页。

作用，强调文化获取和文化参与而非对高雅艺术“质量”的追求，促进文化多元主义和文化的多样性，确定政策方向时充分考虑到本地文化价值观和社区文化价值观，支持大众文化生产和艺术参与的制度得以建立，鼓励社区内多元文化的发展；在这一时期，人们也逐渐认识到文化遗产所面临的威胁，制定了可行的政策对艺术收藏品、历史性建筑和遗址进行保护、维护和修复。到了 70 年代，城市更新面临新的社会经济环境，开始了更加深入的转向，人们对文化的注意力也从关注文化公平（从本质上讲，这仍是将文化视为单纯社会上层建筑的理念）开始更多地转向关注文化的功能意义，人们逐渐认识到文化产业是经济活力和社会转型的引擎。在随后的几十年里，这些观念得到了继续发展，人们越来越认识到文化产业的经济重要性：文化产业能够提供潜在的就业机会，对于本地和区域的经济发展具有积极作用，尤其有利于城市环境的改善，有利于城市的整体复兴等，制定文化政策的产业动机已经被牢固地确立起来，文化产业也最终得以从国家政策层面得到确认，迎来了发展的繁荣时期。①

从这些意义上讲，文化产业得以发展兴旺，城市更新推动的文化意识的深层解放具有重要的意义。这里只是简单地对城市更新推动文化产业发展理论进行说明，在接下来的两章里，我们将结合具体节点性事件详细说明。



① 戴维·思罗斯比著：《经济学与文化》，王志标、张峥嵘译，人民大学出版社 2011 年版，第 157 页。

# 第3章 西方早期城市更新运动与文化产业的启蒙发展

历史学家埃里克·霍布斯鲍姆将欧洲和北美从二战末期到20世纪70年代初期的这段时期称之为“黄金时期”，认为如果没有这段时期的发展，20世纪将是一个灰暗和动荡的世纪。[①] 事实的确如此，整体来看战后五六十年代是一个充满了复兴希望和乐观情绪的时期，西方资本主义国家经济高速增长和高就业率得到强化，许多人享受到前人闻所未闻的物质生活标准，一个“丰裕社会”正逐步形成。这段时间也是城市发展的黄金时期，战后城市规划首要任务就是对战时被炸毁的城市进行重建，同时还要清除旧城存留下来的很多贫民窟，为战后生育高峰带来的人口增长建设新住宅和学校、医院、购物场所等配套设施。这些都是在以柯布西耶为代表的现代主义城市规划思想指导下进行的，因此，战后初期的城市更新不可避免地以物质空间更新为主导，带有形体主义的色彩。这一趋势直到战后高涨的乐观情绪逐渐衰退之后才得以转向，而这已经是50年代末的事情了。简·雅各布斯等对战后初期城市更新运动的批判主要针对其漠视社会性、缺乏人文关怀和缺少咨询的空间环境决定论规划思想展开。政府也进行了反思，修正了部分政策，这就使城市更新活动在60年代发生了首次转向，更多地转向了人本主义。这一转向具有深远的影响，不仅使城市更新活动更趋理性，同时也为文化产业的早期发展特别是大众文化的繁荣扫清了障碍。战后社会发展也不是一片和谐，繁荣并未根除危机，在“丰裕社会”的背后还存在“另一个美国”，城市中心的黑人、新英格兰及中西部衰败城市的工人等美国贫民生活在最低水平线下，种族、民权、反战、反正统文化等社会运动

---

① Hobsbawm. Age of Extremes: The Short Twentieth Century 1914 - 1991. Abacus, 1994.

此起彼伏，对60年代的城市更新发展提出了更高的要求，也为文化产业的发展提供了历史机遇。

## 3.1 20世纪40～60年代城市更新运动的概况

### 3.1.1 战后初期的城市更新

战后初期西欧各国城市更新的重点集中在战后的重建与恢复工作上。随着经济的不断恢复，人口的增长，国家面临着严重的住房短缺，于是西欧各国关注的焦点集中在缓解居住拥挤、改善恶劣居住环境以及整个内城复苏的事务上面。美国则由于本土未遭受战争的大规模破坏，故其重建工作不是重点，但由于从20世纪30年代开始的郊区化发展趋势至此时与战后复员军人的住宅安置交汇在一起，形成了美国战后大规模的郊区化住宅发展态势，与此同时所形成的大量贫民窟，对城市肌理造成破坏，也造成经济发展停滞和政府税源的枯竭，因而美国战后初期的城市更新也主要采取了大规模物质更新的方式。



**1. 战后初期城市更新相关背景**

（1）战争造成的物质破坏。

战后的欧洲完全呈现出一片悲惨荒芜的景象，欧洲的城市无论规模大小，很少有不受战争创伤的，由于大多数被破坏的都是房屋和公寓，结果无数人流离失所，当时的新闻照片和纪录影片显示了“大量可怜而且无助的平民在轰炸后破碎的城市跋涉，孤儿们愁苦的流浪，衣衫褴褛的妇女们成群结队的在瓦砾中拾荒[①]”。无家可归是最明显的问题，伦敦大都市地区有350万栋房屋被毁，华沙90%的住房化为瓦砾，德国40%、英国30%、法国20%的住房消失了。对住宅的需求成为最大的社会需求，正如战后伦敦住房展览会上一位妇女所说的那样，“我什么都不要，只渴望有一幢房子，我最大的野心就是有四堵墙和一个屋顶”。

① 托尼·朱特著：《战后欧洲史》，林骧华、唐敏等译，新星出版社2010年版，第3页。

此外城市基础设施如道路、桥梁等也都遭到了毁灭性破坏。因此，对于战后欧洲的城市来说，恢复被战争破坏的物质环境就成了最紧迫的任务：新住宅需要建造，旧住宅需要修缮，城市基础设施需要恢复，新的学校商店需要建造，道路与交通设施需要修建，城市的物质性修复成为战后西方国家面临的重要问题。

（2）城市人口激增。

战后士兵的复员回家和人口大量涌向城市给城市带来了巨大的人口压力，无论在欧洲还是在美国，激增的人口都使政府面临很多问题。美国战时维持了高达 1212 万人的武装部队，1946 年缩减至 303 万人，1947 年只剩下 158 万人，大量的士兵复员并结婚成家，人口出生率从 300 万人飙升至每年近 400 万人。① 欧洲的婴儿潮也毫不逊色，根据统计，战后法国最受欢迎的实用消费品竟然是婴儿车，其人口出生率较战前的 1937 年上升了 33%，欧洲大陆自 1913 年以来，人口指标第一次出现了大幅上升。②

（3）郊区化的初步发展导致内城问题严重。

受益于联邦政府对复员军人的扶助和美国文化中对郊区生活方式的向往，战后美国始于 20 世纪 30 年代的郊区化进入加快发展阶段，莱维敦（Levittown）式的郊区住房大量涌现，从 1946 年开始，美国大约修建了 1400 万套此类住房。向郊区迁移成为中产阶级白人的潮流，郊区生活成为成功人士的象征，“郊区”和“中产阶级”几乎成为同位语。不仅是住宅，很多商业设施和制造业也随着中产阶级的流动而外迁，美国城市出现了所谓的“马唐草边疆”现象③。在欧洲这一趋势也很明显。与此相反的是此时市区的空间多为战后北迁的南方黑人和波多黎各等移民所填补。四五十年代的 20 年间，大约 500 万黑人迁居在城市中心区，市中心区成了黑人的专有名词，波多黎各人的到来使贫民窟的种



---

① 刘绪贻：《美国通史（第六卷）——战后美国史》，人民出版社 2002 年版，第 54、第 59 页。

② 托尼·朱特著：《战后欧洲史》，林骧华、唐敏等译，新星出版社 2010 年版，第 210 页。

③ “马唐草边疆”一词源自美国著名哥伦比亚大学历史学教授肯尼斯·杰克逊《马唐草边疆》一书，该书是第一部全面描述美国郊区化发展历程的城市史著作，作者以历史学家的严谨视角和社会学家的分析精神及人文关怀，分析了这一历史过程中的社会、经济、建筑等各方面的因素。后该词多被用于指代美国郊区化进程。

族多样化，但未改变其贫困的局面，种族隔离加剧，很多大城市中心区与郊区形成了迥然有别的两个世界。中心区的衰落不仅造成城市物质空间的脏乱，还引发骚乱和暴力等严重的社会问题，威胁城市经济发展和政府税源，相对郊区，城市中心区还要应对大量基础设施维修、公共健康和社会福利等公共问题，面临开支增加和税收减少的双重困境，造成财政状况拮据，甚至被迫举债度日，因此衰落的城市中心区成为政府的“心腹大患”。

### 2. 战后初期城市更新的理论根源

战后一直到20世纪60年代，将城市规划的本质视为空间形态设计活动的理论，基本上左右了西方城市规划理论和实践。城市规划的工作被看成建筑学的延伸，战后的许多规划师是按建筑师，或者“建筑学—规划师”培养的。事实上在建筑学和城市规划之间尽管存在着紧密关系，但二者还是有较大区别的。这种城市规划理念主导战后初期城市更新就使更新活动更强调城市实用性，突出满足“功能性”需求，因而就不可避免地呈现出强调物质功能更新的单一形体规划色彩。其理论典型代表是柯布西耶的《光辉城市》中的“集中主义”以及国际现代建筑协会（CIAM）的“功能主义”等思想。柯布西耶对传统的城市构造进行了尖锐的批判，认为其早已不符合现代城市的发展要求，他在《明日之城》中勾勒出自己心中理想的城市蓝图：“拥有120英尺宽的高速干道，交通从东到西，从南到北，四通八达；摩天大楼的周围将有至少360万平方码的巨大空间，用来建设花园、公园和林荫道等，在这些公园中，餐馆、咖啡厅，奢侈品商店一应俱全，也可以建设剧院、大厅或者停车场和车库等”①。这些规划思想均倾向于扫除现有的城市结构，代之以一种崭新的新理性秩序，本质上仍然把城市视为一个静态的事物，寄希望于规划师绘制的规模宏大的城市形体规划总图，试图通过技术和美学手段来解决城市发展中的所有问题。中国台湾学者朱启勋在其《都市更新：理论与范例》一书中曾系统地介绍过这种理论方法：“主张旧城‘新城化’，通过大规模改造，使分区功能纯化；通过预先规划和大规模拆建，将旧城混杂的布局改造为结构清晰、分区明确、交



① Le Corbusier: The City of Tomorrow and Its planning, John Rodker Publisher, 1929, pp. 170 – 177.

通便捷的‘新城’。”①

在经历了两次世界大战带来的物质匮乏和两次战争之间的经济衰退之后，人们对自己不依存于过去而创造一个美好未来的能力充满了高涨的热情和信心。现代主义建筑规划理论中高速公路、摩天大楼这些代表人类恢宏精神梦想的现代化城市规划蓝图为饱受战争摧残的欧洲城市展现了诱人的前景，即使是美国这样远离战争破坏的国家，面对城市里斑驳的贫民窟，也对现代主义城市规划思想趋之若鹜，美国人认为柯布西耶的规划正是未来大都市的模式。柯布西耶的现代主义建筑理论成为战后初期城市更新的“圣经”，20 世纪 40 年代巴黎“光辉都市”没能实现的抱负终于在战后西方世界高唱凯歌，推土机一铲而空的做法被政府官员甚至公众认作实现美好城市前景的最好办法。被战后城市问题搞得焦头烂额的市长们对现代主义城市理论“物质环境的美化可以缓解城市中心区的衰退”的论调深信不疑，认为解决问题的唯一手段就是拆除贫民窟，建设摩天大楼、高速道路和完善的市政设施，将改善整个城市的社会生活的希望寄托在改造城市物质建成环境上。作为自上而下的专业技术统治的规划方案，城市更新没有考虑公众的关注点、品位和价值观。规划过程往往是少数城市精英主导，主要的参与者是技术精英、政府官员、银行家和留在城市中心区的商人。城市更新规划成为“企业化导向的市长和技术型官僚通过使用联邦政府的资金，以重振市中心的经济为目标，彻底改造城市的手段”②。



### 3. 战后初期城市更新的政策及实践

1949 年通过的《住房法案》③，一般被视为美国城市更新运动的开始。该法案是有史以来美国最大规模的联邦城市计划，对有关更新运动的开展作了详尽的规定，在它指引下，美国改造和重建了数以百计的城市社区。《住房法案》概况如表 3－1 所示。

---

① 朱启勋：《都市更新—理论与范例》，（中国台湾）台隆书店，1982 年；转引自阳建强：西欧城市更新，东南大学出版社 2012 年版，第 29 页。

② 王兰、刘刚：《20 世纪下半叶美国城市更新中的角色关系变迁》，载于《国际城市规划》2007 年第 4 期。

③ 全名瓦格纳－塔夫脱－埃琳德住房法（Wagner－Taft－Ellender Housing Act），1949 年 7 月 8 日由国会通过，并在同年 7 月 15 日由杜鲁门总统签署颁布。

表 3-1　　美国 1949 年《住房法案》概况

<table>
<tr><th>项目</th><th>概况</th></tr>
<tr><td>立法主旨</td><td>进行大规模的贫民窟清理；改善城市居民的住房条件；恢复城市中心区的活力</td></tr>
<tr><td rowspan="4">重要内容</td><td>联邦政府授权地方政府可以使用征地权来集中成片地获得衰败的私有地产，经过规划和清理后将土地卖给决定计划重建的公、私机构，用于大规模的公共基础设施建设、住房建设和其他城市建设以改造城市中心区</td></tr>
<tr><td>联邦政府承担更新纯工程费用的 2/3，地方政府承担另外 1/3，并计划在 1950～1954 年的 5 年时间里，由联邦政府提供 5 亿美元用于更新改造</td></tr>
<tr><td>联邦政府授权并资助地方政府，通过专门设立的更新机构来研究制定详细的城市更新规划，并在广泛听取市民意见的基础上依法完善和实施这一规划</td></tr>
<tr><td>联邦及地方政府要在以后的 6 年内为中低收入家庭建造 81 万套公有住房</td></tr>
<tr><td>授权手段</td><td>贫民窟的清除；公共住房建设；扩大联邦住房管理局（FHA）对房产的抵押贷款保险</td></tr>
</table>

注：根据李艳玲：《美国城市更新运动与内城改造》，上海大学出版社 2004 年版，第 71～76 页；相关内容整理。



实践中更新活动主要涉及两方面内容：一是进行大规模征地、清理拆迁和安置；二是进行住宅建设。各城市的更新工程按照联邦的统一规划，大多选址于内城的贫民窟地带或废弃的工业区，体现了以清理贫民窟为主这样一个特点。但由于这一时期受制于审批手续复杂联邦资金实际到位较少，私人开发商因项目住宅建设比例较高参与不积极，居民因自身利益受损进而反对更新等多种原因，实施工程远少于计划，即便实施也是清理多于建设，且常因种种困难工程不能按期完成，造成许多城市出现“撂荒”现象，以致当时美国商务部长曾讥讽住房和城市管理部门是荒地制造商。

1949 年住房法将贫民窟清理作为重点与公有住房建设和街区更新改造等措施结合到一起来解决城市问题，这在城市建设中还是第一次。其意义正如当时的总统杜鲁门所说，1949 年住房法“是联邦政府第一次采用有效手段来援助城市清理贫民窟”。[①] 它强调联邦与地方对于治理城市衰败负有共同的职责，引导和强化了各级政府的参与热情与力

① 李艳玲：《美国城市更新运动与内城改造》，上海大学出版社 2004 年版，第 75 页。

度，有效扩大了城市改造的规模。这一法案对此后联邦政府的住房政策和美国城市的更新发展具有意义深远的影响，城市更新实践由此发展成为一场历时达20余年遍及全美国的运动，而这还仅是就狭义的城市更新而言，若从广义概念的城市更新而言，其影响至今犹存。

美国早期城市更新中还有一项影响较大的活动是洲际高速公路的修建。《1956年州际高速公路法》提出修建41000英里的州际高速公路，其中8000英里建于城市，预计共花费27亿美元，其中90%来自联邦拨款，其余部分由各州承担。① 州际高速公路网工程极大地改变了美国城市的发展历程，某种程度上重塑了现代美国城市。一方面公路带刺激了城市中心区的新发展，高速公路建造商和市中心开发商成为最大的受益者，他们将城市内部高速公路建设选址于衰败的城市社区，在降低开发成本的同时利用高速公路建设带动周边内城土地升值获取暴利，纽约公共工程建造师罗伯特·摩西就深谙此道；另一方面州际高速公路在通向市中心的过程中，摧毁了成片的现存住房并搬迁了数以万计的社区居民，改变了全国各地城市和郊区的景观，破坏了内城社区邻里关系。根据美国全国城市问题委员会1969年的一项报告，1957～1968年，作为联邦高速公路建设的直接后果，33万个单元的城市住房被摧毁，主要受害者依旧是穷人和黑人。②

西欧这一阶段城市更新活动主要集中在城市重建上，为恢复遭到20世纪30年代经济萧条打击和世界大战破坏的城市，解决战后住宅匮乏的问题，国家、地方政府和开发商一起致力于改善城市破旧房屋以及基础设施落后等严重的物质性问题。由于各国的实际有所差异，其更新活动也因此各有侧重，如英国侧重重建和再开发遭受战争毁坏的城市和建筑、新建住宅区、改造老城区、开发郊区以及城市绿化和景观建设等；法国则主要集中于生产性经济实体——市政基础设施、道路、交通通信设施和住宅区重建；作为二战时期主要战场的德国则是将重建工作集中于市中心以应对住房短缺和城市基础设施建设的问题，恢复城市功能；一向以文物保护作为发展重点的意大利，在城市重建的同时，更为



①② Arnold R. Hirsch, Raymond A. Mohl. Urban Policy in Twentieth – Century America. Rutgers University Press, 1993, P. 101. 转引自刘丽：《二十世纪五十至七十年代联邦政府与美国城市更新》，西北师范大学硕士学位论文，2011年，第23页。

强调对历史建筑的复原和对城市历史肌理的恢复。[①]

### 3.1.2 学者对早期城市更新的批判与城市更新思想范式的转变

战后初期的城市更新对城市的物质环境和社会肌理造成了较大冲击，理论界学者对城市更新的负面性进行大量的批判。学界的反思，使战后强调城市设计、物质环境决定论的城市更新思想开始向“人本主义”更新思想转向：更新方式上由形式单一的城市物质环境改造向强调经济、社会、文化与物质环境更新相结合的综合整治转变，实现了旧城功能多样性的回归；城市更新活动的本质由追求一步到位的终极目标规划转向对规划编制和实施过程的延续动态控制，改造规模也由原来的大规模的快速推倒重建转向小规模、分阶段的谨慎修复、改造；“人本主义”在城市更新中得到重视并贯彻于行动之中，更新进程中更加注重人的尺度和需要，强调区域历史文脉和整体文化氛围，鼓励公众自下而上参与到社区规划中来。城市更新思想范式开始发生转变。



#### 1. 理论界对早期城市更新的批判

无论是欧洲还是美国的学界，面对问题丛生且愈演愈烈的城市更新活动，都从各自的专业角度开展了广泛的探讨，进行了深入的批判，具体包括以下一些内容：

（1）对空间环境决定论指导下城市更新活动漠视社会性的批判。

早期对大规模城市更新的批判大都来自社会学界，无论是简·雅各布斯还是迈克尔·杨和彼得·威尔莫特等，都是社会学者。关于英国旧城地区战后早期重建工作的早期著述，是由迈克尔·杨和彼得·威尔莫特这两位社会学家，而不是由通常的规划理论家编写的。而简·雅各布斯《美国大城市的死与生》更是成为这一时期众多批判城市更新著作中的集大成者，其论述的广度和深度都对当时和以后的理论和实践产生了深远的影响。

迈克尔·杨和彼得·威尔莫特在其 1957 年出版的书中阐述了随着

---

① 阳建强：《西欧城市更新》，东南大学出版社 2012 年版，第 33 页。

贝斯纳·格林地区的大规模改造，许多人搬到伦敦郊区格林利新建的住宅后，社区所发生的变化。在对他们搬离后进行的访谈中，杨和威尔莫特发现，移民的物质生活水平的确得到了改善，但这是以丧失原有熟悉的社会环境为代价的。杨和威尔莫特由此得到这样的结论，对于住宅重建地区，规划师忽略了住宅重建的社会因素，长期以来将城镇规划视为单纯物质规划的惯性思维，使规划师只关注物质环境的内容，如房屋的年代和物理状况等，他们只会用物质空间（和美学）的视角看待城镇和城镇问题，由此忽视了人们生存的非物质的社会环境。具体到像贝斯纳·格林这样的地区，在城市规划师眼中只是一个贫民窟，但是事实上从社会层面看，贝斯纳·格林绝不是一个单纯的贫民窟，而是一个良好的组织严密的社区。[①]

莫里斯·布罗迪也批判“设计住宅或规划总图的建筑师”，“决定了道路的走向，决定了房屋的朝向及间距，它们也在很大程度上，决定了居住在这些住宅中的人们的社会生活方式”，“（建筑师）认为物质环境是独立的，而人的行为是可变的，可以简单地被提供给他们的环境所改变”。莫里斯·布罗迪强调决定社会生活素质的根本因素是社会性的，而非物质环境的。“邻里关系确实是由环境因素引发的但是，其中最根本的因素是社会环境和经济环境，而不是物质环境”。[②]



简·雅各布斯的《美国大城市的死与生》从城市规划方面无情地批判了早期城市更新中的错误理论和实践。她认为，现代城市更新理论将田园城市运动与勒·柯布西耶倡导的国际主义学说杂糅在一起，在推崇区划的同时，贬低了高密度、小尺度街坊和开放空间的混合使用，城市更新缺少弹性和选择性，从而破坏了城市的多样性。而所谓功能纯化的地区如中心商业区、市郊住宅区和文化密集区，实际都是机能不良的地区。雅各布斯心目中的城市拥有一种相互交错、互相关联的多样性，她认为“多样性是城市的天性”（diversity is nature to big cities）。这样的多样性从经济和社会角度都能不断产生相互支持，其内容可大相迥异，但必须

① Young, M and Willmott, P: Family and Kinship in East London, Penguin, 1957. 转引自尼格尔·泰勒著，李白玉、陈贞译：《1945年后西方城市规划理论的流变》，中国建筑工业出版社2006年版，第39页。

② Broady, M: Planning for People, Bedford Square Press, 1968, pp. 13 – 14. 转引自尼格尔·泰勒著，李白玉、陈贞译：《1945年后西方城市规划理论的流变》，中国建筑工业出版社2006年版，第41页。

以某种具体的形式相互补充。她主张“小而灵活的城市规划”，强调对现有街区及建筑的保护，认为清除贫民窟应该是一个大都市的经济策略，如果实施得好，它能使穷人不断上升为中产阶级，能使很多文盲变成有技术甚至有文化的人，能使很多新移民变成有应付能力的市民。①

（2）对城市更新忽视动态过程而单纯强调终极蓝图的批判。

早期城市更新对土地利用的分区进行了精确的划定，对分区内土地利用开发的密度和强度也进行了明确的规定，描绘了城市更新的终极蓝图。但是，要将单个城市更新项目进行完成往往需要 5 ~ 10 年，将城市大范围的更新规划的内容变为现实则耗时更长。而在这一过程中城市发展变幻莫测，往往不能由人意控制，例如运行良好的产业会希望向周边用地扩展，而运行不良的产业可能会缩减规模、出售它的部分土地，因此城市更新的规划往往具有滞后性。同时，一个规划“实施完成”后，城市的发展不会就此停止，开发和重建工作仍会继续，因此需要制定一个新的规划以指导其后的发展。与建筑设计不同，城市更新应该成为持续不断的渐进过程。早期城市更新强调蓝图式的规划，但实际上往往由于各种原因没法落实，导致大量土地被荒弃，给城市肌理留下了难看的斑秃。



莫里斯·布朗在《城市形态》（1966 年）中的一篇文章对此进行了很好的批判。布朗注意到，城镇规划在试图通过“固化”土地利用分区来确定未来城市形态的努力，和功能分区的土地利用活动一直处于持续变化的现实之间，存在着不可避免的矛盾。开发规划实际面对的是一个加速变化的时期，因此会出现不断变动的情形。对于作为城镇开发规划重要手段的详细蓝图规划或“总体”规划的可行性，布朗提出了强烈的质疑：“每一个规划在实施的过程都很容易遭遇不可预见的事件。作为公共政策的一个实施手段，规划必须拥有承受这些变化的能力”。②他建议城镇规划应当作为一个持续的过程，而不是关于用地详细规划和设计的“一次性”实践，更新规划应当作为一种弹性的策略和渐进的过程。这一批判促使城市更新改造规模由原来的大规模的快速推倒重建转向小规模、分阶段的谨慎修复、改造。

---

① 简·雅各布斯著：《美国大城市的死与生》，金衡山译，凤凰出版传媒集团 2006 年版，第 264 页。

② 尼格尔·泰勒著：《1945 年后西方城市规划理论的流变》，李白玉、陈贞译，中国建筑工业出版社 2006 年版，第 43 页。

（3）对更新活动中单纯强调技术理性而忽视人的需要的批判。

此类批判集中在规划者忽视居民作为更新活动主体的地位问题上。在早期城市更新中，规划师认为他们知道何种类型的物质环境不适合人类居住，不去征询居民的意见，了解当地社区所希望获取的内容，基于对自己专家地位的认可，其认为自身关于宜居环境的专业判断是无须争议的。即使其建议与人们的期望不符，规划师们也将责任归咎于“这些普通人对什么最适合他们并没有一个清晰的概念”。规划师由于缺乏对更新主体的咨询，并因其自负的“技术理性”受到了批判，批评集中于其没有认识到“关于适宜生活环境构成要素的判断是一个价值观的判断，而不是一个纯粹的技术行为”。

正是在对现代城市更新运动和现代主义城市规划体制反思之后，人们逐渐意识到人本主义的价值，城市必须以人为本，符合人的尺度。著名城市史学家刘易斯·芒福德在他1961年出版的《城市发展史：起源、演变和前景》一书中，也从人本主义角度批评了城市更新运动，认为大规模的城市更新将破坏城市的有机机能。芒福德明确提出了“城市的最好运作方式就是关心人，陶冶人”这一崇高思想命题。他用“无机（机械）”“有机”等词汇来形容两种根本对立的城市规划思想：是盲目炫耀机械、技术进步，还是将城市看成是一个不断生长的有机体，以改善人们生活为目标进行有机更新。他认为无限蔓延的大城市是城市发展的一种扭曲形态，不符合人类需要。技术再发达，科技再进步也不能否定人类正常的生理需要和心理需要。[①] E. F. 舒马赫也在《小的是美好的——一本把人当回事的经济学著作》中强调城市更新要反对技术至上的规划理念，在城市发展中采用“以人为尺度的生产方式”，注重人的尺度和人的需要。其他西方学者也开始从不同角度对以技术至上的城市规划思想和推倒重建为主要形式的城市更新运动进行反思。包括达维多夫的《倡导规划与多元社会》、亚历山大《城市不是一棵树》等，这些论著从不同立场和学术角度指出了唯技术论的城市形体规划、大规模推倒重建的城市更新在处理应对城市复杂的经济、社会、文化问题时的严重缺陷。这些反思对20世纪70年代西方城市更新实践产生了广泛影响，城市更新的规划理论和方法趋向多元化，出现了厄斯金的参与式规划、达维多夫的倡

① 刘易斯、芒福德著：《城市发展史——起源、演变和前景》，宋俊岭、倪文彦译，中国建筑工业出版社2005年版，第586页。

导性规划、布兰奇的连续性规划、林德布罗姆的渐进式规划等一系列新的规划概念和方法。这些规划基于“人本主义”思想，强调规划过程中的广泛公众参与，关注城市政府、居民社区、个人和开发商、工程师、社会学者之间高效合作，而不是由技术权威依据技术理性独断专行。

（4）其他批判。

除了从社会学和城市规划学角度对战后初期的城市更新进行批判之外，还有一些学者从经济学、文化学等角度进行了反思。如马丁·安德森，从城市政治经济学的角度对更新运动进行了抨击，指出城市更新缺乏经济性，推土机式的重建产生的问题在于异地安置后的贫穷阶层其居住条件并未得到改善，城市更新只是在空间上对贫民窟转移，同时造成沉重的社会成本和经济成本。他指出“花费纳税人上百亿的税款，只为实现小部分人追求更精致的城市，是否正当?”① 还有学者从机会成本的角度批判城市更新耗资巨大，减少了政府对其他地区的投入，也减少了对作为经济发动机的制造业的长期扶持，造成制造业衰退；城市更新还使城市债台高筑，引发了严重的财政危机。这些多角度的探讨都对城市更新的转向产生了较大的影响。



### 2. 城市更新理论范式开始转变

“范式”的概念最初来自托马斯·库恩，他使用这个概念描述科学史中理论观点的主要转变，现已广泛用于描述思想理论的变化。② 对早期城市更新活动特别是其指导思想的批判意味着早期城市更新的理论思想开始发生根本性变化，根据库恩的意思，这应该视为范式的改变。具体来说这种转变可以归纳为三点：

首先，更新方式上由形式单一的城市物质环境改造向强调经济、社会、文化与物质环境更新相结合的综合整治转变，说明将城市作为物质或者空间形态结构的观点，被城市作为不断变化且相互联系的功能系统所取代，依哈维的观点来看，这是空间的社会学概念取代了空间地理学或者形态学概念。

其次，改造规模也由原来的大规模的快速推倒重建转向小规模、分

① 马丁·安德森著：《美国联邦城市更新计划（1949～1962年）》，吴浩军译，中国建筑工业出版社2012年版，前言第3页。

② Kuhn，T：The Structure of Scientific Revolutions，University of Chicago Press，1962.

阶段地谨慎修复、改造，将城市当作“活”的功能性实体，这意味着城市更新将是一个“过程”而不是“终极状态”或者“蓝图式”目标，意味着城市更新活动的本质由对终极蓝图式目标的关注转向对规划编制和实施过程的动态控制。

最后，“人本主义”在城市更新中得到重视并贯彻于行动之中，更新进程中更加注重人的尺度和需要，强调区域历史文脉和整体文化氛围，鼓励公众自下而上参与到社区规划中来，彰显城市更新抛弃单纯技术理性的机械主义理念，向“人本主义”的有机更新思想转向。

### 3.1.3 政府的反思及20世纪50年代中期以后城市更新的转向

学者的批判引发了政府的反思，理论的转向指引着政策的调整。美国1949年住房法颁布以来，更新运动尽管在各城市中纷纷展开，但成就有限，城市更新遇到了重重困难和阻力。一方面现行以清理贫民窟、解决住宅问题为初衷的有关更新政策没有对房地产开发商产生多大吸引力，甚至还损害了私人建筑商的利益，再加上联邦对地方更新给予资助所附加的限制过多，导致很多更新工程长期延滞。另一方面良好的政策初衷却加剧了弱势群体的困境，大量拆除的都是贫民窟，却没有及时提供合适的替代住宅，很多黑人和移民流离失所，社会矛盾加剧，骚乱频现；而洲际高速路计划更是不得人心，高速路总是使传统建筑环境与原本完好的社区遭到毁灭性破坏，阻止高速路穿越社区的“社区保护”运动不断涌现，大量历史文化景观与情感依托环境的成片湮灭也引发人们内心深处的抵制，城市更新的两大支柱社会公共住宅计划与高速路计划面临破产的边缘。要想扭转这一局面，联邦政府必须对更新政策做出重大调整。因此，从20世纪50年代中期开始，联邦政府逐步修整政策的偏差，通过1954年《住房法案》、1966年《示范城市法》两次大的立法转变，对城市更新政策进行了连续的调整，那种破坏性的发展方式逐渐被一种更为温和的、综合考虑多种因素的发展方式所取代，更新运动呈现出较大的政策转向。

欧洲的情况也好不到哪里去，在经历了大量贫民窟拆除、社会住宅区建设、城内土地开发再利用、人口重新分配以及新城开发等一系列城市规划实践后，50年代中后期，各国开始进入更加敏感的住房革新和整个旧城复苏提升的重要阶段。二战后过渡性的城市重建措施到50年代中后期逐渐引起人们的不满，单纯地铲除城市中心的贫民窟并同时向郊区扩散人口已不能解决内城发展的实质性问题，内城开发政策必须调整。

### 1. 美国50年代中期的城市更新政策转向

1954年，在对1949年住房法修订基础上美国出台了新的《住房法案》，即1954年《住房法案》（见表3－2），并在随后12年间，根据更新规模扩大的实际需要，对住房法先后进行了若干次具体修订完善。1954年住宅法的颁布及此后的几次技术修订，标志着在更新运动规模迅速扩大的同时，更新运动的重心也在转移：非住宅建设比例不断加大，商业建筑等非住宅建设成为城市更新发展的主要趋势，它使更新的重心向商业性开发转移，就其本质而言，这一转移是更新运动服从于资本主义市场经济调节并向垄断资本利益进行妥协的产物。从城市更新的初衷来讲，这些修订已经使城市更新的性质发生了转向：为解决住房和社会问题的政策已经转变为城市再开发的手段。



**表3－2　　美国1954年《住房法案》概况**

| 项目 | 概况 |
|---|---|
| 立法主旨 | 加大联邦和地方政府在城市更新建设中资金投入力度，增加内城商业开发等非住宅建设的比例，吸引和鼓励社会力量的参与，同时将重建和维修保护并举以扩大城市更新规模 |
| 重要内容 | 将住宅建设和内城的全面更新改造结合起来，由以往单一的清理重建变为清理重建与修缮并举，使更新改造区域由贫民窟扩大为整个城市，从而吸引更多的私人开发商参与 |
|  | 规定联邦住宅拨款的10%可用于非住宅建设，以鼓励城市进行商业性开发，此外，调整有关房屋建造和销售方面金融保险政策，以刺激私人房地产的建设和消费 |
|  | 将联邦的年度拨款额由每年1亿美元增加为2亿美元，同时扩大临时贷款和专项资金拨款并提供特别抵押保险，以加大联邦对地方的扶持力度 |
|  | 大幅削减联邦低租住房计划，由以往每年建造13.5万套住房，减至5万套 |
|  | 该法第314节还规定了联邦示范项目拨款内容，对阻止贫民窟和城市衰败的示范性建设项目，特别是对那些与新的修缮方法有关的项目联邦将给予拨款，其拨款额可高达这些项目费用的2/3 |

注：根据李艳玲：《美国城市更新运动与内城改造》，上海大学出版社2004年版，第105～106页相关内容综合整理。

然而从更新范式的角度讲，这一转向仍未摆脱物质更新的范畴，无论是城市中心商业建筑开发还是文化设施修建，仍然是单纯在城市的物质环境层面做文章，很多此类建筑基于经济角度考虑仍然选择推倒贫民窟在其空出的土地上进行建设，对弱势群体的剥夺仍然存在，种族矛盾等社会矛盾未能根治反而愈演愈烈。这些问题的存在呼唤着政府更新政策的进一步转向，而这次必须要有更加深入的变革了。

### 2. 美国60年代中后期城市更新政策的转向

美国城市战后以来10多年的更新努力并没有建成预期中的大量低收入公共住房，也没能从根本上解决城市中心及内城的衰败问题，反而还扩大了城市中的贫富差距，加剧了种族隔离问题，与1949年住房法的立法主旨背道而驰。而这一切在战后50年代美国经济总体繁荣的背景下显得更加刺眼，“另一个美国”问题的存在不仅剥夺了弱势群体分享国家整体繁荣的机会，无情地嘲讽着所谓的民主和平等，更引发了现实中严重的社会对立问题。60年代美国大多数城市都出现了以大规模种族骚乱为标志的城市危机，尽管种族问题的根源不在于城市更新，但城市更新无疑加剧了这一问题，本身也成为制度根源的替罪羊。在蔓延全国的种族骚乱中，前一阶段城市更新的积弊暴露无遗。在此背景下，联邦政府不得不放弃过去单纯的物质更新思路，考虑出台新的城市综合治理政策，以解决城市中的种族隔离、贫困问题、物质性老化等一揽子问题，使美国的城市更新政策也随之发生了质的变化。

具体来看，20世纪60年代约翰逊政府继承了肯尼迪时期的总体方针，通过出台以“伟大社会”而著称的社会改革计划，对包括公共住房在内的城市政策加以调整，使城市更新实践与“向贫困宣战”计划相衔接，并与扩大就业、推进教育公平等具体举措相结合，形成完整的城市更新发展体系，试图从根源上消除城市问题。其突出成绩有两点：一是立法成就突出，法律较多（见表3－3）且更为完善。在制定相关政策时吸取此前城市更新简单推倒重建式开发的负面教训，取而代之以城市的综合治理和整体更新，摒弃推土机式快速更新，强调对城市的渐进修缮和谨慎保护。1966年《示范城市与都市发展法》是这一阶段立法成就的代表，它突破了过去单纯用物质手段去改造城市衰败面貌的窠臼，强调城市更新应以人为本，注重城市居民素质的整体提高，把贫民窟的清理、贫富差距问题的解决与对整体市民的教育培训结合起来，采取综合治理手段，提高人的文化教育水平，提供个人发展机会，以期减少失业、贫穷和犯罪。这种把解决城市衰败与解决社会问题相统一的举措和以往城市更新单纯强调物质更新把贫民窟一拆了事相比有了本质的进步，标志着美国城市更新运动由大规模商业开发进入到以城市综合治理为主的新阶段。二是完善了城市更新的机构，约翰逊总统推动国会于1965年批准建立内阁级住房与城市开发部（Housing and Urban Development Department，HUD），统一领导全国城市建设，使城市问题的治理有了体制的保障。该部主要负责政府中的住房、家庭住宅贷款、城市更新和社区开发等事项。HUD合并了原有的住房和家庭住宅信贷局、联邦住房署、公有住房署、城市更新署和社区设施署等机构，通常以贷款、拨款、抵押保险、补贴、技术援助等方式帮助城市社区满足住房和街区开发的需求，其重点内容是为低收入家庭提供合适的住房，鼓励和支持大都市的发展。黑人罗伯特·C. 韦弗被任命为该部部长，为城市更新运动解决黑人民权问题带来了希望，从某种程度上显示了政府应对种族问题的态度。HUD将城市综合治理摆在工作的首位，成为政府处理城市问题的中心，效率更高，保障了实施。



表3-3　约翰逊政府有关城市更新主要立法

| 名称 | 年份 | 大体内容 |
| --- | --- | --- |
| 《经济机会法》 | 1964 | 建立经济机会办公室，指导了许多消灭国内贫困的计划，如失业失学青年职业培训计划、学龄前儿童教育推广计划、美国和平队志愿计划、社区行动计划等 |
| 《综合住宅法》 | 1964 | 改善农村和城市的住房，该法规定联邦政府拨款7.25亿美元用于都市重建，贷款1.5亿美元用于农村住宅，7500万美元用于老年住房贷款，共计11亿美元 |
| 《住房与城市发展法》 | 1965 | 要求建造24万套低租金公共住房，拨款29亿美元用于城市更新，对住不起体面住房的穷人给以租金补贴。法案规定：凡有资格居住公共住房者、由于政府的措施而迁移者或居住不够标准者及老弱病残者等符合补助条件的，由政府贴补其财力负担超过本人收入25%的部分 |
| 《示范城市和都市发展法》 | 1966 | 给贫穷城市拨款以建立模范城市，并对大约60~70个城市的贫民窟进行清理，改进更新地区的基础设施，进而改善贫民窟的整体环境，包括交通设施、供水系统、医院和医疗设施、娱乐设施等 |

续表

| 名称 | 年份 | 大体内容 |
| --- | --- | --- |
| 《住房和城市发展法》 | 1968 | 授权53亿美元，要求在三年中为低收入家庭建设和修复170万套新住房，使100万低收入家庭获得房屋所有权。同时，该法将住房抵押贷款利息降低到1%，从而使年收入在3000～6500美元有资格受益家庭的购置房屋费用大为削减 |

注：根据 Congress and the Nation. 1965 - 1968，A Review of Government and the politics，Housing. Congressional Quarterly Inc，1969 整理。

到20世纪60年代末，从30年代经济大萧条开始一直困扰美国的住房问题得到较大程度缓解，大部分城市内城及中心区的物质环境和公共设施条件得到改善，反贫困计划使1500万个美国家庭脱离了政府的贫困线。然而可惜的是，立法的完备和更新机构的努力并不能解决制度根源带来的社会问题，目标的宏大甚至脱离实际导致资金严重脱节，再加上地方政治斗争，约翰逊的伟大社会计划几乎成为美丽的空中楼阁，收效一般，其更新计划几乎被继任者尼克松抛弃殆尽。1972年，国会停止了示范城市计划，1973年冻结了联邦对于住房和复兴计划的拨款资金。[①] 虽然没有完成既定目标，但这一时期的尝试却表明城市从单纯物质层面更新向综合治理的人本主义更新的转变是城市发展的必然趋势，这一具有范式意义上的转变对此后的城市更新有很大影响。

### 3. 欧洲城市的更新政策调整

欧洲战后重建时期按照现代主义城市设计原则建造的以新居住区为主的城市新区彻底瓦解了原来密集的城市空间；城市被划分为居住、工作、购物、休闲等不同功能区域后，带来了交通负荷不断增加的严重后果；功能单一的居住区在建造时过分强调功能，忽视了城市的社会结构和空间品质；人口大量向郊区疏散导致郊区化过度发展，内城出现一系列经济、社会问题。在这种情况下，20世纪60年代欧洲的城市更新政策也进行了相应的调整，主要是以人本主义思想为指导，通过城市设计

① Howard P. Chudacoff，Judith E. Smith，The evolution of American urban society，Prentice Hall，1988，P. 285. 转引自李芳芳：《美国联邦政府城市法案与城市中心区的复兴（1949—1980）》，华东师范大学硕士学位论文，2006年。

活动，改善和优化城市的空间布局，强调“适度的城市规模”和“有机的城市更新”等。欧洲的城市中心一般大多历史悠久，在初步解决住房问题后，对历史悠久的城市中心、商贸区的复兴工作也逐渐增多，着力解决城市交通、基础设施建设和旧城整治的问题，并且更新过程更加强调环境保护、文化继承，注重保留历史悠久的街区和社会生活特色。

## 3.2 城市更新运动影响下文化产业的早期发展

以联合国教科文组织早期对文化产业的定义——“以艺术创造表达形式和遗产古迹为基础而引起的各种活动和产出”① ——来衡量，战后20世纪40～60年代绝对可以视为文化产业发展形成的早期阶段，也是至关重要的阶段。首先，作为文化产业重要组成部分的遗产保护事业自身蓬勃发展的同时，也为其他文化产业业态发展提供物质保障，营造发展氛围；其次，作为一个整体概念的文化产业也开始发展，一方面大众文化在此阶段繁荣发展，另一方面文化创意阶层在此阶段开始孕育，并在与精英阶层的对抗中逐步为大众文化正名。而这些，都和二战后20多年的城市更新运动有着不可分割的联系，无论是城市更新的正面推动，还是对城市更新负面效果的批判和反思，都对文化产业发展产生了深远影响。



二战后初期大规模的城市更新运动给西方社会带来了巨大的影响，城市的物质环境和社会肌理都发生了很大的变化，社会经济也受此利好稳定发展，西方城市进入了战后所谓的繁荣时期。经济的繁荣带来了社会生活的改善。建设福利国家为目的的一系列社会民主改革使工人等中下层阶级的地位得到一定的改观，社会保障范围扩大、最低工资标准提高、国民健康计划、保障民权立法、政府扩大对教育的支持等，都使社会生活得到改善。受此推动，西方社会也全面进入消费社会阶段，消费主体和消费内容也发生了较大的转变，基本的物质生活满足之后消费开始向更高水平的精神消费倾斜，这些都为战后的大众文化繁荣奠定了基础。

---

① 国际统计中心课题组：《国外关于文化产业统计的界定》，载于《中国统计》2004年第1期，第3页。

然而城市更新带来经济繁荣的背后也存在着较大的隐患，“丰裕社会”背后还有“另一个美国”，大规模的城市更新造成的物质环境破坏和历史传统割裂也是显而易见的，不管初衷如何，对弱势群体的事实剥夺的确存在并愈演愈烈，激化了种族和社会矛盾，引发了一系列社会运动，这些都激起了理论界的批判，引发更新思想的转向，同时也引起了政府的反思，促成 20 世纪 50 年代中期以后的政策转向，“人本主义”得到重视并贯彻于行动之中，城市更新由单一强调物质环境更新改造转向对城市的经济、社会、文化与环境相结合的综合更新，尊重人的尺度和人的需要，注重历史文脉和文化氛围，这些都对城市进一步发展产生积极影响。对城市更新造成历史建筑和城市环境的破坏的反思促进了文化遗产保护事业的兴起，特别是对一般性历史建筑和城市整体环境保护的关注，对文化遗产事业发展产生了积极地影响，使保护工作有了质的转变，历史遗产脱去了过去纪念碑性保护的神圣外衣，走向世俗生活，为文化产业发展提供了物质条件，也营造了发展氛围。城市更新还间接诱发了 60 年代声势浩大的社会、文化运动，催生着一个新的社会阶层，并通过其实践活动为大众文化摆脱精英阶层所谓的“低俗”指责创造了条件，解决了文化产业发展的道德困境，推动了文化产业的早期发展。



### 3.2.1　对早期城市更新的反思推动文化遗产保护事业的起步与发展

文化遗产保护是整体性文化产业行业体系中的重要组成部分，也是受城市更新实践影响最大、最直接的行业，通过考察城市更新对文化遗产保护一个行业的影响，可以较直观地了解城市更新对整个文化产业早期发展的推动，特别是其在消解文化的神圣性、意识形态性进而推动文化融入世俗经济生活等方面的作用。因此，接下来我们将以点及面，力图通过重点研究城市更新对文化遗产保护行业发展的影响，来揭示城市更新对文化产业早期发展的推动。

早期城市更新对历史建筑特别是城市大面积历史地段造成的彻底破坏令西方无数专家和普通民众痛心疾首，这种由对城市更新运动带来负面影响的反感失望演化而来的大规模群众性反抗运动在 20 世纪五六十年代此起彼伏。

经历惨痛教训之后的反思往往来得更加深刻，更能从内心深处激发对正确道路的选择。在专家批判和群众反抗迫使政府对城市更新运动进行反思转向的情况下，文化遗产保护事业有了较大发展。一方面，历史建筑特别是一般性历史建筑的大量破坏引发了人们对文化遗产保护范围和方式的思考，保护范围从单纯的“珍宝型”建筑遗产扩大到一般性历史建筑，保护的方式从单纯的博物馆式静态保护转向更加广泛多元融入社会生活的再利用式保护；另一方面，城市更新对大面积历史地段的破坏使人们意识到历史文化遗产保护不能仅仅局限于单体建筑的范畴，而必须将视角投放到整个城市的层面，使文化遗产保护从建筑层面进入到城市层面，从物质层面的技术保护进入到环境氛围、场所精神的整体保护，推动城市历史环境整体性保护思路的发展，“历史保护不再是城市规划所涉及的边缘因素，而是成为有理论有实践的重要学科分支”①。美国1966年《国家历史保护法》（*National Preservation Act*）的颁布，可视为这两种转变的具体体现和结果，也标志着历史保护政府政策层面的重大突破，它为美国历史遗产保护体系的建立提供了系统完善的法律依据，并对整个西方城市历史保护产生了较大影响。



针对城市更新运动反思和反抗情况下兴起的城市文化遗产保护及其转向，促进了文化遗产保护事业的发展，在对建筑再利用和城市环境整体性保护的初步探索中，文化遗产脱下了神圣的“纪念碑性外衣”，融入世俗生活，为文化产业整体的繁荣奠定了物质空间基础，如一些历史建筑街区通过改造和再利用，发展成为文化旅游目的地，促进商业文化和节日经济繁荣。同时将文化遗产视为一种经济资源、生活元素并从经济社会角度进行开发利用，也推动了西方将文化遗产保护作为一项产业来运作的实践，丰富了文化产业的业态组成。

当然，本时期还处于相对早期的探索阶段，这些活动相对于20世纪七八十年代的大规模运用仍然是比较零星的、自发的，在方式和技术上仍是相对原始的，但正是这些宝贵的早期探索，为70年代以后遗产保护理论的成熟并成为一种广为接受的主流思潮奠定了基础。

---

① 张松：《历史城市保护学导论——文化遗产和历史环境保护的一种整体性方法》，上海科学技术出版社2008年版，第109页。

### 1. 对早期城市更新导致建筑湮灭和街区破坏的学界反思与民众抵抗

战后初期，为解决战争破坏带来的住房问题和清除贫民窟，“以机械的物质空间决定论为导向，以大拆大建为表征”的城市更新在西方各国广泛展开。实践证明，尽管这种城市更新使交通、卫生等物质环境有了一定改善，但大规模的以形体规划为思想基础的城市改造并没有如预料的那样取得成功，相反有些计划给城市带来了极大的破坏。城市更新为了给大规模的开发让路，将许多历史社区划为贫民窟进行拆除，特别是在城市中心区尤甚，无数建筑遗产与历史街区被夷为平地，很多历史街区和质量尚好的建筑遗产都在“进步”的名义下被推倒铲除了，像纽约宾夕法尼亚火车站、巴黎中央市场、伦敦尤斯顿火车站等，这些如此恢宏的建筑遗产都成了城市更新的牺牲品，更不用说那些一般性建筑遗产的命运了。[①] 同时，很多大城市中开始修建高架道路，割裂了一些历史区域与其他城区的联系，使这些地区日渐衰落，如昆西市场所在的波士顿滨水区就是如此。

正如简・雅各布斯所言，早期城市更新并未实现其宏伟诺言：“其社会住宅计划只是使一个地区的贫民窟转移到另一地区，而宏伟的交通规划只是使城市传统的亲和力分崩离析，在摧毁城市原有社区邻里的同时却往往创造出另一个虽然开阔、卫生但却毫无情趣、苍白无力的环境。”[②] 刘易斯・芒福德也反对那种追求“巨大”和“宏伟”的巴洛克式的城市改造计划，深刻地指出：“在过去的三十年间，相当一部分的城市改革工作和纠正工作——清除贫民窟，建立示范住房，城市建筑装饰，郊区的扩大，‘城市更新’——只是表面上换上一种新的形式，实际上继续进行着同样无目的的集中并破坏有机机能，结果又需治疗挽救”，“巴洛克规划师们对一切妨碍建设的‘累赘’用推土机清除掉，以便使他们的死板设计得以在空荡荡的平地上付诸实施。这些‘累赘’通常是住宅、商店、教堂、住宅区和珍贵的纪念性建筑，是当地人民生活习惯和社会关系赖以维持的物质基础。把这些设施拆除，往往意味着把人



---

① 陆地：《建筑的生与死——历史性建筑再利用研究》，东南大学出版社 2004 年版，第 61 页。

② J. Jacobs. The Death and Life of Great American Cities，Random House，1961，P. 279. 中文版参见简・雅各布斯著：《美国大城市的死与生》，金衡山译，凤凰出版传媒集团 2006 年版。

们几个世代的合作和忠诚一笔勾销。”①

历史文化景观与情感依托环境的消亡也让广大民众难以接受，遭到强烈反抗，引发了广泛的抗议和抵制运动，历史建筑和街区的命运则成为抗争的焦点和导火索。在美国，早在20世纪50年代后期，旧金山市民就开展了“社区保护”运动，反对为修建高速路进行大规模城市更新而导致的社区破坏；同一时期，纽约的曼哈顿下城也在知识分子领导下，开展了声势浩大的反对更新的市民运动，在著名的格林尼治村，面对纽约市规划中的大规模更新破坏——新的大厦、新的交通和街道，出于对古雅的历史纪念性建筑区、多样化波希米亚社区的维护，包括简·雅各布斯在内的格村艺术家、社会学家们进行了坚决而及时的反抗，“他们提出自己的计划和设计，和官员会面探讨折中方案，甚至不惜将市政府送上法庭”②，打赢了反对大通银行等垄断资产阶级大财团的对曼哈顿下城地区的商业开发、纽约市政府在本区修建高速路的街区改造计划两场“战争”。格林尼治村的抗争只是20世纪五六十年代反抗大幕中的一角，五六十年代现代城市更新运动中最重要的历史性建筑保护活动是民众对纽约宾夕法尼亚火车站拆除命运的抗争。虽然基于历史建筑保护法律和体制的缺失及美国私人财产权神圣不可侵犯的原因，这次轰轰烈烈的保护运动无奈的失败了，1964年老宾州车站被拆除，取而代之的是现在的麦迪逊花园广场。但是历史的悲剧往往具有更震慑人心的力量，其对问题的反思也会更深入。纽约艺术界、建筑行业和广大市民挽救宾夕法尼亚车站的失败，却激发了民众对历史建筑的保护意识，它更使纽约建筑保护机构痛切的认识到，建立完善的保护法规和保护体系才是根本，直接催生了纽约市地标法的出台和地标委员会的设立，也为两年后的美国《国家历史保护法》的出台奠定了基础。

在欧洲，也开展了诸如英国“市民托拉斯”、瑞典斯德哥尔摩“城市的选择”等轰轰烈烈的群众运动。这些或成功或失败的抵抗，都为此后建筑遗产更有力地保护与再生、为城市更新运动的转向扫清了障碍。



① Lewis Mumford. The City in History Its Origins, its Transformation, and its Prospects, Harcourt, Brace & World, 1961, P. 571. 中文版参见刘易斯·芒福德著：《城市发展史——起源、演变和前景》，倪文彦、宋峻岭译，中国建筑工业出版社1989年版。

② 萨利·贝恩斯：《1963年的格林尼治村——先锋派表演和欢乐的身体》，广西师范大学出版社2001年版，第3页。

### 2. 历史建筑的毁灭引发建筑再利用的早期探索

美国1954年《住房法案》颁布后，城市更新实践从清理贫民窟建设公共住房转向城市的整体再开发，市中心因为位置优越、交通便利、商业开发价值高而备受房地产开发商的青睐，但大多城市中心区由于历史悠久而存在许多老建筑，成为大规模开发的障碍。在当时没有政府补助的情况下，对于开发商来说，维持老建筑的现状不仅费用不菲，而且由于其容积率的低下，也无法获取丰厚的商业利润。再加上当时对历史建筑的保护缺乏法律约束，所以绝大多数开发商都选择拆毁老建筑，建设容积率高的大型高层建筑。这种做法使许多优秀历史建筑和街区被推土机成片的夷为平地。地方政府出于利益的考虑为推动城市更新进程，给予开发商资金和政策上的支持，将土地大规模授权给开发商进行商业开发，对其破坏历史建筑的行为视而不见，在一定程度上纵容了历史建筑的毁坏。以纽约为例，仅1957年，纽约就为城市中心区的商业化更新提供了2.6亿美元的建设资金，相当于美国其他主要城市建设资金总和的2倍。①



虽然专家学者和普通民众进行了艰苦卓绝的抗争，也取得了一定的成果，但是，面对数量巨大的普通历史建筑，如果不能为其找到一条适合现代城市发展和适应经济社会生活的生存之路，而仅仅依靠专家学者的呼吁和民众的保护情感等外力的维持，在博物馆式的静态保护下将其作为历史的纪念文物封存，浸泡在时间的“福尔马林罐”中，显然无法对抗强大的经济发展洪流。而这些古建筑及其历史环境是城市不可替代的资源，是它们给予了城市大部分的个性与特征。因此，必须为众多的历史建筑找到一条融入世俗生活的“入世之路”，必须理性的为丧失原始用途的它们赋予新的生命，按当代需求将其更新为生活、工作与娱乐、休憩的现代化人性场所，充分发挥出这些宝贵遗产所蕴含的经济、社会和文化潜力。这就使历史建筑再利用成为现实的紧迫需要，也是无法回避的问题。而这一阶段早期一些自发的成功实践如旧金山巧克力工厂改建为吉拉德里广场，在提供新社会功能的同时保护了历史地标建

---

① Robert A. Caro, The Power Broker, Vintage Books, 1974, P. 10. 转引自刘丽：《二十世纪五十至七十年代联邦政府与美国城市更新》，西北师范大学硕士学位论文，2011年，第34页。

筑，首次将一个没落的建筑遗产融入到活跃的社会经济生活中，作为产业建筑再利用为餐饮、购物设施的早期实例，点燃了历史建筑再利用的火种，为历史建筑的现世生存带来了希望，也为20世纪七八十年代建筑再利用浪潮的蓬勃发展奠定基础，后来许多城市如波士顿、纽约的假日市场都得益于它的启发和鼓舞。

虽然通过变更建筑用途以更好地保护建筑遗产早在西方文艺复兴时期就有了初步的尝试，但真正将再利用置于理论高度自觉引导历史建筑特别是一般性历史建筑遗产的保护则是在20世纪五十六年代以后的事情，而这主要是建立在对战后早期城市更新活动导致历史建筑大量湮灭恶果的反思与批判基础上的。战后早期城市更新中大量历史建筑被无情破坏的现实及人们长期而艰难的抗争历程初步扫清了建筑遗产保护的思想障碍，使“保护为了利用、利用促进保护”成了一种主流观念，推动了作为文化产业重要组成部分的现代遗产保护行业发展进程。而这些历史建筑多被重新利用为文化设施，文化艺术机构成为其主要拥有者，循环利用的老旧建筑成为文化艺术的家园，更为文化产业其他行业如艺术、传媒等发展提供了硬件支持。如在英国索福克郡斯内普的一个普通老麦芽厂于1967年被阿鲁普事务所改建为爱丁伯格狂欢节的音乐厅，开创了一般性历史建筑再利用为文化设施的先河。



这个麦芽厂始建于19世纪中叶，因经营不善于1960年关闭，其大部分厂房一直闲置着。1965年，世界最大的音乐狂欢节——爱丁伯格狂欢节的组织者看中了它那红砖、草顶，具有浓厚乡土气息和工业性格的厂房，决定将那个最大的厂房改建为音乐厅。设计者充分保留了原来浓厚乡土气息的产业建筑特征，只是拆除了厂房内的隔墙，在对屋顶和结构进行了部分修缮之后，一个135英尺长，80英尺宽，可容纳800人的音乐厅很容易地就被创造了出来。它融乡土气息和工业性格于一身的效果很好地呼应了狂欢节当时的先锋气质，简洁有效的再利用方式不仅获得了美学和功能上的成功，如它不经雕饰就具有与生俱来的完美音响效果，而其15.2万英镑的造价更是取得了经济上不可思议的成功。从破旧的厂房成为世界闻名的著名音乐厅，斯内普麦芽厂音乐厅是全球产业建筑遗产再利用为文化设施的最早先驱和典范，对以后的相关实践产生了深远的影响，在20世纪80年代日本金泽市民艺术中心等实践中都能看到它的影子。① 更为重要的是音乐厅单体建筑改造的成功带来了麦芽厂其他厂房复兴的希望，在随后的二三十年里，它们得到了各种方式的再利用，进而使整个厂区成为集旅馆、餐饮、商店、画廊等于一身的文化艺术区域，成为日后文化导向型城市更新的早期原型。

### 3. 大面积地推倒重建促使城市整体保护理念的诞生

由于美国和欧洲等西方城市更新进程的快速推进，大规模重建和新建使城市中大量历史建筑迅速消失，特别是城市中成片的历史街区被连根拔起，原有稳定的社区灰飞烟灭，湮没在推土机扬起的烟尘中。很多西方学者认为西方战后早期进行的城市更新对城市所造成的破坏，事实上已经超越了二战带来的物质破坏，成为名副其实的“第二次破坏”。

事实的确如此，以美国为例，从 1949 年开始到 70 年代初基本结束的早期美国城市更新运动，总计有 1100 座城市从事了 2800 项更新工程，涉及联邦拨款达 100 亿美元，工程的城市用地达 20 万英亩。② 而在欧洲，要求与过去割裂，大规模拆除城市建筑，试图在一代人的时间内从废墟一步跃入极端现代化所带来的后果丝毫不比大洋对岸的美国轻松。现代主义建筑的丑陋外表似乎是精心设计、故意造成的，其咄咄逼人的超现代主义风格，意欲表现割断与过去的一切联系，欧洲的传统在这儿被刻意地避开了。一切都如 1959 年 3 月法国建筑委员会在同意蒙巴纳斯大厦的设计的报告里总结的那样：“巴黎再也不能沉迷于过去了。在将来的日子里，巴黎必须经历巨大的转变”。③ 这种观念改变了诸多欧洲城镇面目，在英国等地方，政府没有哪项长期战略会纳入住房、服务、就业或者休闲等社会综合问题，其目的是消灭贫民窟，并快速、低成本地容纳日益增长的人口：在 1964 年至 1974 年间，仅在伦敦一地就有 384 幢公寓大楼拔地而起，倒下和消失的当然都是历史建筑和街区。两次大战和长期的经济萧条以后，确实存在着一种渴求崭新的、脱离过去的事物的愿望，但这几乎主要都是政府和大资产阶级的想法，正如



---

① 陆地：《建筑的生与死——历史性建筑再利用研究》，东南大学出版社 2004 年版，第 58 页。

② 李艳玲：《美国城市更新运动与内城改造》，上海大学出版社 2004 年版，第 162 页。

③ 托尼·朱特著：《战后欧洲史》，林骧华、唐敏等译，新星出版社 2010 年版，第 351 页。

简・雅各布斯后来在1980年国际城市设计会议上尖锐批判的那样，“大规模计划只能使建筑师们血液奔腾，使政客、地产商的血液奔腾，而广大群众往往成为牺牲者。”① 居住在大型住宅区、高楼公寓和新兴小镇上的人们从来就不喜欢这些房子，他们似乎早就看透了这些住宅在一代人的时间之内就会成为社会上流浪汉和暴徒的滋生地的悲剧命运。

在西方城市的有形历史上，就其造成的破坏而言，20世纪五六十年代是非常可怕的20年。那些年里对城市的伤害主要是出于无知，在战后“辉煌的30年”的经济发展光环下，这一点几乎没有被政府认识到，为此付出的代价就像在19世纪的城市工业化过程中的一样。虽然在以后几十年里也做了一些弥补，但是被破坏的建筑和街区再也无法挽回，伴随着这些大面积历史街区消失一同消逝的是存在于这些街区中的历史环境、人文氛围和邻里关系等，这种代价更为沉重。法兰克福、布鲁塞尔、伦敦等一些大城市对于为更新城市进行的野蛮行为而付出的巨大代价追悔莫及。

这些现实都导致人们怀旧情绪的加重和保护意识的增强。对于这一阶段的有识之士和善良大众来说，如何把二战后的城市变成一个真正的适合人类生存的地方是一个迫切的问题。人们感到城市需要注入一种整体保护意识以治疗其弊病。似乎需要种特殊类型的城市历史保护方法，不仅保护珍贵的城市历史遗产，还要将保护的范围扩大到街区等城市整体历史环境，保护的内容也不应仅仅局限于物质层面，精神、文化、社区关系等元素应该和城市肌理、空间布局一样得到重视。这些都催生了城市整体保护思想的萌生，为20世纪70年代中期“整体保护”思想正式确立奠定基础。从这个层面上讲，现代意义上欧洲城市保护实践的起步时期是从60年代开始的。60年代之后，美国联邦政府也开始修整政策的偏差，逐渐地，美国住宅与城市发展部（HUD）在普罗文斯、罗得岛、新奥尔良以及萨凡纳资助了一批建筑保护和再利用的示范性项目，这些研究性的项目试图在一定的区域内采用整体性的保护方法，综合性地采用了区划、非营利组织、周转资金和城市更新计划等手段，成为当今美国城市中历史遗产整体保护的样本。②



① 阳建强、吴明伟：《现代城市更新》，东南大学出版社1999年版，第7页。

② 王红军：《美国建筑遗产保护历程研究：对四个主题性事件及其背景的分析》，东南大学出版社2009年版，第149页。

“整体保护”思想强调以整体方式实施城市保护，将文化遗产和历史建筑保护列入城市规划的通盘考虑，超越了既有的历史建筑博物馆式开发或孤立的对文物古迹保存的做法；不仅仅是对历史地区的建筑遗产和空间肌理、结构实施保护，更应包括整体历史环境的保护、文化原生态的维护、地方特色和场所精神的保持，要保证对历史地区实施全方位的整体更新或复苏；保护目标是要维持居民原有生活方式的稳定性，防止社会生活快速而频繁的变迁；除了考虑经济方面的利益，更要顾及社会和文化方面的影响。① 这些都与二战结束不久波兰在原来的地基上按原有的形式重建了华沙市中心竟被当时西欧城市规划师嘲讽为“怪异的乡愁情结”形成鲜明对比。

对历史城市整体保护的重视，不仅推动了文化遗产的保护，还可以促进文化产业特别是文化旅游业发展。在这方面，意大利的博洛尼亚是个很好的例子。博洛尼亚也是欧洲早期城市整体保护思想的发源地。

作为意大利北部一座拥有丰富文化遗产的历史名城，博洛尼亚被公认为是欧洲的文化都市，号称欧洲“大学之母”的博洛尼亚大学就诞生在这里。其古老的历史中心区位于城市中央，居住人口约 10 万人。从战后复兴期到 20 世纪 60 年代的高速发展期，博洛尼亚完全可以发展扩张成为拥有 100 万人规模的大城市，但是，出于对历史文化遗产的尊重，他们放弃了大发展的机遇，选择了以城市整体保护和有机更新为中心的发展方向。博洛尼亚在世界上第一次提出了“把人和房子一起保护”的口号，也就是说，它不只是保存历史建筑，更要留住居住其中的生活者，这是个全球性的保护新观念，其实质即“整体性保护”。② 在博洛尼亚，历史保护的范围远远超越单纯的文物古迹保护的范畴，其对城市日常活动和市民生活环境的维护更为重视。博洛尼亚的整体性保护理念强调对整个城市生活的保护和继承，以不破坏历史中心区的空间特征为前提，容许适应现代生活需求的设施与环境改善，使现代博洛尼亚人能生活在一个充满历史气息，设施先进、环境优美，文化活动丰富多彩的市区中心。整体性保护理念没有使博洛尼亚背负沉重的负担，反而



---

① 张松：《历史城市保护学导论——文化遗产和历史环境保护的一种整体性方法》，上海科学技术出版社 2008 年版，第 109 页。

② 张松：《历史城市保护学导论——文化遗产和历史环境保护的一种整体性方法》，上海科学技术出版社 2008 年版，第 98 页。

成就了其独具特色的发展。在70年代之后，受此前反正统文化运动潮流的影响，欧美审美时尚有了很大改变，具有历史风味的东西受到大众的青睐，博洛尼亚市中心因其独特的历史风情、完整的空间布局、保存良好的历史建筑等因素受到追捧，成为热门的文化旅游目的地，良好的环境也吸引了大量的中产阶级，历史中心区成了如此受人欢迎的地方，以至于面临走向绅士化的威胁，当然从社会公平的角度讲绅士化不值得提倡，但这至少说明，博洛尼亚的整体保护对文化产业特别是文化遗产保护业和文化旅游业起到了推动作用，它以自身的实践证明，城市更新并不是只有推倒重建一条路可走，城市整体性保护、建筑合理再利用完全可以推动城市的发展。

**4. 城市历史保护进程的里程碑**

传统上，保护和更新是城市发展中不可避免的一对矛盾，因为保护历史遗产基本上就是要停止城市更新，而更新就无法保护历史遗产，在经历了战后早期城市更新对历史遗产的大范围破坏之后，人们逐渐冷静下来，开始思索到底我们真正需要的是什么，一系列群众运动推动遗产保护事业起步发展，并促使政府冷静下来，开始理智地面对城市更新与历史保护的关系问题，试图弥合二者之间的矛盾，使历史保护和城市更新能够在一定程度上统一起来。在所有这些20世纪五六十年代的努力中，美国1966年《国家历史保护法》的颁布，是具有重要里程碑意义的事件。它确立了“联邦—州—地方”各级保护体系，使通过指定历史建筑和划定历史地段进行建筑遗产与历史环境的保护成为美国地方历史保护最为普遍的方式，对美国和整个西方世界都产生了深远的影响。



20世纪60年代，城市更新背景下的美国历史保护运动高涨，老宾州车站的拆除是美国历史保护思想转变的一个分水岭，尽管付出了巨大的抗争努力，仍无奈地让位于麦迪逊花园广场的建设，这被大众视为国家“历史的悲剧”，遗产保护与商业开发之间的矛盾在这起事件中暴露无遗，出于公众利益进行历史保护的热情在美国“私人财产神圣不可侵犯”的信条下显得无能为力，人们明白只有通过合理立法，并切实建立起一套完善的保护制度，才能从根本上解决这一问题。为此，经过城市更新实践中的失败，60年代的一些经验积累，同时在国民信托等保护组织日益高涨的运动推动下，1966年10月15日，美国国会颁布了

《国家历史保护法》(*National Preservation Act*)，采取积极措施，通过法律手段来保护历史遗产。该法案设立了历史保护咨询委员会和州史迹保护办公室等历史保护机构，确立了历史性场所国家登录制度以及国家历史地标制度，成立了历史保护基金并实行了历史保护资助金计划，为美国历史遗产保护体系的建立提供了系统完善的法律依据。①

《国家历史保护法》通过立法明确了一系列遗产保护的原则和具体措施，依据该法设立的组织秉承立法主旨，依据该法条款成功地在全美范围内保护了大量的历史城镇和文化街区。更为重要的是，该法的颁布初步厘清了历史文化遗产保护和城市更新发展的轻重关系，推动了联邦政府城市更新的重点从推倒重建的再开发转移到最大限度地开发现存城市整体环境和历史文化资源。因而，该法的颁布在城市更新和历史保护的历史进程中具有里程碑的意义。这一转变主要是通过《国家历史保护法》第106条款具体实现的，该条款也是本法最广为引用的法条，其具体规定："各个对联邦或联邦辅助工程项目拥有直接或间接管辖权的，以及有颁布工程项目许可权的政府部门或联邦代理机构，在批准该工程项目使用联邦资金或者对其工作许可之前，需考虑这一工程是否会对历史性场所国家登录名单上的任何地区、史迹、建筑物、构筑物和物件产生影响，并应向历史保护咨询委员会提供一个合理的机会对这一工程项目进行评价与审查。"② 该条款意味着所有的联邦机构都必须考虑政府资助项目对历史遗产的影响，具体到城市更新工程项目而言，要求政府部门或代理机构在批准某一项目的实施计划之前，能通过协商，使历史保护的要求和更新工程项目的要求互相协调，对历史性遗产受到工程的影响进行评估，并寻求一个合理的解决方法来避免或最低程度的减轻该工程对历史性遗产所造成的不利影响；根据该条款，历史保护咨询委员会专门制定了一套历史保护审议程序，包括历史遗产的鉴定与评估、审核影响、会议讨论、委员会评论与准许工程实施五个环节。③《国家历史保护法》第106条以及与该条款相适应的工程审查制度的出台具有重



① 王红军：《美国建筑遗产保护历程研究：对四个主题性事件及其背景的分析》，东南大学出版社2009年版，第152页。

② Karolin Frank, Patricia Petersen. Historic Preservation in the USA, Springer, 2002, P. 193.

③ Karolin Frank, Patricia Petersen. Historic Preservation in the USA, Springer, 2002, P. 201.

大的历史意义，其本质是对联邦机构本身的一种制约，目的是在复杂多样的地方环境中，避免联邦政府和机构自身在城市更新建设中作出破坏建筑遗产和历史环境的行为，这也意味着过去大规模推倒重建式的城市更新从法律意义上讲再也不可能发生了。

另外，该法还明确了联邦政府在历史保护中的作用。此前，面对城市更新造成的建筑遗产不断流失，约翰逊总统已认为联邦政府应协助地方来保存历史建筑和场所，1965 年，在国会的一次名为“国家的自然之美”的发言中，他就敦促国会对各州和地方的历史遗产保护进行资助。[①] 在《国家历史保护法》中，提出要保留国家的历史和文化，作为社区日常生活与发展的一部分。保护法第一次以联邦立法的形式表明，历史保护是世代相传的事业，为了代际公平，需要各级政府、公共和私人的参与，认为在不断扩张的城市中心更新发展、高速公路修建以及工业的发展面前，当前的政府和非政府组织参与的历史保护计划尚不足以保证后人们可以享有丰富的国家遗产。为此，它具体通过历史场所国家登录制度、内务部的援助拨款计划、历史保护审议委员会等制度和机构的设立来强调和发挥联邦政府保护历史遗产的职能和作用，基本上奠定了美国此后历史遗产保护的体制框架。



## 3.2.2 城市更新推动了大众文化发展繁荣

除了对文化遗产业等文化产业具体行业的推动外，城市更新对文化产业早期发展的影响还体现在对整体性文化产业发展的推动上，突出表现在推动大众文化的发展繁荣上。

### 1. 城市更新对大众文化发展的直接推动

（1）城市更新政策的转向推动文化基础设施建设。

美国的城市更新在 20 世纪 50 年代中期进行了政策调整，1954 年《住房法案》允许城市使用 10% 的联邦资金进行非住宅建设，此后，这一比例不断提高，1959 年住房法将拨款比例提高到 20%，1961 年提高为 30%，1965 年则已升至 35%，同时将更新范围扩大到整个城市，力

① 王红军：《美国建筑遗产保护历程研究：对四个主题性事件及其背景的分析》，东南大学出版社 2009 年版，第 150 页。

图更大限度地鼓励商业性开发，更新内容也从单纯的住宅转向内城商业、文化等基础设施，涉及城市商业中心、文化艺术、教育设施等更多种类。由于当时公共建筑的投资回报率较高，所以极大地激发了房产商改造城市中心的热情，引发了私有资本的广泛参与，包括雷洛兹铝业公司、亨布尔·森莱恩国际油业公司、美国钢铁公司等大公司都利用这次城市更新时机在市中心区占据最好的地块，积极新建纯商业区、大型商场、高层办公楼、银行、豪华饭店、剧院等商业、文化设施，解决了城市更新前期资本筹集单一问题。①

受此影响，在20世纪50年代后期和60年代初，很多城市中心都变成纯商业区或商业文化综合区，遍布办公楼、商场、饭店、会议中心、艺术中心甚至体育场，城市肌理发生了很大改变，逐渐形成了以玻璃和钢筋水泥铸就的高楼林立的城市景观，虽然也引发了诸如社会驱离等问题，但不能否认的是，经过五六十年代的更新改造，城市特别是中心区的物质环境面貌已大为改观，以服务业为主的一批新兴产业在城市的中心地带获得了更大的发展空间，为城市中心增加了商业、旅馆、餐饮等工作岗位，吸引了居住和就业，提高了城市中心商业竞争力，减缓了因郊区化而造成的城市中心区的衰败，提升了城市的活力。



很多文化基础设施也在这一时期受益于更新政策调整而被建造，这些设施大多规模宏大，设备先进，集聚了多种艺术门类的优秀团体，为城市文化艺术产业的发展繁荣提供了良好的设施保障。同时，这些文化设施大多处于城市中心，毗邻商业核心圈层，拥有较高的人气，促进了城市文化消费的繁荣，也影响了之后20世纪七八十年代流行的文化设施多用途开发实践。纽约市曼哈顿的林肯中心是这一更新实践的突出代表。② 作为纽约城市更新的项目，林肯中心的建设带动了周边地区的更新发展，促进了纽约文化产业的发展，强化了其美国乃至世界文化中心的角色。

林肯表演艺术中心是联邦城市更新实施以来最大项目中的核心项目，它的兴建是纽约上西区在更新开发计划中非常关键的工程。1955年由纽约市政府出面选定地址，以罗伯特·摩西为首的贫民窟清理委员

---

① 白友涛、陈赟畅：《城市更新社会成本研究》，东南大学出版社2008年版，第145页。

② 蒋晓娟：《纽约“城市更新”研究（1949～1972）》，华东师范大学硕士学位论文，2011年，第31页。

会在第65街的哥伦布大道和西南交叉口之间征收了部分既有空地，同时推倒大片贫民窟，为该项目腾出了15英亩的地块。设施至1969年分阶段竣工，部分自1966年起对外开放。林肯中心更新项目总投资1.42亿美元，主要由洛克菲勒家族私人资助。重建后的林肯艺术中心是世界最庞大的表演艺术综合体，以豪华和典雅著称，大都会歌剧、爱乐乐团、林肯中心剧院、茱莉亚音乐学院以及公共图书博物馆和行为艺术图书馆先后入驻其中，并经常上演经典剧目、提供文化服务，逐渐成为全美国甚至全世界的文化中心之典范。

尽管自建成之日，针对林肯中心的反对批评之声就不绝于耳，简·雅各布斯强调多样性，认为如果周边充满餐馆、酒吧、花店，剧院会发展得更好，同时如果将林肯中心内的各文化机构分散开来，零散分布在多样化的社区里，纽约城市会发展得更好。但是综合考虑当时的整体情势，考虑到街道环境的改善以及多元文化机构的集聚效应，特别是对此后纽约文化艺术产业发展所起的作用，林肯中心应该是当时众多失败的城市更新项目中较为成功的案例。



林肯中心的更新成功为纽约带来巨大的经济收益。目前，林肯中心以及所属机构每年吸引超过500万观众、雇用6000名员工、教育2000名学生，为纽约大都市地区创造了相当于价值30亿美元经济活动的效益；林肯中心还推动了纽约市非营利文化机构的壮大，除了强大的商业性剧院外，纽约还有1000多家的非营利机构落户于此，包过众多的交响乐、合唱团、歌剧和芭蕾舞公司、博物馆、画廊、剧场、学院等，创造了价值约5亿美元的收入。①

林肯中心的更新项目不仅自身获得成功，其对所在的社区整体发展也有着深刻影响。林肯中心带动了曼哈顿上西区新餐馆、酒店、商业设施、住宅区的建立，吸引当地社区居民的留居。1970年人口统计显示：从1965年至1970年，紧邻林肯中心地区的人口将近有45%搬进了林肯中心街区。可见，林肯中心的更新项目完成在带来纽约文化艺术产业集聚效应的同时，也极大地提升了这个区域的经济和人文价值，为纽约作为世界文化之都的角色奠定了基石。

同一时期，纽约州的新罗榭尔市（New Rochelle）也实施了包括新

① 王晨：《林肯表演艺术中心总裁专访》，载于《天天新报》2010年10月20日。

火车站、办公大楼、市内体育馆、百货商场、公寓楼、娱乐及文化中心等在内的综合更新工程；巴尔的摩利用联邦资金也实施了查尔斯中心（Charles Center）的建设，其工程包括办公楼、商场、公寓及剧院等。麻省理工学院、芝加哥大学、宾夕法尼亚大学和哥伦比亚大学等院校也通过更新项目获得了发展所需要的土地，改善了周边的环境。[①] 文化艺术、教育设施是城市文化发展的重要保障，对这些基础设施进行合理的更新建设为其向产业化方向发展创造了有利条件，这些行业的从业人员多属城市中的中高收入阶层，更新计划为他们的工作与生活提供了适宜的环境与便利的服务，使城市的产业与人口分布更趋合理；文化设施建设也为城市文化消费提供了场所，促进了城市文化消费水平的提高，这些都推动了文化产业的早期发展。

（2）城市更新对艺术的资助推动文化艺术产业繁荣。

城市更新向社会综合治理的转向中，对艺术的资助进一步推动文化艺术产业的繁荣。美国城市更新在20世纪60年代之后进行了第二次转向，也是具有范式意义的转变，它摒弃了简单的推倒重建式开发，取而代之以城市的综合治理。《示范城市与都市发展法》强调城市更新不光是通过物质更新改造城市面貌，更是城市居民综合素质的整体提高，通过城市综合治理，把解决城市衰败与解决社会问题相统一，试图通过提高人的文化水平来减少失业、贫穷和犯罪。而文化艺术作为提高人的文化修养的重要手段，因此受到了格外重视。这一时期，无论是肯尼迪的“新边疆”政策还是约翰逊的“伟大社会”政策，都对美国城市文化艺术事业的发展给予了较多关注。此外，美国私人对文化艺术事业的赞助是一种传统，很多大财团和垄断资本家都热衷于此，他们利用城市更新发展带来的契机，投资、赞助文化艺术事业，对美国文化艺术产业的发展，也起到了关键的作用。

肯尼迪在1963年建立了国家艺术委员会，迈出了最终创立联邦直接艺术津贴计划的第一步，该计划的最终结果是国家艺术资助。国家对艺术的资助问题成为这一时期一个政治关注的中心点。在参议院对国家艺术基金问题进行辩论时，纽约参议员雅各布·贾维茨指出，由于忽视艺术，美国正落在其他大国的后面，“我们国家的伟大与尊严已岌岌可



① 李艳玲：《美国城市更新运动与内城改造》，上海大学出版社2004年版，第111～114页。

危”。国家艺术资助最终在1965年作为林登·约翰逊总统的“伟大社会”计划的组成部分获正式批准并付诸实施。[①] 其具体是通过1965年《国家艺术及人文事业基金法》来实现的，这是自30年代大萧条以来的第一部支持文化艺术事业发展的法规。依据此法，美国创立了其历史上第一个致力于艺术与人文事业的机构：国家艺术基金会与国家人文基金会（National Foundation on the Arts and the Humanities，NFAH），该机构独立运作，从事艺术与人文事业的资助，以促进美国艺术与人文事业的发展，直到今天它仍是美国政府负责文化艺术的联邦机构，国家艺术资助在政策上采取了“杠杆方式”，以“资金匹配”来要求和鼓励各州、各地方以及企业拿出更多的资金来赞助和支持文化艺术事业。[②] 当时在视觉艺术领域，博物馆的建设成为热潮，这一方面是国家艺术政策推动的结果，同时也得益于城市更新政策转向提供的良好的条件。现代艺术博物馆计划扩展至惠特尼博物馆占据的地点，而惠特尼博物馆不久将迁往由马塞尔·布鲁尔设计的一个新的场馆。美国民间艺术博物馆也开放了，还有上面提到的林肯中心也正在建设中。

政府之外，私人和非营利组织的推动也是美国文化艺术事业这一阶段繁荣发展的重要因素。纽约州长尼尔森·洛克菲勒在纽约艺术发展历史上的角色举足轻重，1958年上台后，他大力推进艺术项目的更新，1957年他创建了原始艺术博物馆，同期还资助了林肯中心的建设，提供了建设所需的绝大部分资金。除了资助艺术基础设施建设，洛克菲勒还关注艺术团体的运营，他敦促州立法机关拨出1500万美元以赞助纽约市芭蕾舞团和纽约州立剧院；此外他还要求州议政厅大幅增加艺术的财政预算，将拨款增到3200万美元，这几乎是所有其他州在艺术赞助上加起来的总额，可以说洛克菲勒州长在纽约艺术项目的投入和努力为纽约文化艺术产业的蓬勃发展奠定了良好的基础。[③] 非营利组织的作用也不可忽视，如1963年福特基金会启动了一个高达800万美元的使芭蕾美国化的项目，而该基金会刚刚在1962年完成了约600万美元的剧



① 萨利·贝恩斯：《1963年的格林尼治村——先锋派表演和欢乐的身体》，广西师范大学出版社2001年版，序言、第6页。

② 陈金秀、吴继兰：《独具特色的美国文化管理体制》，载于《中国信息报》2010年11月24日。

③ 蒋晓娟：《纽约“城市更新”研究（1949~1972）》，华东师范大学硕士学位论文，2011年，第31页。

场建设项目。

20世纪50年代和60年代也是欧洲政府资助文化艺术的美好时代。自1947年起，英国工党政府就在地方税上增加了6便士，以支付地方上的艺术创新，如剧院、爱乐乐团、地方歌剧等等项目，拉开了60年代艺术委员会的序幕，这个机构以前所未有的规模慷慨补贴各类地方的和中央的艺术节、艺术机构和艺术教育。[①] 尽管有些波折，英国仍于1962年建成国家大剧院[②]，当时任命劳伦斯·奥利维尔为总监、戏剧评论家肯尼思·泰南作为他的顾问和助理。与皇家莎士比亚剧团一起，国家大剧院是英国新兴戏剧的主要赞助人和演出场所，同时又是慷慨的英国艺术委员会的主要受惠者。法国政府在文化活动中长期扮演文化艺术保护人的角色，它的补贴主要针对传统的、有声望的高雅文化场所，如博物馆、巴黎歌剧院、法兰西喜剧院等，还有政府垄断的电台和电视台。在戴高乐重新掌权，任用安德烈·马尔罗做文化部部长后，法国中央政府扩大资助范围，除巴黎之外，外省的表演者和演出也得到较大补贴，博物馆、美术馆、艺术节和剧院开始在法国的其他省份生根发芽，最著名的是由让·维拉尔执导的阿维侬夏季戏剧节。德意志联邦共和国（以下简称“联邦德国”）在艺术上的公共花费这一时期也急剧增长。由于联邦德国的文化和教育事务控制在联邦的州政府的手里，几乎每个州和大多数最重要的市镇都有一个歌剧公司、一个乐团和诸多的音乐厅、一个舞蹈公司、享受补贴的剧院和各种艺术团体，它们预算的50%~70%都由州政府或市政府资助。政府慷慨资助的文化机构成了各类艺术家的圣地。斯图加特芭蕾舞团、柏林交响乐团、科隆歌剧院以及几十个较小的机构（曼海姆国家大剧院、威斯巴登国家剧院等）为成千上万名舞蹈家、音乐家、演员、舞蹈指导、剧场技师和办公室职员提供了稳定的工作和失业福利、医疗保障及养老金。

### 2. 城市更新对大众文化发展的深层影响

城市更新不仅直接推动了文化艺术等大众文化的发展，更对大众文化的整体繁荣发展产生了深远影响。城市更新通过促进经济繁荣及提升

---

① 托尼·朱特著：《战后欧洲史》，林骧华、唐敏等译，新星出版社2010年版，第343页。

② 1976年英国国家大剧院由原址迁往伦敦泰晤士河南岸。

消费者素质等手段为战后消费社会的全面成型奠定了基础，并有力地推动了消费主体和消费内容的变更和转向，而消费领域这两个层面的转变对大众文化的繁荣起到了重要作用，并在此后大众文化的自我正名中发挥了关键的作用。

（1）城市更新推动了战后消费转向。

第一，影响消费转向的因素。消费不仅是一种经济行为，更是一种社会行为和文化形态。消费是人们日常生活一部分，也是一种生活和生产方式及通过它所表现出来的人们的社会关系和社会文化形态。因此，消费是历史的、变化的，不同时期会形成不同的消费文化形态。影响消费转向的因素有很多，但起主要作用的包括以下几点：

经济发展状况是影响消费的重要因素。经济繁荣为消费创造物质条件，从某种程度上讲，正是资本主义新的生产方式的出现释放了社会巨大的生产力，带来财富的不断积累和消费的发展。20 世纪 20 年代以福特主义为标志的标准化的新生产方式，降低了生产成本，大幅增加了产量，提高了工人工资水平，降低了消费品价格，商品生产者有能力购买自己生产的产品，“大众消费和大众生产第一次真正结合起来，使社会经济从以生产为导向转向以消费为导向，标志着美国大众消费的开始和消费社会的出现”①。自 20 年代进入消费时代起，美国在 50 年代才顺利完成由产业经济到消费经济的历史转型。而这主要得益于美国战后经济的繁荣和平均收入的增加。整个 50 年代，美国总消费始终保持着上升的趋势，从 1950 年的 1910.09 亿美元增至 1960 年的 3252.41 亿美元，个人实际消费在 1960 年也达到 1824 美元，比二战结束时的 1350 美元增长了 35%。② 经济的繁荣使更多的家庭消费着电视机、电冰箱、吸尘器、洗衣机等过去的所谓“奢侈品”。受制于经济发展的局限，欧洲真正的消费繁荣直到 50 年代才来临。直到 20 世纪中叶，“可支配收入”对绝大多数欧洲人来说只是一种矛盾的说法。到 1950 年西欧的普通家庭一半的现金收入都是用在生活必需品上。经济的恢复发展繁荣使这一切都变了，在 1953 年以后的 20 年里，联邦德国和比利时、荷兰、卢森

① Martyn Lee：Consumer Culture Reborn，Routledge，1993，P. 73. 转引自惠敏：《当代美国大众文化的历史解读》，齐鲁书社 2009 年版。

② 刘绪贻：《美国通史（第六卷）——战后美国史》，人民出版社 2002 年版，第 136 ~ 137 页。

堡的实质性工资收入增长了近3倍，人们手上有了余钱而且也乐意消费，英国普通公民的购买力翻了将近一番。这一阶段欧洲消费繁荣最形象也最有说服力的例子来自联邦德国女用尼龙长丝袜的销售量，作为战后几年里曾经的“奢侈品”，1950年其仅售出90万双，而仅仅4年后即1953年，其年销售量即达到惊人的5800万双。①

社会价值观念对消费也有重要影响。作为整个社会的思想灵魂和文化核心，社会价值观念不仅会对社会整体行为产生导向作用，而且会影响人的价值观和文化行为，在决定不同时期消费观念的同时，更直接影响人们的消费模式和行为。正如马克斯·韦伯和丹尼尔·贝尔分析的那样，新教伦理决定了早期资本主义社会注重积累、压抑消费的特性，而随着享乐主义对新教伦理的解体，直接催生了消费主义的盛行。强调花销和占有物质，满足欲望，追求享乐的新兴中产阶级生活观念和生活方式代表的新的社会价值观念对消费发展产生了巨大的影响。社会价值观念在某种程度上决定着消费的内容和方式。美国社会学家凡勃伦在《有闲阶级论》中描述了19世纪末期美国刚刚富裕起来的中产阶级推崇炫耀式消费，极力模仿欧洲贵族阶层生活的消费主张，这种暴发户的价值观就决定了其消费的主要方式就是“浪费式”的消费。在这里消费不是出于使用目的而是用以显示身份，“告诉我你扔的是什么，我就会告诉你你是谁”最明白地揭示了这一点。而20世纪五六十年代的青年一代对个性、自由的追求、对社会、父母压抑的反叛所形成的价值观，也催生了属于那个时代的消费。对文化产品的消费塑造着所谓的潮流，借此建构着阶层的认同感。在穿着、音乐、运动等方面的消费，成为判别自己人和外人的主要手段，某种意义上，消费风格就是生活风格。

消费者素质提高影响着消费转向。消费者素质特别是由教育普及带来的文化素质的提高对消费的转向起着重要的推动作用。二战以前的很长时间内，一般大众日常消费中文化等高端消费所占比重较少，这一方面是由于可支配收入水平偏低造成的；另一方面大众文化素质修养不高，也是一个原因。教育一直被精英阶层垄断，文化消费也理所当然的面向他们。这一切都随着战后教育的普及大大改善了。在美国和西欧，随着教育的普及和水平的提高，推动了大众文化素质的普遍提高，人们



① 托尼·朱特著：《战后欧洲史》，林骧华、唐敏等译，新星出版社2010年版，第300页。

特别是青年群体的文化层次得到显著的提升，对文化的品位和欣赏能力也随之提高，出现了庞大的文化消费群体，一方面推动了消费内容的文化转向，另一方面也要求市场上出现不同形式的大众文化产品来满足大众的物质和精神需求，为文化产业的发展提供了动力。

大众传媒的引导推动着消费的繁荣，也加速了消费的转向。消费除了受到经济、社会、消费者自身素质等因素影响外，在现代社会，更多地受到社会媒介物——大众传媒的影响。一方面，大众传媒及其物化产品作为文化消费品进入消费领域，本身即丰富了大众消费的内容，其提供的文化服务和文化产品构成了日常文化消费的重要组成部分，书籍、报纸、杂志、广播、电影、电视为受众提供了丰富的文化消费享受，满足了大众日益兴起的文化消费需求。另一方面，现代社会及后现代社会里，大众传媒具有重要的导向作用，为各种消费品提供宣传渠道，为各种消费行为的制造和推广提供条件，其传播系统及广告声像作为消费文化的载体和符号充斥着人们的生活空间，通过涤荡旧有消费观念、塑造消费偶像、引导消费潮流等手段操纵着人们的衣食住行和消费方式，影响着人们的消费活动，引导着消费的转向。现代传媒种类多样，除了传统的报纸、杂志等媒体形式，20 世纪 20 年代和五六十年代的两次传媒革命又带来了以广播、电影、录音、电视为代表的模拟式电子传播和互联网络为核心的数字式电子传播等新媒体形式，从视觉、听觉等多个层面冲击人们的感官；其传播内容更加丰富，从早期的政治内容为主到后来的贴近世俗生活，报道大众关注的社会生活内容，诱惑、刺激着人类本身的欲望，为摧毁旧的社会意识和规范，建立新的消费观念和消费方式发挥了重要作用。现代传媒制造了商品的象征意义，使消费变成了对符号化的物品、服务中所蕴含的意义的消费，超越了对物质实体本身的消费。如穿一件名牌服装，不仅是为了蔽体保暖，更重要的在于它是身份、地位和金钱的象征；而观看歌剧不仅是为了获得精神享受，更是宣示一种跻身上流社会的生活情调。大众媒介正是在利用自身先进传播技术和产业化手段每时每刻向社会大规模散播信息的生产和传播过程中，使大众生活环境中到处都充满了象征符号，影响着人们的消费理念，使物质的消费变成精神的消费，对使用价值的占有让位于寻找某种感觉、体验某种意境、追求某种共鸣。可以说，在现代消费观念的形成和转向中，现代媒介充当了最佳助产士的角色。

消费手段发展是消费繁荣和转向的技术因素。20世纪20年代之后广告、商业推销和信用购买这些消费手段上的创新和大范围应用，带来了真正新的生活方式和新的价值观。广告术突出了商品的迷人魅力，使它的诱惑无处不在。家用汽车被说成是美满生活的象征，参加俱乐部，摆艺术派头，养成旅游习惯或沉迷于自己的爱好，是有品位的象征。广告不仅仅单纯刺激着即时消费，它还更为微妙地改变了人们的消费习惯，创造新的生活方式。广告最初的影响是在举止、衣着、趣尚和饮食方面，但最终的影响却更为深远：家庭权威的解构，儿童、青年、女性成为独立消费者，消费道德观的形成以及在社会上关于成功的定义等，这些又进一步刺激了消费。商业推销也在20世纪初开始成了美国最主要的事业，由于科学管理和大规模生产的推广，产品产量迅速增加，逐渐出现了市场商品供过于求的局面。此时，企业要在日益激烈的市场竞争中求得生存，就必须重视推销工作，销售成为企业能否生存的关键，以销售产品为核心的推销观念应运而生，把大量消费产品特别是大量购买和消费享受类物品等观念带给了消费者，把和节俭相对立的挥霍消费推向了消费者。消费的繁荣还直接得益于分期付款购物的发明，20年代，银行大肆宣扬现金储备，允许储户超额几千美元支取现款（以后分月偿还），人们就再也不用在消费上抑制自己的一时冲动了，对所有消费者的诱惑计划也就全面得手。消费手段在五六十年代更进一步登峰造极，快餐店和信用卡、购物中心、主题公园、电视购物、信息广告、电话推销等新消费手段使人们可以完成许多以前无法完成的事情，如信用卡通过透支诱使消费者超出可支配收入进行花费，诱导人们购买一些自己不需要甚至不想买的东西；快餐店、电视购物打破了购物的时间限制，使人们可以每天24小时进行购物；而主题公园、购物中心又打破了购物的空间局限，使人们可以一个地方进行大批量服务和商品购买。正是这些手段在心理上、资金上、物质上诱惑人们，使人们超出自己的需要进行购买，超出自己的“应然”进行花费，进一步促进了消费繁荣。

第二，城市更新促进了战后经济繁荣为消费转向奠定基础。现代社会经济发展主要靠投资、消费和出口“三驾马车”的拉动，战后20世纪40～60年代的一系列政策举措特别是城市更新的施行，充分利用了投资和消费的拉动效应，为西方社会战后的繁荣奠定了基础。

以美国为例，20世纪五六十年代美国经济经历了较长时间的繁荣，国民生产总值从1950年的3181亿美元上升到1969年的7256亿美元，增长了两倍多，尽管该期间也有些年份经济有所波动，但整体上保持了快速的增长，特别是60年代，美国经济保持了长达106个月的持续增长，成为战后美国经济发展最快的时期，这段时间国民生产总值平均增长率高达4.3%。[①] 欧洲经济这段时期也可以称得上“辉煌”，西欧在经历了长达40年之久的两次战乱和经济大萧条之后早已失去往日的雄厚基础，然而仅仅在一代人的努力之下，在不到10年的时间里就从废墟上摇摇晃晃地站立起来。欧洲各国的经济增长速度非同寻常地超过了历史水平，从1950年到1973年，法国人均GDP上升了1.5倍，英国也保持了较快的发展速度。对于这一阶段经济繁荣的原因，学者们有不同的解释，包括科技推动说、政治稳定说、经济变革说等，广泛涉及经济学、社会学等多领域。但是，基本达成共识的是战后国家和私人领域的大规模投资和社会消费的活跃是推动这一繁荣的重要因素。关于消费的拉动作用，文章随后将专门探讨，这里仅谈谈城市更新引发的投资扩大对经济发展的影响。



美国战后经济增长很重要的一个原因是公共开支的扩大，这主要是基于战后美国政府经济上大多沿用凯恩斯主义经济学政策，主张政府采用扩张性的财政政策，通过增加社会需求推动经济增长，即扩大政府开支，实行财政赤字，这一政策适应了战后发展的需要，大大推动了国家垄断资本主义发展。统计数据显示，政府采购在社会总产品中所占的比重1950年为15%，1955年上升到20%，此后及20世纪60年代都在20%左右徘徊。尽管军费开支占据战后公共开支的一大部分，但战后的更新重建和“伟大社会”等一系列相关政策也占去了相当大部分的政府公共开支。仅以翰逊的“伟大社会”政策为例，这一社会改革计划使联邦社会福利开支从1965财政年度的525亿美元飙升至1970财政年度的927亿美元，占国民生产总值的比重从5.8%上升至8.1%，其中援助穷人的社会福利开支从1964年的79.15亿美元增加至158.8亿美元，增加了3/4左右，对这一时期美国经济的增长和维持劳动力再生产

① 刘绪贻：《美国通史（第六卷）——战后美国史》，人民出版社2002年版，第252页。

条件产生了不可低估的影响。[①] 私人资本投资也发挥了重要作用，得益于战后城市更新政策在 50 年代中期的转向，私人固定资本投资在 1955 ~ 1956 年进入高潮期，直接促成国民生产总值在 1957 年达到 50 年代的顶峰——4093 亿美元。而 60 年代城市更新政策的再次转向，将城市更新和社会问题综合治理结合起来，也进一步加大了私人资本投资的力度，国内私人总投资从 1961 年的 747 亿美元猛升到 1969 年的 1390 亿美元。[②]

欧洲经济此阶段的繁荣也主要得益于扩张性的财政政策，仿效美国的经济发展，战后西欧经济发展几乎完全背离了此前几十年惯用的模式，马尔萨斯派所强调的保护主义和紧缩政策均遭到摒弃，在战后初期的经济、社会困境面前，政府不但没有缩减开支和预算，反而进一步加大了这些支出。战后重建指引下的城市更新对城市基础设施和住宅进行了大规模投资，尽管各国在税收、公共开支和投资重点各有侧重不尽相同，但城市基础设施的重建和现代化被放在了优先考虑的地位，修建和改善公路、铁路、房屋、工厂等带来了巨大的公共开支；福利国家的建设也使欧洲政府社会福利保障等方面开支扩大，改善民生的同时也拉动了经济的恢复和繁荣。



除了以上从宏观政策层面对经济发展的促进，城市更新的具体效果也对经济发展起到了推动效应。具体来看，首先，城市更新改造的机遇直接带动了房地产业的迅猛发展，作为关联性较强的行业，房地产业的发展带动了产业链上下游相关产业的发展，进一步扩大了市场需求，拉动经济保持较高速度增长。其次，战后城市更新运动改善了城市的基础设施，完善了城市的各种社会服务职能，更新除了对住宅进行大规模重建之外，一般还包含对道路、医院、文化等公共基础设施的建设，更新后的街区还会吸引来新的商业与娱乐设施，通过物质更新带动整个街区的社会、经济发展，提高了城市生活的便利性和舒适性，吸引了更多的居民，缓解了郊区化带来的内城人口数量萎缩趋势。最后，城市物质环境和基础设施条件的改善，为城市吸引外来投资、扩大内部消费创造了有利的条件，增加了城市税收收入；此外更新后城市土地及其上建筑物的总价值较计划开始前大幅增值，也进一步保障了政府的税收，城市的

①② 刘绪贻：《美国通史（第六卷）——战后美国史》，人民出版社 2002 年版，第 254、252 页。

更新发展还减少了过去由衰败而造成的财政支出，使政府有更多的财力用于社会事业等其他公共支出，这也进一步推动了城市经济的繁荣。

更为关键的是这一阶段城市更新运动还促进了城市产业空间布局的初步调整，为包括文化产业在内的新兴产业起步发展提供了孵化空间。在郊区化愈演愈烈的背景下，城市中心区原有的不适合未来产业发展方向的工业逐步外迁，商业、文化中心的功能通过城市更新进程得以强化，城市中心空间资源得到高效开发利用。大量商业、文化建筑的建设，使一些传统产业日趋衰落的城市如匹兹堡、芝加哥等重新焕发了活力，高科技产业、生活性服务业等第三产业在既有基础上快速发展，文化产业等新兴产业崭露头角，对城市进行产业升级和经济结构调整起到了关键作用，也有效缓解了长期困扰城市发展的内城衰败问题。通过更新对城市的重新规划，使城市内部区域分工更加鲜明，住宅区、工业区、文化区和商业区分布更为合理，有利于城市产业的专业化和社会化，充分发挥大城市的集聚效益，进一步促进了城市繁荣。①

第三，城市更新促进教育发展进而提高消费者素质。无论在美国还是欧洲，战后城市更新发展中还要面对教育变革和发展的压力。一方面，在城市更新向人本主义为核心的城市综合治理转向中，对人的教育成为城市发展的重要一环，通过战后初期的城市更新实践，人们逐渐认识到仅用物质更新的方式不可能使城市获得良好发展，城市是文化的容器，更是人所居住的家园，只有城市居民整体素质的提高，才能获得更多发展机会，过上更好的生活，而这需要通过教育来实现，无论是基本教育还是职业教育，其目的都是通过为家庭和个人提供发展机会，提高人的文化教育水平，使人自身素质得以提高，而随着人的素质的提高，才能有效解决城市发展中的物质环境衰败、产业升级更新带来的失业、贫穷和犯罪等社会问题。另一方面，战后 20 世纪 40 ~ 60 年代对城市教育问题的重视，也更多的是一种无奈的选择。战后婴儿潮一代在五六十年代步入了青少年阶段，相比较喂饱他们而言，对他们的教育成为城市必须面对的难题：学校等教育基础设施的匮乏、师资力量的薄弱、教育水平的低下，还有教育不平等带来的社会问题等，都令城市决策者和规划者头痛不已。



① 李艳玲：《对美国城市更新运动的总体分析与评价》，载于《上海大学学报》（社会科学版）2001 年第 6 期，第 77 ~ 84 页。

在美国，由于20世纪30年代大萧条和第二次世界大战的影响，学校建设早已不能适应教育事业发展的需要，再加上教师工资较低，人员外流，到第二次世界大战结束后，美国教育面临着校舍短缺和师资不足的严重局面。战后大量出生的婴儿在50年代初涌入小学，更加剧了这一矛盾的发展，引起家长和社会的普遍关注。同时随着美国经济的发展和市郊的扩大，越来越多的中产阶级家庭的家长认识到，子女的前途在很大程度上取决于他们所受的教育。20世纪中期，许多美国人认为："任何公民如果不能进入某个高等学校，他就是被剥夺了最大限度发展的机会。"① 作为30年代大萧条的过来人，这些家长不希望自己子女在经济和社会地位上失去保障。而此时，高等教育领域中的传统特权依旧存在，所谓的沃士波阶层②仍在垄断着高等院校特别是著名学府。教育中的不平等问题还包括种族、性别、贫富等，这些都引发了社会广泛的关注。在这种形势下，美国国内不仅出现要求增加对学校拨款和增建新校舍的强大舆论压力，还要求对高等学校录取体制进行变革，向更多的寒门才子敞开大门。

在以哈佛大学校长詹姆斯·科南特为代表的一大批教育家的推动下，20世纪五六十年代美国的教育改革得到公众舆论和各级政府的支持，使美国教育事业从50年代中期开始出现迅速发展的势头。

教育经费有了巨大增长，在国内生产总值中占的比例不断增加。由1946年近40亿美元，占国内生产总值的1.9%，到1970年上升至684.6亿美元，占国内生产总值的7 %。其中尤以联邦教育经费的增长特别引人注目。联邦政府建立了全国科学基金会，为课程改革和师资再培训提供资助。1958年通过《国防教育法》，将教育与国防紧密地联系在一起，使联邦政府对教育事业的发展承担了更大的责任，此后拨款10亿多美元以改善各级教育机构。



---

① Daniel J. Boorstin. The Americans-the Democratic Experience, Random House, 1974, P. 698.

② "沃士波"是"White Anglo – Saxon Protestant"英文首字母缩略词"WASP"的音译词，字面意思是"信奉新教的盎格鲁 – 撒克逊白人"。美国政治学家安德鲁·哈克在1957年首次使用该词，后经美国社会学家巴尔策尔1964年在其《新教权势集团》中使用后开始在美国社会流传，用于指代"历史上处于上流社会权势集团的美国白人及其形成的权势精英阶层"。"沃士波"精英阶层是美国上流社会和权贵的代表，他们开创了美国的权贵精英文化，代表美国传统的主流文化和价值观。

学校数量和在学人数激增，教育中的不平等问题也在逐步解决。城市更新中暴露的社会问题使很多人认识到“另一个美国”的美国居民并未能分享战后美国的富裕与繁荣，20 世纪 60 年代美国民权运动迭起、社会大动荡就是对这一现实的反应。这促使约翰逊政府提出“向贫困宣战”，试图通过城市更新运动的政策转向，致力于城市综合治理以建立“伟大社会”。教育成为本期政策关注的一个重点，政府试图以平等教育作为解决经济贫困的手段，将缓和美国社会种族和贫富矛盾的希望寄托在教育平等带来的效果上。在约翰逊总统任期内，先后通过了 60 多项教育法案，1965 年中小学教育法、高等教育法等的颁布，通过政府拨款和联邦奖学金、低息贷款等使贫困儿童和大学生获益良多；政府为取消公立学校的种族隔离制、缩小不同种族在教育条件上存在的差距，也付出了努力，这都使 60 年代成为美国历史上教育大普及的年代。在 1955 年到 1970 年之间，美国公立学校入学人数增加 50%，教室数增加 80%，教师人数增加一倍。从总体在校人数来看，1946 年为 2820 万人，1970 年上升到 5857 万人。在校人数在全国人口中占的比例，也从 1946 年的 19.9% 上升到 1970 年的 28.6%。[①]



高等教育对提升国民素质有着重要作用，这一时期高等教育也有较大的发展，涌现出了大量的学院和大学。美国的高等教育“不只是提供高等教育来把某些公民培养成学有专长的杰出人物，更把在欧洲仅限于少数人的东西普及到广大群众”[②]，因此美国接受高等教育的人口比例大大高于欧洲，约占青年人口比例的 1/3。大学教育水平也有提高，很多二年制学院变为四年制学院，专业学院变为综合性大学。沃士波阶层统治下的名校也通过入学考试等改革向寒门才子敞开大门，广招贤才而非名门之后。美国 20 世纪 40 ~ 60 年代高等教育发展情况，如表 3 - 4 所示。这个时期美国高校的研究生教育得到了飞速发展。1940 年，美国研究生总数是 10 万人，获得博士学位的是 3000 人；1970 年，研究生总数是 80 万人，获得博士学位的是 3 万人。[③]

---

① 刘绪贻：《美国通史（第六卷）——战后美国史》，人民出版社 2002 年版，第 628 ~ 634 页。

② 惠敏：《当代美国大众文化的历史缘起》，载于《山东师范大学学报》（人文社会科学版）2009 年第 2 期。

③ 李其荣：《美国文化解读》，济南出版社 2005 年版，第 17 ~ 18 页。

表3-4　　美国20世纪40~60年代高等教育发展情况

| 年份 | 高等院校数量（所） | 学生人数（万人） |
|---|---|---|
| 1935 | 1500 | 100 |
| 1960 | 2000 | 300 |
| 1970 | 2500 | 700 |

注：根据刘绪贻：《美国通史（第六卷）——战后美国史》，李其荣：《美国文化解读》，Daniel J. Boorstin. The Americans-the Democratic Experience 综合整理。

欧洲在教育方面面临的变革压力比美国更大，因为欧洲原有的教育基础比美国薄弱得多。到20世纪50年代为止，欧洲多数孩子在小学教育完成后便离开学校，年龄通常在12至14岁之间，在很多地方，19世纪末开始实施的义务教育也并没有得到有力执行，中等教育仍是为中产阶级和上层阶级所专享的特权。20世纪60年代，当婴儿潮的孩子们进入青少年时期，人口爆炸带给社会的冲击随处都可以感受得到。欧洲似乎到处都是年轻人——1968年的法国，16~24岁的学生年纪人群超过了800万人，达到全国总人口的16.1%。[①] 在早些年，这样的人口爆炸早已对国家的食品供应造成了严重压力；得益于战后经济的高速增长与繁荣，欧洲各国所面临的主要问题不是吃饭穿衣，甚至也不是年轻人的就业，而是如何教育他们。

作为较大范围社会改革的一部分，战后欧洲各国的政府都开始了一系列的重大教育改革。首先是中等教育的普及。在英国，离校年龄在1947年提高到15岁（到1972年提高到了16岁）；1959~1969年的10年间，意大利接受全日制教育的儿童数量增加了1倍。在法国，1950年高中毕业生的数量是区区3.2万人，20年后，这个数字翻了5倍多，在1970年，中学毕业生人数占到了该年龄段总人口数的20%。[②] 昔日将农村和城市贫民的孩子们拒之门外的经典课目，现在却向所有社会阶层日益扩大的青年群体开放。随着越来越多的孩子进入并完成中等教育，一直以来在多数欧洲社群划在两类人中间的文化分界线从此消失：一类是人口中的绝大多数，他们在学会读写和基本的算术、背出民族历史大纲后便离开了学校；另一类人是十七八岁才离开学校，获得了价值



①② 托尼·朱特著：《战后欧洲史》，林骧华、唐敏等译，新星出版社2010年版，第355页。

不菲的中学毕业文凭，尔后继续专业训练或开始工作的少数特权阶层。

另外是高等教育的扩展。20 世纪 50 年代欧洲的高等教育仍只向少数特权阶层开放，这些家庭不需要孩子在 18 岁以前自己挣钱，并且有钱支付从中学到大学的所有费用。尽管也有向穷人和中产阶级家庭开放的奖学金，但很少有哪些奖学金能够支付所有的教育费用，更不用奢望以此补偿无法工作造成收入上的损失了。进入到 60 年代，欧洲的中等教育规模已经达到顶峰，欧洲的高等教育也与时俱进，大大增加大学的数量，以适应逐渐经过小学和中学阶段的庞大的人口数量。在英国这个问题的解决办法是在边远城市和农村市镇外围的“绿地”上建造新的大学，但这仍不足以解决日益增加的入学需求，英国的大学因此保留了接受或是拒绝学生入学的权利：只有那些在全国中学毕业考试中获得一定成绩的学生才有望进入大学。在欧洲大陆，高等教育在朝一个全然不同的方向发展。在大多数西欧国家，在从中学到大学的过程中没有设置任何障碍：如果你参加并通过了全国性的中学毕业考试，你自动获得进大学的资格。曾经是一项特权的高等教育现在成了一种普遍享有的权利。



随着西方教育的普及和教育水平的提高，一方面，为以后产业结构的调整提供了充裕的人力资源，文化产业和高新技术产业等知识技术含量较高的产业需要高素质的人才，这一时期教育的快速发展解决了这一问题。另一方面，教育水平提高也培育了数量庞大的文化消费群体，随着文化程度的提高，人们对文化的消费能力和鉴赏品位也相应提高，这就要求市场提供丰富多彩、不同种类的文化产品来满足大众的物质和精神需求，进而为文化产业的发展繁荣提供了动力。

（2）消费的转向推动大众文化的繁荣。

战后城市更新带来的经济发展、教育水平上升为战后消费社会的成型奠定了基础，同时再加上社会价值观转变、现代传媒发达和消费手段的提高等一系列因素共同促使西方社会消费在 20 世纪五六十年代经历了较大的转向。从消费主体到消费内容都有了很大的改变，而在这些转变的背后，是消费性质的转变，消费已经从满足基本需要转为满足身份地位需要，从消费产品转为消费符号，进而使自身从一种经济活动异化为一种社会活动。这些又进一步促进了消费地位的转变，一定程度上，不再是生产决定消费，而成为消费决定生产，西方城市已经从生产社会进入到消费社会。在这些意义深远的转向中，不管是作为转变过程中推动着这些转向的触媒，还是作为转向的结果，文化始终是一个重要的因素，它推动并体现着消费转向，同时也为自己的发展奠定了基础。可以说，在西方五六十年文化产业早期发展中，消费的转向是一个至关重要的因素，而这一转向和城市更新的发展有着不可忽视的关联。

消费社会的来临为西方文化产业的发展提供了强大的动力。一方面，消费社会的发展使消费主体即青年群体对消费内容提出了更高要求，原有的物质消费早已让位给精神消费——文化消费和休闲消费，对文化产品及其带来的诸如身份、团体归属感的需求成为消费社会的主流需求，为文化产业的发展提供了强劲的动力；另一方面，消费社会里，商品消费已经与文化消费融合在一起，文化已经全面介入到商品生产中，商品生产也必须以文化为导向，因为既然人们在消费商品本身的同时更多的是在消费蕴藏在其中的文化因素，产品的符号价值即文化内涵已经成为消费社会里商品评估的核心，那么生产就必须迎合这种需求，从而使其产品带有更多的文化内涵，只有这样其产品才能被认可、被更好地消费，从而实现自己的交换价值，从这个意义上讲，消费社会里的商品生产都是文化生产。



从消费社会的角度讲，不仅是文化生产、精神生产全面商业化，而且也是为迎合消费转向的需要而进行的商品生产文化使得现代文化产业兴起。从某种意义上讲，不是高雅文化降格为大众文化使大众文化繁荣了，而是商品生产中更多文化因素的介入使得原来的普通商品升格成为后现代消费主义意义上的“文化产品”才使得大众文化繁荣了。这就是消费的转向和消费社会的到来对文化产业发展所起的关键作用。消费中的文化需求和为满足这种需求的大批量文化生产，造就了大众文化的繁荣，并从整体上宣告了作为整体性概念的文化产业的初步发展。

第一，消费主体转向对文化产业的影响。每一种消费观念的背后，都有一群消费主体在支撑。西方在20世纪50年代之后迈入消费社会，消费成为资本主义的实践，并且上升为一种社会意识形态，必然也连带着新的消费者团体的兴起。50年代起，出现了一些以消费为生活风格重心的新团体，形成新的消费主体。这些新团体的形成，来自消费的内在动力，即团体成员认同感的社会建构。而这种认同感的建构，建立在对共同消费品的消费过程中，如穿流行的时装、听流行的音乐、热衷流行的体育运动等，这种建立在潮流商品上的消费模式可以成为判别自己人或外人的主要手段。在战后的年轻人群体身上，这种消费现象尤为明显。

20 世纪 40 年代的美国经济稳步增长，繁荣的经济和婴儿潮一代的长大形成了以年轻人为主的新市场，欧洲则受制于战争的破坏，直到战后重建恢复元气之后才在 50 年代后开始跟进。消费者开始明显分化，年轻人受雇于新型工业，领相当高的薪水，买卖新的消费品，形成这个时代的一个新的消费者群体——那些有较高的工资并且和父母住在一起的年轻人。他们也是最有购买力的群体，倒不是说他们的可支配收入有多高，而是其受自身素质提高和大众传媒诱导的消费理念的更新更适合这个时代的消费环境。因此，这时主流的消费者就诞生在这些年轻的群体中，而不是那些在制造业或农业及工业的基础产业中工作的已婚男人。

20 世纪 40 年代末，西方经济即已开始感受到了婴儿潮带来的全面的商业影响力。首先涌现出了大量为初生婴儿、蹒跚学步的幼儿和儿童设计的产品：婴儿车、婴儿食品、童装和玩具等，然后又涌现出了大量的学校和教育服务机构和教材、教学设备等各种教育产品。尽管这些产品和服务的购买者是其父母、学校管理者和中央政府，消费者确是他们。若从更严格意义上来考察，在 50 年代中后期，欧洲历史上才首次出现年轻人开始自己为自己买单的现象。关于这些十几岁的人有可能在未来代表一个主流的消费群体的想法在当时恐怕还是匪夷所思的，但在现代传媒、消费手段的综合引导下，没过多久这种想法就成了事实。



在传统的家庭和社区里家庭是一个生产单位，而不是消费单位，在一定程度上，家里的任何一个年轻人独立挣得的钱都应当属于家庭收入的一部分，应当被用来支付家庭集体的开销，但随着战后实际工资的迅速增长，大多数家庭都能够仅靠主要收入者的工资就能维持生计并过得更好了。在 1965 年，在法国 62% 的 16～24 岁的年轻人都还是和父母生活在一起，但却自己保管自己的收入，自己随心所欲地花销。[①] 他们最大的花销是在音乐上，远远超过了服装等花费。这些获得自由权的少年们有钱后要做的第一件事就是出去买一张唱片。20 世纪 60 年代早期，

① 托尼·朱特著：《战后欧洲史》，林骧华、唐敏等译，新星出版社 2010 年版，第 3 页。

在一定的商业和文化基础上，“十几岁的青少年”和“流行音乐”自动地互相交融。在美国，唱片销量从1955年的2.77亿美元上升到了1959年的6亿美元，欧洲销售量也在上升。1956年的影片《昼夜摇滚》，掀起一场流行音乐的盛行之风，涌现出了比尔·哈利、彗星组合和浅碟合唱团这样的摇滚明星。那些原本对爵士乐毫无兴趣的、出身于工人阶级家庭的青少年们，一下子迷上了具有革命性的流行音乐：激情洋溢、曲调优美、平易近人、性感迷人，而且最重要的是这些音乐完全属于他们自己的。

20世纪50年代末、60年代初的青少年成长在一个安定而又适度富裕的环境中。他们中的大多数人只是想显得与众不同而已，他们不断旅行，玩流行乐，购买各式用品，完全追随他们喜爱的歌手和他们收听的节目里流行音乐唱片节目播音员的举止和趣味。越来越多的商品生产出来，烟草、烈酒、摩托车、价格适中的时装、鞋子、化妆品、护发品、珠宝、杂志、唱片、录放机、收音机等，品种繁多，前所未有。仅在法国，1959~1962年，杂志上刊登的针对青少年的广告就上升了4倍。青少年的消费构成了一块巨大的、回报丰厚的、尚未触及的大市场，吸引了大量生产商蜂拥而至，抢占先机，比起他们的父母辈，他们这代人更是商品生产的目标人群，他们追求着、伴随着、刺激了商业消费的繁荣。



青年一代在消费领域的崛起推动了战后消费主体的转向，这一群体以自身的消费实践引领着战后消费社会的发展，其对文化产品的偏好为大众消费特别是文化消费的繁荣奠定了基础，为文化产业的发展提供了动力。

第二，消费内容转向对文化产业发展的影响。从西方消费观念的嬗变和现代社会消费状况来看，消费的内容呈现为三个层次：最基本层次的消费是单纯物的消费，只看重物品的使用价值，用以维持人们基本的生存需要；较高层次的消费是对物的交换价值的消费，强调商品的价格元素，以证明自己的购买能力，炫耀自己的金钱和富有；最高层次的消费基于对商品符号价值的消费，强调商品的品牌等符号价值，也即商品的文化内涵等附加价值，以突出自己的个性和品位。[①] 这三个消费层次

---

① 杨魁、董雅丽：《消费文化——从现代到后现代》，中国社会科学出版社2003年版，第7页。

正是西方消费文化演变发展过程中的三个阶段，每一个层次都是特定时代的产物。就具体历史来看，19 世纪之前由于生产能力的限制，消费基本上是从人类生理需要出发，以能够满足生活需要的物品为消费对象；19 世纪末 20 世纪初，随着资本主义生产的扩张，尤其是世纪之交的科学管理与“福特主义”被广泛接受，不仅物品种类和数量极大丰富，而且通过广告等媒介技术刺激大众超出自身生活需要进行“超然”消费，推动了“以享乐主义为核心的现代消费主义”开始形成；而到了 20 世纪五六十年代，“强调个性、以符号和象征为表现形式的后现代消费主义”在西方开始形成。当然，这三个过程不是完全的历时性接续关系，彼此之间有着许多交叉和融合，只不过由于更多的具有主流化特点，因而才成为标志一个时代的消费文化发展形态。

随着西方在 20 世纪五六十年代进入消费的高级阶段，其消费内容也随之发生了根本转变。文化消费逐渐成为消费的主要内容。这包含两个层次：一方面，传统意义上的文化产品更多地进入了普通大众的消费领域，原本属于上层阶级独享的高雅文化消费更多地进入了普通消费者的消费范围，文化因为消费主体的扩大而不再高贵神秘，同时为迎合这一消费需求而进行批量化复制、通俗化生产带来的文化产品的丰富也使这一消费产品不再稀缺，文化产品真正融入了大众的世俗生活，消解了精英文化与大众文化的界限，精神文化生产已无关道德和社会等级，其从意识形态领域的范畴降为普通的商品生产，这是“消费民主化”的结果，即原先被下层阶级视为奢侈品的东西在社会上扩散，过去的奢侈品现在不断升级为必需品。对文化产品的消费扩大就是这一现象的反应。欧洲大众旅游业在五六十年代的发展很好地诠释了这一转变。旅游在过去绝对是一种高端文化消费，这种娱乐方式最早仅限于贵族阶层，后来又只限于那些家境较好的、在文化层面上更有抱负的中产阶级享有，但在 50 年代开始休闲旅行正在变成大众旅游。加拿大人比利·布特林于 50 年代在工业发达的英格兰海边建立了许多可以容纳一大家子人共同度假的假日营地，打出“既便宜又开心”的招牌，深受大众欢迎，挣得了大笔财富。而这只是冰山一角，当时的欧洲有几百万家庭，人人身着夏日休闲装，挤进他们的菲亚特、雷诺、大众和莫里斯车中，沿着早期为少数旅游者设计的、明显运输能力不足的狭窄道路，前往遥远的海边。[①]

另外，文化消费成为消费的主要内容还有更深一层的含义，即在人们越来越追求商品背后的符号价值也即商品的文化内涵，更多地想通过消费产品获得该产品带来的地位价值和象征意义的时候，商品生产为迎合这种需要必须使产品文化化，赋予一般产品更多的文化价值，才能够在市场上被消费进而实现自己的价值。产品文化化成为消费社会商品评估的核心。空间的生产和消费，特别是Loft阁楼空间是这方面最好的例子。单纯的工业建筑空间本身不具有特别的文化价值，但当它被改造生产为具有后现代生活方式的Loft阁楼空间时，当它被现代传媒炒作为具有独特小资情调的生活空间时，原本的建筑空间在这里摇身一变成为蕴含文化内涵的空间产品，因而受到了众多追求前卫时尚身份认同的人们的追捧。纽约苏荷早期的阁楼大多是贫困潦倒的艺术家居住其间的，而在后来则成为中产阶级热衷的住所，甚至引发了空间“绅士化”的争议。这是消费社会中文化消费深层次的表现，也是文化产业从此蓬勃发展的重要因素。



### 3.2.3　城市更新影响下文化创意阶层的诞生及其在大众文化正名中的作用

大卫·布鲁克斯2000年在《布波族：一个社会新阶层的崛起》书中提出了布波族的概念，描述了当代社会精英阶层布波族的特征，探讨了布波族是如何在波希米亚主义者和布尔乔亚主义者之间的斗争中一步步融合发展起来的。此后，理查德·佛罗里达在2002年发展了布波族的概念，提出了创意阶层的理论，并将创意阶层视为城市文化产业和整体经济发展的根本推动力量，从这以后，创意阶层作为文化产业发展和研究领域的重要概念一直受到大家的关注。

任何事物都有发展变化的过程，创意阶层也不是突然之间就“崛起”的，其发展孕育经历了较长的历史阶段，若从作为创意阶层来源的布尔乔亚阶层开始说起，则至少需要将历史回溯至18世纪早期的美国，本书既非研究创意阶层发展的专著，这当然就没有必要。考察创意阶层

---

① 托尼·朱特著：《战后欧洲史》，林骧华、唐敏等译，新星出版社2010年版，第304页。

形成的早期历史，20 世纪 60 年代是一个关键的时代节点①，这是因为通过反正统文化运动和阁楼运动等声势浩大的社会文化运动，年轻的波希米亚阶层向统治的布尔乔亚阶层进行了激烈的抗争，这是继 20 世纪二三十年代之后的又一次激烈的反叛，也是参与度、社会影响力更广泛的一次，欧洲和美国等整个西方世界都身涉其中。反正统文化运动对统治社会主流文化的老旧势力进行了无情的反击，所蕴蓄的反叛力量，冲破了文化精英阶层所竭力划定的精英文化与大众文化、雅文化与俗文化之间的界限，为大众文化正名，促进了文化产业的早期发展；而阁楼运动与反正统文化运动有着千丝万缕的联系，但其实践主体多为艺术家，主要是作为一种艺术家的文化反叛，更多地从艺术、建筑等层面通过构建一种新型的工作生活方式反抗资本主义的组织型社会及其统治下的生活方式，一方面为文化创意阶层的萌芽提供物质条件，另一方面通过建构属于本阶层的特质进而从形式上宣告创意阶层的产生。

这两场声势浩大的社会文化运动都和城市更新有着较为直接的联系，虽然还有其他一些原因，但在一定程度上可以说是在对早期城市更新运动存在的种种问题的反思和反抗中发展起来的。城市更新在推动战后美国经济发展繁荣的同时，也造就了问题重重的“另一个美国”，形成了种族、贫困、文化、教育不公的现实，加剧了社会矛盾；同时技术理性信条指导下的早期城市更新忽略人的需求和人的价值，也破坏了历史文脉，导致了人的情感淡化和人际交流冷漠。这些因素都引发了青年阶层的大规模反抗，除了形成激进的新左派运动等政治、社会运动，还引发了耗时长久、规模宏大的反对传统西方社会主流价值标准的文化运动。阁楼运动和城市更新的关系更为直接，其本身就是艺术家反思、对抗政府城市更新的产物，是艺术家和社会学家们从自己的角度进行的另一种形式的城市更新活动，而且这种活动在某些方面取得了比政府主导的城市更新运动更好的效果，如在吸引中产阶级从郊区返回城市内城、市中心的效果上，阁楼运动就较好地实现了政府一直努力但始终收效甚微的目标。阁楼运动的一些做法在下一阶段的城市更新中被政府采纳，也推动了城市更新运动进一步理性、成熟和发展。

下面将分别探讨反正统文化运动和阁楼运动对文化产业特别是文化

① 这个时间段也是经常被文化产业学界忽视的一个时间节点，目前关于这一时间段相关事件的研究大多是从社会学角度进行的。

阶层早期发展的具体作用及影响。

### 1. 反正统文化运动在文化产业发展层面的意义

（1）反正统文化运动基本情况。

反正统文化运动（counter culture）[①] 一般是指发生在20世纪60年代美国并在西方世界引起较大影响的一场声势浩大的文化运动。由于其涵盖内容的多样、组织形式的复杂、参与人群的广泛，关于它的具体定义，目前学界仍有争论，但基本认同的是它是“60年代美国等西方国家青年在思想文化领域对正统价值标准的公开反叛和挑战，也是对战后西方社会主流文化的一次大规模冲击”[②]。

反正统文化运动有着复杂的社会背景和深刻的社会根源。如本书前面反复提到的一样，美国战后经济繁荣的阳光没有普照到整个社会，在繁荣背后存在“另一个美国”的贫困和苦难，种族矛盾、城市问题在城市更新的推进下被加剧，导致了激烈的社会反抗；生产社会向消费社会的转型、强调技术专家治理导致社会价值方面存在很多问题，技术理性成为衡量一切的标准，忽略人的需求和人的价值；教育体制的变革造就了很多新兴知识分子精英，但政治经济很多领域仍被传统的所谓沃士波精英阶层垄断，阻绝着新兴精英阶层的上升之路等，这些都成为战后这场文化运动的社会根源。随着20世纪50年代新左派学生运动、黑人运动和妇女运动的迅速发展，50年代所谓“沉默的一代”，已为60年代“抗议的一代”所取代，这种普遍高涨的社会抗议浪潮直接引发了反正统文化运动在美国风靡一时并对西方社会产生影响。

反正统文化运动的成分尽管十分复杂，但其中影响最大的，主要有两派：一派是主张积极的政治反抗，甚至要以暴力推翻现存制度的激进青年，他们被称为反正统文化的“硬”派；另一派是信奉禅宗、脱离社会、主张消极遁世的嬉皮士青年，他们被称为反正统文化的“软”派。[③] 这两派既互相区别，又互相融合：嬉皮士中不少人卷入了社会抗

---

① “counter culture”一词在国内不少人翻译作“反文化”，但根据王恩铭的相关研究，同时从该运动的实际来看，其并非是文化虚无主义即反文化，而是追求一种文化价值观，只是其追求的不是当时主流、正统的文化价值观，故称其为“反正统文化”较为合适，这也是目前国内较为主流的称呼。

②③　刘绪贻：《美国通史（第六卷）——战后美国史》，人民出版社2002年版，第338页。

议的政治活动，激进青年则受嬉皮士生活方式的影响。1965 年以后，随着激进青年从改良走向抵制，与政府、学校和警察发生越来越多的冲突，大部分嬉皮士离开了政治活动，汇聚到在全国各地形成的许多嬉皮士群居点里，“做他们自己的事”去了。这些群居点中，最负盛名的是旧金山的哈特—阿什伯里、洛杉矶的日落带和纽约的东村。然而他们的影响，却远远超出这些群居点及其自身。莫里斯·迪克斯坦就认为，“谈起 60 年代文化，不能只看到留长头发的嬉皮士，要看到许多不直接参与运动的人改变了生活方式，与传统的沃士波价值观告别。”①

（2）对早期文化创意阶层形成及文化产业发展的影响。

虽然反正统文化运动更多的是一种激进和反叛，甚至放纵，其吸毒与纵欲对自身及社会产生了非常消极的影响，为广大批评家及社会所诟病，但其作为一场反对当时主流文化压制的社会文化运动，在社会和文化意义上有着深远影响，特别是在文化领域的意义，影响深远。作为运动的主体，战后婴儿潮中成长起来的广大青年亲身参与这场文化运动，反叛当时沃士波阶层主导的正统文化价值观，其所倡导的生活方式、文化价值观念对当时及此后大众文化的发展具有深刻的变革意义。从本质上讲，这场运动是一场“资产阶级争夺文化领导权的革命”②。它反抗了精英阶层对大众文化的批判，消解了高雅文化与大众文化的界限，实现了大众文化的正名，促进了大众文化的繁荣，解决了文化产业发展的道德困境问题。而这些青年群体在反抗正统价值的同时，实现了自身的独立，宣告着自身作为一个文化阶层的出现，在此后的岁月里，经历 20 世纪七八十年代的成长和磨砺，逐渐成为社会的主导阶层，为文化创意阶层之后的广泛崛起奠定了基础。也许正是从这些意义上考察 60 年代的反正统文化运动，托马斯·格里费茨才在 1979 年的《大西洋月刊》上称之为“赢得胜利的一代”，“这种反叛对社会所作的批判，却在今天为人们广泛接受。”③

从严肃的社会学概念考察，发生在 20 世纪 60 年代美国并影响整个



① 莫里斯·迪克斯坦著：《伊甸园之门——60 年代美国文化》，方晓光译，上海外语教育出版社 1985 年版，前言第 5 页。

② 程巍：《中产阶级的孩子们——60 年代与文化领导权》，生活·读书·新知三联书店，2006 年版，第 459 页。

③ 托马斯·格里费茨：《赢得胜利的一代》，转引自刘绪贻：《美国通史（第六卷）——战后美国史》，人民出版社 2002 年版，第 342 页。

西方世界的反正统文化现象很难被称为一场“运动”，它“既没有正式组织，也不举行会议，更没有章程条例或者运动指挥部，任何想参加反正统文化运动的人都可以成为其中一员”，事实上，它“不预设任何条件，不制定任何条规，每个人都可以按自己的想法和行为反抗所谓正统文化”。[①] 这就导致了反正统文化运动参与者的广泛性，几乎一切对社会不满的人都可以加入。但事实上，真正完全参与并成为运动主体的主要是那些战后成长起来的年轻人，而那些比他们年龄大一些的 50 年代所谓的“沉默的一代”或是年龄更大一些的思想家们有的直接参与其中，如古斯曼和金斯伯格，有的则如马尔库塞等以学者、专家身份观察着运动并间或扮演着“出谋划策者”的角色。

从阶层身份上来说，这些 20 世纪 60 年代的年轻人大多属于中产阶级子女，这就使运动陷入了一个奇怪的反讽中，“中产阶级的孩子们”要通过一场文化运动反叛他们的父辈。然而事实上只要考虑一下当时的社会背景，就不难理解这些“孩子们”何以会走上文化反叛之路。一方面，这些战后优越条件下成长起来的年轻人在 60 年代看到、经历、面临“另一个美国”的社会现实与其自身成长过程中被主流社会灌输的价值观之间存在着巨大的差异和明显的矛盾，正是这些促使了他们的反叛。最明显的例子，中产阶级价值观熏陶下的子女们，成长过程中大多接受了平等、公平和正义等基本道德观，但当他们亲历社会时，却发现“父辈们早先在他们脑海深处植下的信条不仅难以实施，而且与严酷的现实格格不入”[②]。种族矛盾、霸权战争、社会问题层出不穷，残酷的现实与建立在自身价值观基础之上的美好理想相去甚远。当理想与现实之间的裂隙不断扩大以致无法弥合时，这些年轻人也就陷入失望和迷失的深渊，继而采取更激进的行动了。这是最直接的原因，也是较为容易理解的原因。

然而另一方面，从更深的层面，从这场运动的性质来分析，我们会有更有意义的发现。程巍将反正统文化运动视为一场“资产阶级争夺文化领导权的革命”，事实的确如此。在资产阶级对封建贵族阶级的资产阶级革命中，旧制度的政治结构和经济结构都被无情的打碎，适合资本主义发展的新的政治结构和经济结构被建立起来，然而，“革命在最内



---

①② 王恩铭：《美国反正统文化运动》，北京大学出版社 2008 年版，第 5、95 页。

在、最私人化的两个领域前止步了，并以谦恭的姿态，沿用了旧制度下这两个领域的全部遗产”①，即文化和生活方式领域，资本主义一直未能完全控制领导权，它们按照非资本主义的原则继续运行着，想象一下资产阶级革命之后的巴黎大资产阶级所过的那种声色犬马的生活和早期封建贵族是何其相似，而又和本应属于资本主义经济原则下资本积累要求的勤俭持家的理念是何等的背离！直到反正统文化运动之前，资产阶级都对自己的阶级身份深信不疑，然而这只是就“公共空间（政治、经济等）”而言，就宗教信仰、文化消费、私人生活等“私人空间”而言，它仍是旧制度下的贵族，其文化趣味仍是封建贵族时代的。资产阶级使自己陷入了一个尴尬的境地，虽然他创造了巨大的物质财富，然而却没有创造出属于自己的文化和生活方式，更确切地说，它事实上创造了自己的文化，但由于文化主导权的缺失，其所创造的东西按照延续下来的贵族阶级主流的文化评价标准评判，连它自己都羞于展示，只好附庸贵族阶层的风雅标准，继续无奈的效颦。文化领导权的缺失是可怕的，资产阶级把美学和道德的解释权留给它的对手，使自己陷入了难以自拔的困境，只要看看文化精英阶层对大众文化的诋毁就不难理解文化领导权的重要性，从满足需求的角度讲，机械复制时代的艺术难道真的就比手工时代的艺术有天壤之别的差距鸿沟吗？一幅肖像油画难道就比相片更能勾勒出本人的形象吗？显然不是，而一幅油画价格超越相片恰恰是因为贵族时代对资本主义时代的文化偏见。从这个意义上讲，也就不难理解精英阶层对大众文化的批判了，这是贵族出于维护自己手工时代之高贵文化的目的而刻意对机械时代的大众文化发出的蔑视。可以说，从某种意义上讲，如果不破除贵族时代遗留下来的文化评价标准，不夺回属于资产阶级的文化主导权，大众文化从道德标准上是无法更好发展的。即使出于盈利的目的而进行大规模的商业复制生产，其在文化意义上永远无法获得应有的承认。特别是资本主义社会在战后已经进入了消费社会的阶段，必须尽快解决这一问题，必须消灭资产阶级内在的非资产阶级性，建立属于自己的文化标准，取得文化领导权。



这一任务由新成长起来的年轻一代完成似乎是顺理成章的，既然在消费社会成型的环境里成长起来，但其对文化消费的欲望却受制于传统

① 程巍：《中产阶级的孩子们——60 年代与文化领导权》，生活·读书·新知三联书店 2006 年版，第 413 页。

的文化评价理念，当然就引发了他们的反抗，其心目中的文化世界，是一个自由的世俗世界，没有权威等级压抑的世界，没有高雅与低俗的泾渭分明，有的只有对自身精神文化需要的满足。要实现它，就必须摧毁文化和生活方式上的世俗权威，建立属于资产阶级自己的真正文化标准。在外在领域摧毁等级障碍实现自由与平等之后，新资产阶级将掀起一场内在领域的革命，把文化和生活方式的传统神圣偶像掀翻在地。[①]这就是 20 世纪 60 年代反正统文化运动的本质，资产阶级的孩子们反对的不是他们的父辈，而恰恰是为他们的父辈夺回了早该属于本阶层的文化领导权。真正的资产阶级文化终于在 60 年代之后为自己正名，这种民主的文化，摧毁了文化的等级制，扩大了文化的范围，进而把一切都纳入了文化的范畴。文化等级的消弭，使得任何一种专断的价值评价体系都失去了有效性，也就使任何一种受到压制的文化获得了合法地位。所谓高雅文化其实是特定阶层压制其他阶层的意识形态，随着它们的分崩离析，价值评判就成了个人的事情。60 年代，很多生活方式也都成了自身个性的彰显，很多奇装异服层出不穷，享乐主义生活方式流行，也是得益于此，获得文化自信的资产阶级现在可以由着自己的意愿随意穿戴了，不再畏惧“庸俗”的指责，在一个消弭文化等级的社会里，继续坚持和强迫他人接受某种特定价值标准显然是不太现实了。[②] 高雅文化和大众文化的界限终于消解，大众文化获得了发展的地位保障，从而为自己的繁荣奠定了基础，也为文化作为一个产业发展消弭了理论障碍。60 年代的年轻人通过自己的文化反叛运动，为文化产业的发展破解了道德上的合理性难题，进而推动了文化产业的发展繁荣。从这一意义上讲，60 年代的反正统文化运动对文化产业的发展具有重要的学理意义。事实上，60 年代之后文化产业的确进入了一个大发展的时期，这固然得益于很多其他条件，但文化等级桎梏和思想意识障碍的消除无疑是最为关键的。

在参与反正统文化运动的过程中，很多人也成为文化生产者。当时很多运动的参与者本身就是艺术家，他们通过艺术商业化，推动了文化商品生产，自身也获得了可观的收入，这些人其实已经是后来意义上的文化创意阶层了。而更多的年轻人成为坚定的文化消费者，文化消费范

---

①② 程巍：《中产阶级的孩子们——60 年代与文化领导权》，生活 · 读书 · 新知三联书店 2006 年版，第 413 页。

围的扩大使其自身尽情享受着这文化繁荣的美好时代，并在不断地成长中，成为社会的新精英阶层，乔布斯、克林顿可谓是其杰出代表，这些商业、政界精英利用自身的影响，从各方面推动着文化产业的发展。从这些意义上讲，20 世纪 60 年代的反正统文化运动对文化创意阶层的崛起发挥着重要的作用。

**2. 早期阁楼运动在文化产业发展层面的意义**

反正统文化运动更多的是在思想层面消解高雅文化和大众文化的界限，为大众文化正名，其参与者众多，影响深远，在未来的社会里从不同的层面为文化产业的发展演绎着自己的角色。从社会学角度考察，一场大规模的社会运动参与者可分为两类：一类是领导者，另一类是跟从者，前者是少数，但起关键作用。作为一场文化运动，反正统文化运动的领导者更多的是通过提供一种生活方式来影响和引导着大批从众进而推动文化发展的，这也从实践层面印证了雷蒙德·威廉姆斯对文化做出的“文化就是一种生活方式”[①] 的界定。因此追寻当时流行生活方式的起源，就可以找到运动的领导者，而找到运动的领导者，也就找到了后来文化创意阶层的真正早期根源。分析当时的生活方式，不难发现，其潮流大多起源于纽约的格林尼治村，正是在这里和其附近随后兴起的苏荷，艺术家通过阁楼运动创造了工作生活融为一体的生活方式并以自身的艺术商业化实践，引领了当时的反正统文化运动，为文化产业的发展繁荣奠定了基础，也使自身成为早期的文化创意阶层。当然实际的情况比这要复杂得多，涉及方方面面，我们这里仅选取有代表的实践进行分析，以勾勒出在阁楼运动中如何一步步把原来的“高雅文化”艺术家变成艺术生产商、把原来工业社会的组织型工作方式变成文化产业时代的文化创意阶层广泛采用的个体型工作生活方式的。



狭义的阁楼运动仅指 20 世纪五六十年代开始的在位于纽约格林尼治和附近的苏荷地区进行的将工业建筑再利用为艺术家工作生活空间的

---

① “文化就是一种生活方式”是雷蒙德·威廉姆斯文化理论的重要构成元素，并不断发展完善着。在其《文化与社会》书中，他将文化定义为“一种整体的生活方式”，而在随后的《漫长的革命》书中进一步强调文化为“一种特殊的生活方式”，这一修正体现威廉姆斯对文化的思考更加深入，“整体性”强调的是文化的共同性，而“特殊性”更多地考虑到了文化的差异性，特别是一个社会内部的文化差异性，更好地揭示了文化在社会和历史中富有活力的积极存在和转变，也为社会多元文化并存和大众文化地位提高提供了理论支持。

建筑改建活动，实质是艺术家对抗政府组织的城市更新的一种个人城市更新实践。后来随着内涵的扩大，逐渐成为一种生活方式的代名词。在城市更新逐渐走向小规模、渐进式更新的过程中日益成为一种有效的更新方式，对70年代以后的城市更新实践起到了重要的导向作用。同时由于其主导者多是艺术家群体，这些艺术家在这种新型的生活工作空间内进行了一系列艺术实践，发展了多种艺术形式①，因而其对艺术文化发展也产生了较大的推动。更重要的是，在这种实践中，艺术家通过艺术商业化生产完成了自己从“高雅”艺术家到艺术生产者的转变，同时其开创的这一崭新的融工作、生活于一体的生活方式对此后文化创意阶层的发展成型具有深远的影响。可以说，在阁楼运动的早期实践中，艺术家自身首先完成了从艺术家到文化创意阶层的转变，同时又通过这种生活方式的传播扩散，使更多的人追寻着他们的脚步，成为具有文化创意阶层特征的人。

在将文化人为划分等级的时代，艺术的生产主要是面向“贵族”等权势阶层的，艺术家也主要是附属于这一阶层生存的，权势阶层对艺术的审美决定了艺术家创作的价值取向，艺术创作表达的是上流社会的价值观。因此，从这个角度讲，那时的艺术生产和现在文化产业意义下的艺术生产具有本质的差别，从根本上讲，这是手工时代和机械复制时代的差别。艺术家只有放弃自身贵族导向的创作理念，进而脱离被贵族豢养的地位，面向大众进行艺术生产，才能真正实现文化产业时代的文化生产。事实上这一过程早在20世纪早期甚至更早就已经零星发生了，当时很多现代主义前卫艺术家就进行了一些新的艺术理念创作，以表达其艺术革新观念和自由的政治观感，他们建立属于自己的艺术规则，试图以此反对主流的学术权威及普遍的贵族趣味。20世纪初期，前卫艺术家“极端”的观念使其与社会脱离，并以潮流之外的非主流形态存在。前卫艺术家们的反叛与创新只在很小的范围内得到认可，市场的匮乏必定带来经济上的拮据。但这是艺术家早期的去贵族化实践，虽然失败，却弥足珍贵。这也说明艺术生产去贵族化只有在现代消费社会、在资产阶级真正取得文化主导权并瓦解文化等级观念之后才有可能成功。

在20世纪60年代，在反正统文化运动的带动和冲击下，艺术家真

① 如波普艺术、装置艺术、事件剧等新兴艺术形式都是在此阶段发展繁荣起来。

正完成了自我的去贵族化转变，并以此转变进一步推动了反正统文化运动的发展，进而推动了现代文化产业意义上的艺术生产。这一时期最著名的阁楼艺术家安迪·沃霍尔是最好的例子。在其位于苏荷的阁楼“工厂”里，沃霍尔开始了艺术商业化生产的实践。作为波普艺术的领袖人物，他的作品风格体现的是实用主义、商业主义，突出特征是平等与自由。平等与自由不仅是艺术作品的内容，而且是它们的形式和创作主体。[①] 它代表着一种平民主义的目标，艺术家宣称人人可以创作艺术，艺术创作的大门因此敞开了，其实这一时期的阁楼艺术家们自身就是最好的例子：不同于过去被贵族豢养的“高雅艺术家”，他们大多是普通人，他们的经历以及对待艺术的态度，都截然不同于以往的那些传统意义上的艺术家。就其本质，他们是真正意义上的文化产业时代的艺术家，是属于资产阶级自己阶层的艺术家。他们的成功——既是商业上的、又是艺术声誉上的——是历史上第一次艺术商业化的成功。这些艺术家是普通人，反过来，他们又创造出被公认为人人能懂的艺术。60年代后伴随后工业社会跨国文化市场的形成，更是促使艺术家们以一种搏击姿态加入了全球化的艺术商业市场，艺术圈的高度产业化，取代艺术家个体商业行为，成为文化产业时代的突出特征。[②] 从这个意义上讲，60 年代及此后的格林尼治村等阁楼社区的艺术家们是当代文化创意阶层的最早原型。



阁楼艺术社区的艺术家们不仅自己通过艺术商业化的实践，完成从贵族艺术家向资产阶级艺术家的转变，进而使自身变成早期的文化创意阶层，更重要的是，他们的实践及其形成的工作生活方式为那个时代所瞩目，成为竞相追逐的生活方式，使更多的人通过参与这种生活方式具有了创意阶层的一些典型特征：强调体验、宽容、社交等。这些艺术家不仅通俗化了先前的精英艺术，还通俗化了先前的精英社会构成。其最突出的就是组织型社会下的工作方式逐渐被文化创意时代强调自我、强调个性、强调创新的融工作与生活为一体的生活方式所取代。反正统文化运动那些年轻的参与者很重要的一个出发点就是反对组织社会强加给

---

① 萨利·贝恩斯：《1963 年的格林尼治村——先锋派表演和欢乐的身体》，广西师范大学出版社 2001 年版，第 151 页。

② 卫华：《论格林尼治村波希米亚生活艺术的消费文化倾向》，载于《湘南学院学报》2009 年第 3 期，第 31 ~35、49 页。

自己身上的组织人特征，反对技术理性社会下对个人的压制，反抗拉塞尔·雅各比《最后的知识分子：学院时代的美国文化》中描述的那个“官僚机构化的、郊区化的、技术精深化的、扩张的、不断变化而又与传统无关的庞大的”美国社会。因此，阁楼社区的生活方式成了运动参与者争相模仿的形式。当然这也带来了诸如吸毒、纵欲等一些负面的社会影响，这是需要注意的。

正如萨利·贝恩斯《1963 年的格林尼治村》书中指出的，“个人团体（艺术家社群）为一代人的日常生活建立了模式——他们借助于弥合私人生活与公众生活、工作与娱乐、艺术与日常经验的界限，逐渐松动了社会与文化的结构”。① 被松动的结构在 20 世纪 60 年代晚期终于解体了，文化创意产业终于浮现在地平线上。



① 萨利·贝恩斯：《1963 年的格林尼治村——先锋派表演和欢乐的身体》，广西师范大学出版社 2001 年版，序言第 1 页。

# 第 4 章　西方城市更新的转向与文化产业的繁荣

20 世纪 70 年代以来，西方世界发生了翻天覆地的转变，无论是转变的强度，还是转变的速度，都是历史上罕见的。史学界也多以 70 年代为起点，标示着此后一个迥异于之前的社会，丹尼尔·贝尔将此社会称为后工业社会，也有人称之为后现代社会、信息社会、技术社会等，凡此种种，不一而足。这是一个不断变动的时代，产业结构在变化、社会结构在变化、城市空间在变化、文化生活在变化，变化如此之普遍又是如此之剧烈，以至于只有“变化”本身是不变的。70 年代自身就是以变化为开端的，60 年代尽管社会运动不断，但整体经济上仍然保持着较快的发展速度，然而 70 年代初，在经济危机加上能源危机的双重打击下，西方进入了滞胀的年代，宣告了二战后近 30 年的繁荣终结，从此开始了一段长达近 20 年的衰退，直到 90 年代，才开始缓慢的复苏，并在此后迎来了一个新的发展时期。在这样一个较长的时期里，城市更新在经历了 60 年代的转向后，又面临着多重转向，涉及内容、方式、目标、手段等多种层面，跨越 70 年代之后多个时期。这一阶段城市更新政策转向之频繁，跨度之长远，内容之丰富，都是前一时期所未见的，同时，很多转向并不是前后相继、连续发生的历时关系，而更多的是并存发展、相互推动的共时关系，以至于我们无法像对待上一时期那样，可以详细地描述转变的具体实践和细节，而只能大略描述转向的趋势及表现，并从这些转向中，发现城市更新对文化产业发展的推动。

具体来说，20 世纪 70 年代以后城市更新经历了更新理念趋势、更新策略手段、更新政策机制、更新范围视角等几个较为重要的转向，除了继续推动文化遗产保护等具体文化产业行业的深入发展之外，还在文化产业主导地位确立、文化创意阶层社会地位提升、文化创意城市理念兴起等几个方面推动了整体性文化产业的发展，本章将具体讨论分析这些问题。

## 4.1　20 世纪 70 年代以后城市更新的新转向

### 4.1.1　70 年代以后城市更新转向的背景

#### 1. 整体趋势——战后繁荣的终结和缓慢恢复

“即使在 60 年代的喧嚣平静下来之前，造就这份喧嚣的独特环境也已经一去不复返了”。[①] 战后五六十年代的经济辉煌转眼间已成明日黄花，此前一直缓慢积累的矛盾在 70 年代终于到达爆发的临界点，滞胀这一局面的出现使凯恩斯主义似乎已经黔驴技穷，从理论和实践上都已经无法解决经济社会发展的问题了。美国、西欧乃至整个西方世界都陷入了此后长达 20 多年的低潮中，尽管基于新自由主义的政策调整，此间也有小规模的复苏，但从大趋势考察，此一时期，萧条和动荡几乎是主旋律，直到 90 年代开始，在新凯恩斯主义的“中间路线”或“第三条路线”的指引下，特别是赶上全球化的加深和信息化的第二次浪潮勃发的好时候，才终于使西方进入了又一次发展的高峰时期。

《时代杂志》主编黑德利·多诺万在 1969 年的公开演讲中宣告“美国世纪”的衰落。事实看起来的确如此，美国社会此时正面临着一场大风暴的来袭，美国新政式国家垄断资本主义长期发展终将导致更为难以处理的新的危机。通货膨胀不仅没能像凯恩斯主义期待的那样刺激经济增长，反而与经济停滞并驾齐驱，形成前所未有的滞胀现象。这样的困境影响到社会福利的水平，甚至迫使尼克松总体取消了“伟大社会”的 112 项计划，其中就包括反贫困的经济法和解决城市危机的模范城市法等。而祸不单行的是始于 1974 年的能源危机进一步加剧了经济危机，美国工业生产在此年 6 月达到最高点后开始下降，战后美国最严

① 托尼·朱特著：《战后欧洲史》，林骧华、唐敏等译，新星出版社 2010 年版，第 411 页。

重的第六次经济危机开始。美国经济三大支柱建筑、汽车、钢铁业受损严重，建筑开工数下降一度下降了64.8%，为战后下降幅度最大的一次，这也从一个侧面反衬出前一章里提到的城市物质层面更新对美国经济繁荣的重要推动作用；汽车产量下降56.4%，钢铁产量下降34.4%，失业人数在1975年猛增至825万人，失业率达8.9%，又创下新高。而基于失业激增和收入下降，个人消费开支也下降1.1%，工商业销售额也连续下降了两年，这都是战后罕见的。更严重的是通货膨胀的影随，物价指数自1973年后竟分别上涨6.2%、11%、9.1%，这种典型的滞胀现象使主流经济学界普遍认为这是战后美国历史上最严重的一次危机。[①] 这场危机并不是美国独有的，其他主要资本主义国家经济危机几乎同时爆发，使转嫁危机的可能也消失了，进一步加剧了危机。

西欧的辉煌30年也被货币贬值和经济增长率不断下降所代替，同时还伴随着大范围的工人失业和社会不满。当两种外部打击使西欧经济几近停滞时，经济滑坡的影响才刚刚开始，一方面，1971年8月15日，美国总统尼克松宣布美国废除固定汇率制度，战后精心构建的货币和贸易体系的稳定性出现问题，西欧政府不得不采取通货再膨胀政策，允许放宽信贷、放任国内物价上涨和国内货币贬值；另一方面，1973年和1979年两次石油危机，进一步加剧了人民前所未有的艰辛而痛苦的生活，失业率高涨。通货膨胀和失业两个问题同时并存，亚洲新兴工业国家引发的出口竞争压力又不断加剧，对比过去的经济繁荣，20世纪70年代的欧洲经济大萧条更显糟糕。结构性失业、畸高的石油进口价格、通货膨胀以及不断下降的出口，导致了席卷西欧的财政赤字和支付危机。联邦德国在1973年一年之内，由94.81亿美元的贸易顺差变成了6.92亿美元的贸易逆差；英国国家财政连续出现赤字，到1976年12月，开始出现严重的债务危机，以至于需要国际货币基金组织出面为其担保；法国在1974年出现财政收支逆差，并延续了近10年；其他国家也好不了多少。[②] 预算不足和支付赤字如同通货膨胀一样，本身并不是生来有害的，根据凯恩斯的理论，在30年代，甚至代表了一种用自己的办法摆脱经济不景气的一种似是而非的办法，但在70年代，所有的



① 刘绪贻：《美国通史（第六卷）——战后美国史》，人民出版社2002年版，第436页。

② 托尼·朱特著：《战后欧洲史》，林骧华、唐敏等译，新星出版社2010年版，第414~415页。

西欧国家已经被社会福利、社会服务、公共设施和基础设施等方面的投入压的不堪重负。

环境和时局引发的经济危机与政府的软弱改良相一致，在这个过程中，美国和西欧都经历了第三次产业革命，几年前曾与人们日常生活密切相关的重工业的重要性逐渐下降，钢铁工人、矿工、汽车制造工人和纺织工人都开始失业了，这不仅仅是因为周期性的经济低迷，或者是石油危机的附带后果，这也是后工业时代必然面临的，制造业经济正在转移。如英国在 1947 年还拥有 958 个煤矿，而在 90 年代初就只剩下 50 个了，采矿工人人数从 71.8 万人下降到 4.3 万人，其中大部分都流失在 1975 年到 1985 年的这 10 年间。[①] 70 年代的经济大萧条使几乎所有传统行业的失业率骤增。面对就业、高工资和经济增长的问题，政府领导人本能的反应是缓和蓝领工人及无产阶级的不满情绪，但事实证明真正的反对者却是赋税沉重的中产阶级。当 70 年代战后体系开始解体时，由于通货膨胀，由于以税收补贴衰退的工业，也由于因为预算和财政限制而减少甚至取消社会公共服务，现代福利国家最大受益者同时也是最难管理的中产阶级的利益受到威胁。70 年代广泛流传着一种恐惧，原先看来充满信心的日子，现在越来越像不稳定和无政府状态的征兆。接踵而至的失业和通货膨胀带来的忧虑，使欧洲和美国陷入深深的危机并在此后相当长的时间受困于它们。



20 世纪 80 年代西方随着里根、撒切尔政府等一批保守主义政府上台，经济政策也采取了较多的新自由主义政策，这些试图以放松国家管制、提倡经济自由化、市场化的政策在一定程度上修订了战后凯恩斯主义的一些问题，更多地关注微观经济学领域问题，对经济产生了一定的利好，经济在缓慢地恢复着。里根通过减税、削减社会福利开支等放松政府管制的措施以一次经济衰退为代价，初步冲破了滞胀危机，取得 6 年低通货膨胀率下经济增长的成绩，英国在撒切尔上台以后，也采用货币主义和供给学派主导的新经济政策，取得一定的成绩。但整个西方 80 年代经济问题依旧困难重重，高预算赤字、高国债、高贸易逆差以及财富收入分化扩大等，都为保守主义的日益低落埋下种子。

战后西方经济的真正好转是从 20 世纪 90 年代之后开始的，主要是

---

① 托尼·朱特著：《战后欧洲史》，林骧华、唐敏等译，新星出版社 2010 年版，第 416 页。

基于克林顿和布莱尔等一批奉行“中间道路”“第三条路线”的新凯恩斯主义政府的上台。同时也由于这一时期全球化的扩张和信息革命的深入发展等一系列利好，在增税、增加投资和削减联邦财政赤字等经济振兴政策的推动下，美国经济长期保持较快增长，其年平均增长率维持在2%～3%，消费物价指数整体控制在3%的较低水平以内，失业率也在1992年到1998年间从7.4%降至4.2%，美国经济呈现出低通胀、低失业和高增长的“两低一高”良好发展态势，一直延续到90年代末，整个西方经济都保持较好的发展。[①]

**2. 政府政策指导思想的整体转向**

这一时期，西方政府制定政策背后的指导思想也发生了根本的变化，经历了从后凯恩斯主义到新自由主义再到新凯恩斯主义的转变，对整个西方经济、社会产生了根本的影响，也对城市更新的转向和文化产业的发展产生了直接的影响。需要说明的是，政府制定政策时要综合考虑各种现实采取不同的应对措施，只不过是从整体的政策走向上较多地体现某一种主导经济理论，此外，战后各种经济思想本身也是一个相互碰撞、融合的过程，因此，不能将战后的经济指导思想绝对对立起来。由于西方经济本质上的一致性，面对的问题虽有差异但总体一致，因而西方各国政府采用的指导思想基本相似，而美国作为资本主义世界的头号强国，其经济政策具有风向标作用，其他国家基本上是唯其马首是瞻，因此我们下面将通过考察美国政策主导思想的变迁，兼及其他国家，以了解整个西方社会此期的指导思想转变。



战后，随着国家对经济干预的不断加强，特别是总统经济顾问委员会的成立，使权威经济学家逐渐成为总统决策班子中举足轻重的人物。因此，美国政策的转变是和美国经济学的发展息息相关的。战后在美国经济学界长期居于统治地位的是后凯恩斯主义经济学，它把凯恩斯以收入分析为主体的宏观经济学和马歇尔以价格分析为主体的微观经济学两个理论体系加以综合，成为当代资产阶级经济学说中一个折中调和、空前庞杂的理论体系，它继承了凯恩斯反对自由放任、主张政府干预和调节、确立公私合作经济体制的思想，成为战后直到70年代政府的政策

① 刘绪贻：《美国通史（第六卷）——战后美国史》，人民出版社2002年版，第560页。

主导思想。但由于对 70 年代出现的“滞胀”现象无法从理论上作出合理解释并提供有效解决措施使后凯恩斯主义在 70 年代已陷入困境。

这就导致 20 世纪 70 年代末起新自由主义经济思潮的兴起，一般认为包括新兴起的供给学派和此前的新制度学派和货币主义的理论，他们都反对凯恩斯主义的政府干预经济、刺激需求的政策，提出增加供给、提高生产率来促进经济增长，都强调市场机制对经济活动的自动调节作用，主张市场化、私有化。这些理论在美国政界得到重视和支持，成为里根和布什同时也是英国撒切尔政府等西欧保守党政府政策的主要理论基础，影响了整个 80 年代的西方社会。

然而新自由主义也不是万能药，在部分解决一些问题的同时，也导致了更为严重的赤字问题，自由放任的政策在社会问题上也产生了一些消极影响，因此到了 20 世纪 90 年代，又出现了将凯恩斯主义、现代货币主义、供应学派和理性预期学派结合起来的新凯恩斯主义。新自由主义学派和凯恩斯主义经济学就一系列问题展开了激烈的争论，但它们同时也尽量吸收对方有用的论点，以弥补自身的缺陷，逐渐形成新凯恩斯主义经济学。克林顿政府和英国布莱尔政府等的经济政策，就都是以新凯恩斯主义为理论基础的，其基本要义就是既反对完全自由放任的政府，又反对过度干预的政府。在加强国家对经济宏观调控的同时，主张企业的微观自主。在这种经济学中，国家宏观调控和企业微观自主是相辅相成的。新自由主义也强调企业的微观自主，但它们反对国家的宏观调控，从而导致“第三种赤字”和企业投机行为的猖獗。新凯恩斯主义在国家宏观调控的基础上实行企业的微观自主，继续有步骤地放松和取消政府管制，在产业结构、企业结构及其经营管理战略的调整取得巨大成绩。促进了一些新兴行业的兴起，如电信业的发展就是和克林顿政府放松对电信等业的管制分不开的，同时也对城市更新政策转向产生了较大影响，对此前推崇市场、自由放任的新自由主义城市更新进行了修正，使城市更新进入城市复兴的新阶段。



### 3. 激烈变化中的城市

20 世纪 70 年代之后，西方城市发生了剧烈变化，这一方面是城市经济发展、产业结构更替的必然结果，另一方面也是城市在全球化环境下自我更新调整的成果。总体来说，西方城市在这段较长的时间内，经历了以下较大的变化，即：从逆城市化到再城市化、从区域化到全球化。它们之间关系较为密切，有些还互为因果。

（1）从逆城市化到再城市化。

城市发展的过程有一系列的阶段，从城市化到逆城市化，然后是再城市化。从20世纪70年代甚至是更早的50年代、60年代，逆城市化在很多西方大城市就已经开始了，特别是在美国，居住在郊区是一种生活方式上的追求，因此在战后很长一段时间内，美国郊区化是在不断快速推进的。1970年，美国郊区人口第一次超越城市中心人口，成为美国城市发展史上具有里程碑意义的年份。① 如果说70年代以前的逆城市化主要是一种居住方式上转变的话，那么进入70年代以后，逆城市化更多地体现为一种去工业化的过程。所谓去工业化，是指城市从原来的制造业中心向服务业中心转变，从生产城市向消费城市转变的过程。一般来讲，去工业化有两个主要特点：其一，制造业发展停滞，如西方很多城市工业生产值与其增长幅度在过去十几年迅速下滑；其二，制造业大规模裁员，就业从第二产业转向服务行业，导致制造业就业人数占总就业人数的比例迅速下降。去工业化是一个阵痛的过程，如果接续产业处理得当，往往会迎来城市发展的又一次辉煌，而如果处理不当，则会带来严重后果。很多西欧城市在70年代就因去工业化经历了痛苦的内城衰败时期，这也导致了西欧在此阶段开展了广泛的以内城复兴为目标的城市更新活动。有些地方因此得以重生，而很多地方则无奈地在衰落中度日如年。在衰落的工业城市中，失业是一个严重的问题，此外经济衰退、恶劣环境和糟糕形象的共存使得这些城市陷入缺乏投资和物质衰退的恶性循环，美国底特律、芝加哥，英国利物浦、曼彻斯特、格拉斯哥等工业城市都经历过这种痛苦的过程。

逆城市化和再城市化是一组对应的概念。逆城市化的分散过程疏解了内城的拥挤人口和制造业基础，通过城市复兴的努力，内城得到振兴，一些措施取得了显著的效果，从生产城市向消费城市的转变使内城变得又适宜人居住了，而此前因对内城衰败生活失望而迁出的人们特别是那些有钱的中产阶级又开始返回城中了，这种再城市化的阶段，是一个更加强调城市环境品质和生活质量的过程。在大城市中，再城市化的



---

① 王旭：《美国城市史》，中国社会科学出版社2000年版，第175页。

成功因素来自城市经济的重组，以及市中心高档消费服务领域的快速成长。经济的复苏总是伴随着文化的发展，收入高于平均水平且没有子女的家庭开始搬回城市，以便从事服务型职业并且享受城市独特的生活方式和文化氛围。于是，由私人自发和公共投资的关于城市文化活动的高品质更新项目使得旧城的城市生活变得更具有吸引力，这也是再城市化阶段文化导向的城市更新活动频繁、被大规模采用的原因，而且它也的确达到了这一目标。

20 世纪 70 年代中期在美国再城市化已经缓慢地发生了，此前我们提到的阁楼运动是一个促因，而在欧洲，这一过程则在 80 年代开始，在法国、荷兰和英国的城市情况发生了显著的变化，在老的核心城市阿姆斯特丹和鹿特丹，新的核心城市法兰克福和里昂等，人口都在增长，市中心在近年来变得越来越有活力。然而再城市化是由经济、社会和人口增长等多种因素促成的，并相应产生多种后果。人为推动的再城市化过程在对城市的贡献上，经济效益往往要大于社会效益，在取得经济效益的同时，却往往付出了社会代价，低收入居民和低附加值经济活动被置换出城市中心，而代之以大量的高收入居民，这种被称为绅士化运动的过程目前已经引起城市重视，也导致了城市更新活动更多地转向了“面向社区发展、反对社会排斥”的城市复兴活动。

（2）从区域化到全球化。

随着全球化时代的来临，城市从区域城市转向全球城市，从一个独立的个体转为全球城市网络中的一个节点。资本和人才将在全球范围内流动，城市间会为了投资、贸易、人才等激烈竞争。原先被地域因素制约的经济活动，现在已经被信息技术代表的通信革命所打破，成功的城市与国际经济网络联系愈发紧密，并逐步变成主宰区域和全球经济关系的决策中心。西方城市大多经历了较长时间的发展，经济基础和物质基础较为完善，本身在全球竞争中就占有优势，因此其发展趋势越来越强调差异化竞争，即充分发挥自己的城市特色，以在全球城市竞争中取得比较优势。在过去 20 年中，全球化发展背景下的显著变化已直接或间接地影响到西方的主要城市地区，对商业本地化选择、部门间变换以及城市劳动力市场的定位产生了重要影响，城市不得不开始从全球化的角度重新考虑资源分配和产业结构调整问题。城市发展的焦点从内向型发展转向外向型发展，集中精力于挖掘自身内部潜力，迎合流动的全球资本、人才需要。这也直接催生了基于城市文化特色的竞争策略，文化是一座城市最大的比较优势所在，这也不难理解为何城市更新越来越转向文化更新的策略，同时为什么会有越来越多的城市转向文化创意城市的竞争。

### 4.1.2 70 年代以后城市更新的转向

#### 1. 新阶段城市更新理念的趋势转变

20 世纪 70 年代以后，随着西方国家整体经济的衰退及城市发展出现的新情况，西方国家城市更新面临着新的挑战，如逆工业化和逆城市化带来的工业棕地大量出现和内城中心进一步衰败，老工业基地城市因产业转移面临的整个城市的衰落、城市滨水区因国际航运事业的发展面临荒废、结构性失业带来的城市社区贫困和族群矛盾等问题日益凸显，而政府财政面临巨大的赤字危机也导致其不能像战后繁荣时期那样有足够的财力解决所有的问题。此外，在新的后工业时代，经济、社会也呈现出更多的多元特质，区域经济一体化、全球化等背景，都使政府对城市衰败的原因有了更深认识，除了考虑城市经济、社会变动带来的内生原因，也更多考虑区域、国家乃至国际层面格局变化产生的外部影响因素。这都和此前五六十年代有着根本的不同，促使政府更加注重内涵式城市更新，更多倚重市场力量，力求从根本上解决内城衰退问题，所有这些都导致这一时期城市更新进程呈现出不断变化的特征，城市更新也经历了从城市更新到城市再开发，再到城市更生和城市复兴的不同阶段。

当然，不同国家的不同城市面对的具体问题和情况不同，每个阶段都有独特的历史发展背景、参与对象，更新途径措施和更新结果也会相应地呈现出差异，体现方式和推进时间相应也有所不同，这里只能对基本的发展趋势做一个大概的整体描述。

20 世纪 70 年代中后期西方城市更新发展主要进入到内城加速更新阶段，针对主要是经济变动带来的衰败问题，一系列城市更新政策由此展开，希望通过城市更新实践恢复内城的经济活力，遏止衰退，较之此前 20 世纪 50 年代、60 年代的“非主流”的内城更新活动，无论是其范围、内容和速度都有较大改变，也更多关注社会问题，强调邻里复兴，以求实现社会综合发展，注重内城人口与就业的平衡，改善物质环境，促进邻里和谐。这一时期城市更新实践的典型是荷兰的反城市化运动和英国的内城更新等，恢复城市中心活力、改善整体居住环境、更新邻里社区、强调社会发展和公众参与成为当时的主要目标。①

20世纪80年代部分延续了70年代更新政策，大致进入了城市再开发阶段，本期更多地强调对此前政策的延续和微调。以“旗舰”项目为标志，进一步强调市场力量的作用，支持私人财团作为更新主体广泛参与，政府有选择地介入并与私人组织结成合作伙伴关系；更新空间范围扩大，更加广泛地关注更新区域的环境问题，工业棕地和滨水区成为更新重点；公共参与的规划原则在此时已广泛地渗入城市更新运动之中，由社区内部自发产生的以自愿式更新为主的自下而上的“社区规划”，强调自助式开发，规模较小，以改善环境、创造就业机会、促进邻里和睦为主要目标。②

20世纪80年代末到90年代中期，“城市复兴”理论逐渐在城市更新领域兴起，它主要是在世界范围内可持续发展理念被广泛认可条件下发展起来的，并在面对全球化导致经济结构深入调整造成西方城市“经济不景气、城市人口持续减少、社会问题不断增加”的困境下，为了复兴城市经济、社会、文化活力而被广泛采用。“城市复兴”（urban regeneration）中的“regeneration”一词来源于生物学，是指有机体坏损组织的恢复和重新成长，它被引入到城市规划和城市政策的话语系统中，意在强调在新的社会经济条件下，在中央政府作用能力减弱的情况下，促使地方和社区在经济和社会方面具有自我发展、自我更新的含义。③ 这一阶段更新实践主要涉及城市在产业升级进程中丧失的经济活力的复兴、新形势下出现的社会问题的应对以及物质环境质量的改善等。建立明确的合作伙伴关系成为其主要的组织形式，政府侧重对城市更新区域的整体规划和政策管理。“城市挑战”“专项再生预算”“城市规划行动”“城市恢复活动区”等政策应运而生，曼彻斯特与伯明翰滨



① 倪慧、阳建强：《当代西欧城市更新的特点与趋势分析》，载于《现代城市研究》2007年第6期，第19～26页。

② 阳建强、吴明伟：《现代城市更新》，东南大学出版社1999年版，第10页。

③ 朱力、孙莉：《英国城市复兴：概念、原则和可持续的战略导向方法》，载于《国际城市规划》2007年第4期，第1～5页。

水空间的整治与再利用以及鲁贝市的“重新塑造城市公共空间”旧城改造计划是这一时期城市再生实践的突出代表。①

20世纪90年代中后期至今，面对经济全球化和信息革命的又一次高潮，西方以克林顿和布莱尔为代表的走中间道路的政府摒弃了保守主义时期绝对的自由放任政策，在其基础上进一步强调了宏观调控和指引，关注社会问题，更加强调城市的整体更新，城市复兴理论进入成熟时期。将城市发展置于全球化背景之下，采取全面综合处理城市社会、经济和环境方面问题的政策措施，以提升城市竞争力、应对激烈的全球竞争和实现可持续发展、还原社区的功能为目标，希望通过城市独特的文化元素和前瞻的城市规划来复兴城市昔日的人文辉煌，借由整合现代生活的诸多要素来再造城市特别是社区活力，保证城市特征和生活质量，强调文化复兴，寻求保持和延续城市的历史和文脉。② 毕尔巴鄂、格拉斯哥、利物浦、加迪夫等通过升级更新城市文化设施、发展文化产业来改变城市的面貌，成为本期更新实践较好的代表。

### 2. 更新策略手段的变化



由于西方城市更新一直以来都是基于问题导向的，多是在解决某一个或多个城市发展的问题中提出具体的解决措施，20世纪70年代以后，城市发展面临的问题越来越多，也越来越复杂，因此，这一阶段城市更新采用的策略和手法也是多种多样的（见表4-1），甚至有让人眼花缭乱的感觉。

这些措施尽管复杂多样，手段也层出不穷，但其基本上都是以应对后工业城市转型需要衍生出来的。剥去政策外在的表现形式，仅以更新手法、内容的演变为依据，则基本上可以将这些复杂的更新手段分为两类：一类是基于地产导向的城市物质改善层面更新，另一类则是基于文化导向的城市整体综合更新。这两者的目的基本上都是通过振兴因去工业化转型而造成的城市衰落地区，在此基础上带动产业升级发展和城市经济活力的恢复，提高城市的吸引力，吸引富有的中产阶级返回城市中心，差异则在于采用具体手法的不同。

①② 阳建强：《西欧城市更新》，东南大学出版社2012年版，第47~49、52~54页。

表4-1　　20世纪70年代以后西方城市更新策略概况

| 面临的问题 | 更新的手段 | 代表案例 |
|---|---|---|
| 城市衰败区的功能性衰退 | 以经济结构调整为主导的城市机能更新 | 格拉斯哥、卡迪夫 |
| 环境的整治改善需求 | 传统功能延续、功能恢复 | 柏林蒂尔加滕 |
| | 功能调整 | 伦敦道克兰码头区更新 |
| | 功能置换更新 | 杜伊斯堡钢铁厂公园 |
| 居住环境改善需求 | 借由城市公共空间的组织调整以及城市自然人文景观的维护与重建，重塑了城市的整体环境 | 鲁贝、德累斯顿 |
| 历史城镇与历史地段的保护与修复需求 | 修旧如旧 | 威尼斯 |
| | 功能更新 | 布鲁日 |
| | 要素保护 | 亚琛 |
| | 分区保护，旧城保护、新城（新区）建设 | 巴黎 |

资料来源：根据倪慧、阳建强：《当代西欧城市更新的特点与趋势分析》，载于《现代城市研究》2007年第6期。阳建强：《西欧城市更新》，东南大学出版社2012年版相关内容整理。



地产导向的城市更新一般被认为是来自英国的概念，具体指财务、土地、建筑和劳动的集合，为了占有和投资的目的而进行的建造和改造建筑的行为。① 这一更新策略更多地将重点集中在对城市物质空间衰败的应对，希望通过更新提供更好的生活环境来吸引流失的中产阶级，同时，由于更新的手段更多的是基于私人建筑开发商的建设行为进行的，也适应了这一时期政府对更新机制的调整，即主要是由私人开发商的市场力量进行城市更新，政府则通过提供优惠政策和少量的资金来支持，因此这一阶段地产导向的城市更新活动得到了政府和市场力量的支持和拥护，成为比较主流的更新手段。在一定程度上，譬如就物质更新效果来讲，这一更新方式取得了不错的结果，如很多原本荒废的码头区和工业棕地上建设了大量的办公楼、酒店、娱乐设

① Turok I: Property - led Urban Regeneration: Panacea or Placebo, Environment and Planning, 1992 (3), pp. 361 - 379.

施、高质量的住宅，一些工业历史建筑也被改建成画廊、酒吧等服务设施，创造了大量的就业机会，不仅是更新后的办公设施和新兴产业发展需要大量的白领阶层，即使仅就建设过程中产生的建筑行业工作岗位而言亦十分可观。可以说，地产导向更新手段得到欢迎，最直接的原因是它可以带来物质上的改观，城市形象得到直接的改变，就业问题也相应缓解。① 但是这种方式也有很大问题，一方面，风险较大，更新一般需经历组织准备、生地变熟地、招商和私人建设四个阶段，需要有资金和制度的支持，历时较长，规模也很大，而地产开发是具有周期性兴衰的，一旦机遇不好或市场风向变更，都会给开发公司带来致命的结果。如在当时最大规模的伦敦码头区金丝雀码头开发之初，其开发公司奥林匹亚和约克公司在 1992 年房地产最不景气的时候就无奈破产，而这一工程也费尽周折，几乎用了 10 年才基本完成。另一方面，这种单纯以市场为导向的开发也会给社会带来一定的问题，产生巨大的社会成本。在西方其他国家城市，这种方式都曾经普遍流行过，如美国甚至早在 20 世纪 60 年代就有此类方式的雏形，但最终大都进行了适应性转向，或更多地融入文化的因素，或在社会问题方面投入更多精力，通过社会住宅、提供面向本地的就业等消解负面效应。



几乎在同时，另一种解决城市产业转型带来衰退困境的更新方式也在发展着，这就是文化导向的城市更新方式。这一方式的兴起并非无本之木，此前的 20 世纪 60 年代已经通过多种努力消解了文化的所谓高雅性，完成文化因素进入经济运行中进而成为文化资本的思想理论准备。大众文化的繁荣、历史建筑再利用的初步兴起、文化阶层的转变与崛起，也从实践上为文化元素作为经济资本进入城市更新领域运行提供了借鉴和可能，而当 70 年代末特别是 80 年代以后，随着政府政策转向保守的新自由主义，强调市场作用，更为文化进入经济领域并作为城市更新的一种方式提供了外在动力。因此，也就不难理解文化导向的城市更新活动为何会在此期和地产导向的更新一起成为城市更新较常采用的方式，并在之后逐渐取代后者成为主流。

事实上，尽管在具体方法有很多不同，但如前所述，就其目标而

① 易晓峰：《从地产导向到文化导向——1980 年代以来的英国城市更新方法》，载于《城市规划》2009 年第 6 期，第 66 ~ 72 页。

言，无论是地产导向还是文化导向，都在于城市政府在全球化城市竞争的背景下采用市场模式销售城市中的某些东西，其客户则是中产阶级和全球企业。只是地产导向更注重对社会资本的直接吸引及其造就的物质环境改善和新的商业、就业机会；而文化导向则更在乎对人的吸引，吸引包括文化创意阶层在内的中产阶级群体，进而吸引流动资本和跨国公司，造就新的经济活力。

尽管文化导向的方法在 20 世纪 80 年代以后逐渐风行并占据更新实践主流，但是它并不像地产导向型更新那样有比较统一的方式，其具体运作有多种形式，依据内容和本质大致可以归纳为文化推动城市形象改善和文化促进文化（创意）产业发展两种，当然二者并不排斥，很多情况下是同时采用的。[①] 前者从本质上讲仍停留在较低水平，而后者则具有深远的影响，这点我们将在下面探讨，此处就不展开了。尽管也存在着一些问题，如在文化公平等方面引发较多争议，但文化导向的更新方法对城市更新起着较好的作用，如在促进产业升级、改善物质生态环境、提升城市精神形象、保护文化遗产等多方面都对城市产生了积极影响，因此直到现在仍具有旺盛的生命力，并在发展中逐渐完善自己，不断取得新的理论和实践突破。



### 3. 更新政策机制的变化

随着政府制定政策背后指导思想的转变，特别是保守主义政府的上台，基本奉行新自由主义指导下的经济、社会政策，因此西方国家对城市更新的运作在 70 年代后期特别是 80 年代以后有了较大的转向。如美国政府已不再像 50 年代、60 年代城市更新早期那样大规模的干预城市事务。自尼克松时期美国就开始大幅削减联邦政府对城市的拨款，主要靠政府拨款的城市更新项目自然就首当其冲。70 年代有两部立法对美国城市更新产生了较深远影响。1970 年《国家环境政策法》所确立的“环境影响评价制度”对此后城市发展和城市更新具有重要意义，它要求所有的重要工程都必须提交环境影响报告，这就意味着此后城市更新不能延续此前大拆大建的物质更新模式，任何更新工程的实施都不仅要

---

① 易晓峰：《从地产导向到文化导向——1980 年代以来的英国城市更新方法》，载于《城市规划》2009 年第 6 期，第 66 ~ 72 页。

考虑经济效益，还要考虑社会效益特别是环境效益。[①] 1974年，美国颁布了《住房与社区开发法》，成立"社区开发基金"，并赋予地方政府更大的支配权，城市更新由此转向小规模的渐进更新阶段，更新的实施力量也从联邦政府主导，逐步发展为政府与市场及社会力量的合作，联邦政府鼓励私人资本投资城市，从而大大提高了地方政府的配合力度和私人开发商的参与热情。[②] 新的商务办公空间、具有艺术情调的阁楼空间、滨水区的节日市场都成为开发商吸引中产阶级的时髦手段，一批城市中心区完成了产业结构的转型，也引发了中产阶级回城运动（即空间"绅士化"运动），许多城市中心区借此恢复了昔日的活力。

20世纪80年代之后，美国社会思潮和政治气氛更趋保守，里根政府强调"必须彻底改变联邦政府对社会经济生活以及自由企业过度干预和限制的现状"，认为城市事务也应由市场调节，主张大幅削减拨款计划，放宽联邦管制。许多由联邦拨款的城市项目因此下马，《住房与社区开发法》的拨款计划也被直接终止。针对中心城市的问题，联邦改为在税收减免、公私合营、建立企业区、市中心开发授权等政策方面提供支持。放宽联邦管制和对富人减税造成了大量私人资本投资城市中心区，"在此过程中，私人企业支配城市发展的程度达到了19世纪工业城市发展高峰期以来所不可比拟的程度"[③]。到90年代初，城市建设中的投机行为和过度商业开发所引发的问题已相当严重，1991年，美国最大的56个城市的商业空置率平均达到25%，市场供过于求。[④] 这是市场自由放任下地产导向城市更新的失败。80年代城市更新政策导致"在市中心区建造了大量闲置的办公建筑和会议中心，却忽视建造数以百万计低收入居民急需的像样的住房"[⑤]。

20世纪90年代美国在克里顿总统当选以后，修正了保守主义政府的政策，在强调市场的基础上加强了政府的调控，形成所谓中间道路，



① Lindstrom M. J., Z. A. Smith, The National Environmental policy Act, Judicial Misconstruction, Legislative Indifference, and Executive Neglect, Texas A & M University Press, 2001, pp. 48 - 49.

② John M. Levy, Cotemporary urban planning, Upper Saddle River, New Jersey, Pearson Prentice Hall, 1997, P. 195.

③ Robert Wood, Present Before the Creation: Lessons from the Paleosoic Age of Urban Affairs, Journal of Urban Affairs, 1991 (1), pp. 111 - 117.

④⑤ 王旭：《美国城市史》，中国社会科学出版社2000年版，第328页。

其实质是新凯恩斯主义指导下的政策路线。联邦对美国的城市问题重新重视起来。1993 年，联邦政府颁布了《经济授权法》，在城市中心区的贫困区设置经济特区与经济授权区，以税收分享的形式对经济贫困的城市中心区实施联邦财政援助。[①] 受益于这一时期第二次信息革命带来的经济繁荣，城市衰落有所缓解，但即使这样，还是有“太多的”中心城市仍处于问题困扰之中，这主要因为无论是里根与老布什的保守主义，还是克林顿的新自由主义，都不可能再像之前“新政”或者“伟大社会”时期那样对城市政策进行大规模的干预了。

基于相同的社会背景和政治体制，欧洲特别是英国，在城市更新政策体制上和美国具有较多的相似性，事实上它们之间也经常交流彼此的经验，政策本身也具有较强的传导性，因此，在大西洋的两岸几乎执行着相似的城市更新政策机制。英国也采用“企业分区”“社区开发公司”“商务改善区”“城市开发公司”等机制，当然基于部分具体情况差异及政策执行时间的延迟性，英国等欧洲国家在更新机制上较美国更为复杂，也更为完善一些。但其基本的政策机制转变仍是遵循着我们上面对美国的分析，即从新自由主义指导下的强调市场作用逐步进化为新凯恩斯主义指导下的既强调市场同时也加强调控的中间路线，由开始以市场为主导、引导私人投资的公私伙伴关系，逐步发展成为比较完善的由政府、市场、社区三方参与的公私合作伙伴关系。考察从撒切尔政府到布莱尔政府的城市更新政策，不难发现这一转变。当然其具体的内容非常丰富，也十分复杂，限于篇幅，这里就不再展开了。



### 4. 更新范围视角的变化

20 世纪 70 年代以来，随着城市的发展，其范围也越来越大，美国有所谓大都市区的概念，这也是美国 20 世纪以来城市化的主导趋势，这是一种以大城市为轴心横向扩展，从而使其市区和郊区规模不断扩大、城市化水平不断提高的过程。70 年代以来，大都市区不断发展，甚至更进一步发展成为连接几个大都市区的大都市群。欧洲城市也有此类趋势，这种城市空间的集聚也导致了城市更新范围的扩大。其实此前就城市内部空间更新而言也已经呈现出范围扩大化趋势，如针对工业棕

① 刘丽：《二十世纪五十至七十年代联邦政府与美国城市更新》，西北师范大学硕士学位论文，2011 年，第 43 页。

地和废弃滨水区的更新就动辄涉及成片的区域，伦敦道克兰地区的更新就涉及伦敦相当大的城市面积。而现在，城市更新的范围更是从城市内部空间发展到城市整体，并进一步发展到区域城市范围。区域复兴越来越成为提升国家与城市竞争力的积极手段。大巴黎地区规划、大伦敦地区发展战略规划、兰斯塔德地区规划、柏林勃兰登堡统一规划等都一致强调在更大区域范围内加强整体联系，以极大热情来寻求广泛的国际合作，以应对国际经济秩序重组所带来的政治、经济和环境压力，实现共同繁荣、社会公平和环境改善的目标。[①] 德国的鲁尔地区在这方面进行了较好的实践，其为摆脱工业衰退的危机，于 1989 年开始关注整个鲁尔区工业遗产旅游开发的一体化工作，制定了一个为期 10 年的国际建筑博览会的宏伟计划，涉及了鲁尔区核心地区 800 平方公里、200 万人口、17 个城市参加的区域性大规模更新与再开发；1998 年又进一步展开了区域性整治规划，包括社会、经济、文化、生态、环境等多重整治和区域复兴目标。

此外，随着全球化进程的加快，城市已经在一定程度上脱离了过去单纯的区域、国家概念，而更多地进入到全球网络中。产业结构的升级转型带来全球经济重组，世界城市体系和城市内部空间均发生巨大的重构和转型，进一步导致城市内部社会结构出现极化加剧等特征。城市间的竞争已经不仅仅局限于内部，而更多地在世界范围内进行。因而其城市更新发展、观察和解决问题的视角也必须放在区域、全球等更大的层面。城市的发展焦点开始从内向型转向外向型，并且将城市工作重点转向充分挖掘城市在地区、国家乃至在国际经济中的发展潜力，全面的城市发展战略将决定城市能否在国际竞争中取胜。因此在旧制造业中心城市后工业化转型以及全球产业经济的服务化和文化创意产业崛起条件下，利用产业转型、重塑城市形象、提高城市竞争力，进而吸引文化创意阶层集聚等一系列城市策略就构成了西方国家城市更新的主要内容。[②] 更新的组织机制也更多地体现竞争的内涵。“欧洲文化首都”项目使欧洲城市必须在欧洲层面展开竞争，“城市挑战”项目使城市必须在区域和国家内部与众多城市竞争。如 1991 年 5 月，英国政府推出新



---

① 阳建强：《西欧城市更新》，东南大学出版社 2012 年版，第 54 页。

② 严若谷、周素红、闫小培：《城市更新之研究》，载于《地理科学进展》2011 年第 8 期，第 947 ~955 页。

一轮面向全球竞争的城市竞标（city challenge）政策，第一轮城市竞标邀请了15个地方当局参与，其中11个获得竞标资金资助；1992年的第二轮城市竞标则全面放开面向所有城市。① 因其强调竞争性，它也被认为是“最务实、最有希望的城市更新计划”。

强调城市在更大范围竞争也为中小城市带来了福音，一些有特色、文化底蕴深厚的城市将因此而显得更加特别，在这个越来越强调差异化、个性化的时代，这些都构成城市在竞争中的比较优势，很多这种城市都借此脱颖而出。全球创意城市网络中的很多中小城市都是这类典范，如美国的圣达菲，人口仅7万人，但却凭借自身的民间手工艺特色，成功跻身世界创意城市，荣膺“民间手工艺之都”称号，促进了城市的更新发展。此外，一些专业城市如汽车制造、金融服务业、旅游城市等，也都因此获得更新发展的额外动力。

## 4.2　城市更新20世纪70年代以后转向对文化产业发展的新影响



20世纪70年代以后，西方城市更新经历了较大转向，也为文化产业的繁荣发展创造了机遇和条件。本节将延续上章的论证思路，分别从个体行业和整体产业的角度论证70年代以后城市更新对文化产业发展的推动。其中对文化产业个体行业的论述仍选取和城市更新关系最密切的文化遗产保护行业展开，而对整体性文化产业的论证将围绕文化产业主导产业地位确立、文化创意阶层发展、文化创意城市理念深入三个层面展开，揭示城市更新的新转向对文化产业70年代以后繁荣发展的深刻影响。

### 4.2.1　城市更新推动文化遗产保护领域的新发展

20世纪70年代以后，西方城市普遍遭遇了较大的经济、能源、社会危机，引发城市更新从此前对物质环境和社会因素的关注更多地转向对经济、社会问题的处理，更新的组织方式也更加倾向于市场化运作。

① 曲凌雁：《更新、再生与复兴——英国1960年代以来城市政策方向变迁》，载于《国际城市规划》2011年第1期，第59~65页。

这些转向对文化遗产保护领域产生了较大影响。同时此前60年代的一些零星的建筑再利用实践所取得的成功也给了人们更多的启发，这就使人们对待文化遗产特别是城市历史建筑遗产的态度有了根本转变，这些遗产逐渐不再被视作为城市发展的负担，而更多地被视为一种经济发展的资本，特别是阁楼运动对新生活方式的演绎使人们相信，历史建筑的保护绝不仅仅只有作为文物封存起来这一种静态保护方式，还有更多地融入世俗生活的动态保护方式。此前对遗产价值的关注单纯集中在美学、文化方面，而现在遗产的经济与商业价值终于得到应有的重视，特别是当时面临的社会整体环境和政府的财税推动，使历史建筑遗产保护的确有利可图，更进一步使文化遗产保护事业进入产业化运作阶段。这实际上也可以被视作是60年代反正统文化运动以来对文化内涵认识进一步加深的结果。既然文化遗产神圣高雅的纪念碑性被消解了，那它也只好在世俗世界里寻找生存的空间了。这一保护思想的根本转向带来了文化遗产保护的大发展和繁荣，考察70年代以后文化遗产保护的新发展，最明显的变化就是文化遗产越来越融入世俗生活中，不仅文化遗产的范围在不断扩大，而且其保护手段也越来越采用产业化运作手段，并在与城市更新的结合中得到大规模的应用，这都意味着文化遗产保护行业逐渐步入了成熟阶段。



**1. 遗产保护范围和规模扩大**

20世纪70年代以后，随着城市更新的目标和运作方式的转向，历史建筑再利用得到了大规模的推广，不再单纯是出于保护的目的，而是已经具有较强的经济目的导向，和此前60年代零星的带有个人先锋实验性质的实践有了较大的差别，这就使其不仅能够起到保护历史遗产的作用，还能给改造的发起者带来可观的经济收入，其特有的对周边环境的改善功能也使改造具有“正外部性”，能够给建筑周边带来环境改善、物业增值等良好的效果，同时由于其大多是由市场主导的，政府也不需要投入太多财力、人力，因而得到了广泛的支持，其范围和规模也不断扩大。而随着这种扩大，历史建筑再利用已在不经意间发挥着促进城市更新的功能，这点在工业建筑再利用方面最为明显。因为工业建筑通常并不是以单体建筑形式存在的，在一些传统城区和工业城镇，往往一个工厂就占据了大片的城市面积，并对工厂从业者及周边的人群发挥着统摄作用，形成了以工厂为核心的工业社区。70年代在产业升级等因素的冲击下，一个工厂的衰落往往会导致一个区域乃至一个城市的衰败，不仅在物质层面造成城市内部区域荒弃、建筑老化、环境恶化，同时也在城市经济和社会发展方面产生很多深层次的问题。对这些老工商业区的复兴也就成为城市更新发展的重要任务。以往的经验显示大拆大建的更新方式并不能有效解决这些地区衰败和社会问题，而通过对工业建筑进行有意识地改造再利用，去工业化，转换功能，向住宅、商业设施、文化设施方向转变，却可以有效地促进地区的复兴。政府察觉到这点之后，就开始有意识地引导和鼓励这种实践，促使其自觉成为城市更新的一种重要方式。70年代以后政府对市场组织的再利用更新实践给予了较多的政策优惠和税收补贴，这进一步扩大了建筑再利用的范围和规模。

建筑再利用范围的扩大主要体现在更多的建筑类型被纳入再利用的实践中来。工业建筑、商业建筑、住宅建筑、公共设施建筑等，再利用几乎涵盖了所有的建筑类型，就连废弃的煤气塔都能被改建成住宅和商业艺术综合体。[①] 同时，各种不同级别的历史建筑，不管是登录的还是没有登录的，也不管是低级的还是高级的，几乎都被再利用的热潮所覆盖。再利用进入高潮主要得益于历史建筑的经济价值得到明确，当文化可以被当作资本投入到经济运行体系中时，历史建筑才真正获得了再生的根本内在动力，这真正体现了资本化腐朽为神奇的力量。波士顿昆西市场的改造成功是20世纪70年代以后建筑再利用最知名的案例，对以后的世界范围内的建筑再利用都具有标杆的导向作用。作为18世纪40年代发展起来的码头与肉类交易区，同时区内还有具有重要政治纪念意义的法纳尔大厅[②]，昆西市场在20世纪70年代进行了再利用改造，根据本杰明·汤普森的设计，昆西市场延续其原有的“场所精神”被再度开发为一个活力四射的商业中心。绝大多数历史建筑都被保留下来，



---

① 1995年，四个位于维也纳市区内的建于19世纪末奥匈帝国时期的煤气塔，闲置多年后被改建成一个居住区，室内设施包括一个能容纳2000～3000名观众的音乐厅、电影院、学生宿舍、档案馆等，共计800多套公寓（其中2/3由老墙立面），已成为世界范围内工业建筑改造项目的典范。

② 法纳尔大厅原是1742年建造的商业兼集会大厅，美国独立战争前，波士顿民兵经常在此召开与美国独立有关的重要会议，在美国历史上有特殊的重要意义，被称为“自由的摇篮”。

并进行了细节的处理，移除了后来的添建，恢复了最初的外貌，市场外部环境也进行了彻底的整建。超越传统博物馆式冻结保护的理念，市场再利用获得了巨大的成功。1978 年项目一经完成就受到热烈追捧，多达 150 个特色商店使开幕当天客流量就超过 10 万人次，各种商业设施终日顾客盈门，营运第一年就有超过 1000 万人次游客，和当年迪斯尼乐园的游客一样多。① 从当时到现在 40 多年过去了，昆西市场直到今天依旧保持着旺盛的生命力。如果说昆西市场的改造基本上还延续着历史上的功能的话，那亚历山大市鱼雷工厂改造成艺术中心则是建筑功能发生转变的再利用实践之一。原来的老鱼雷工厂被改建成拥有艺术家工作室、画廊、博物馆、商店、餐馆、住宅、办公室和艺术学校的艺术中心，每年吸引 85 万人，成为美国最大最成功的视觉艺术中心。此外该中心还成为亚历山大最活跃的社会活动中心，提供婚礼、宴会、会议、表演等社交场所，有效复兴了建筑的社会生命，同时也带动了整个亚历山大老城的更新和复兴。②



昆西市场再利用复兴了有限的历史街区，鱼雷工厂也只是复兴了工厂所在片区。随着建筑再利用的不断发展，其规模也越来越大。如美国波士顿附近的罗威尔，作为拥有众多纺织厂的产业城市，在 60 年代产业结构调整大潮下走向衰败，70 年代开始以再利用的思路将整个城市转变为国家历史公园，市内建筑被改造成各种博物馆、旅馆、娱乐、教育与居住设施。罗威尔在展现美国工业革命史的同时，重新获得现代社会生命，从一个衰败的传统工业城市转变为美国著名的旅游与新兴产业城市。此外，70 年代以后城市对码头仓储区的更新建设也推动了城市遗产保护的进程，其规模之大，丝毫不亚于一个小型城市的更新。这些处于城市中心动辄占地数十乃至几百平方公里的区域在 70 年代甚至更早大多遭遇了衰败的打击，一直处在荒废中。如伦敦道克兰地区，位于泰晤士河畔，占据伦敦较大的城市面积，同时地理位置也是上乘，但就是这样一处区域，在 1981 年，其 60% 都处于荒废中。纽约南街海港、悉尼的岩石区、都柏林的禁庙区等都是这类情况。将再利用引进这类区域使遗产保护再利用实践的规模有了巨大的突破，这些实践规模巨大，同时也耗时较长，其手法也更复杂，这些都对城市遗产保护工作的完善

---

①② 陆地：《建筑的生与死——历史性建筑再利用研究》，东南大学出版社 2004 年版，第 81、78 页。

提供了较好的实践平台。

作为城市更新重要手段的大规模、多样化的再利用实践对区域社会经济结构调整、城市更新建设和建筑遗产保护都产生了较多积极的影响，自身也发展成为文化遗产保护的主流方式。同时，再利用为文化设施的实践对文化产业的繁荣也起到较好的推动作用。直到今天，很多城市文化产业的起步发展仍都得益于这种更新方式。

### 2. 遗产再利用保护手段的成熟

再利用实践在 20 世纪 70 年代以后成为遗产保护的主流方式不仅体现在规模和范围的扩大上，还体现在手段的成熟上，产业化运作日益成为主流。

从单纯改造利用技术的角度讲，在与当代建筑艺术发展潮流的紧密结合中，再利用实践手法空前多样化，后现代主义、解构主义等技术理念手法被广泛地引入到再利用实践中，并在改造中不断发展融合，在自身进步的同时也推动再利用实践走向技术成熟。高技派、生态技术、极少主义等前沿技术也在建筑遗产再利用实践中发挥重要作用。现代建材、结构技术方面的进步也为再利用和保护实践提供强大的技术支持，使很多前卫的更新理念变成现实，如福斯特在德国联邦国会大厦屋顶上设计的那个玻璃穹顶、伦敦想象力总部大楼的膜结构屋顶等，都是在建筑技术进步的情况下取得的。70 年代以后，历史性建筑遗产再利用已明显脱离了以往考古修复的范畴，而被显著地整合进了更为广阔丰富的当代建筑艺术领域。[①] 其主导者也从严谨甚至是刻板的考古学家转向当代建筑艺术大师们，尽管这些再利用实践中不乏基于考古学的严谨修复，但只要想象一下卢浮宫前的玻璃金字塔、布达佩斯荷兰国际集团银行屋顶的“蓝鲸”、菲亚特林果多汽车厂顶部的“气泡”，就可以感知到建筑师们的独特创意能力给历史建筑遗产保护再利用实践注入了多么大的创新动力。

更新手段成熟的另一个标志是再利用功能置换的多样化。对历史建筑进行改造是技术上的问题，而将其改造成什么用途的建筑则取决于功能导向。20 世纪 70 年代以后，建筑遗产再利用的功能置换发生了很多



---

① 陆地：《建筑的生与死——历史性建筑再利用研究》，东南大学出版社 2004 年版，第 175 页。

变化，更多的功能类型被赋予了历史建筑。很多商业性和居住性的功能改造取得了巨大的成功，如之前提到的昆西市场商业更新、奥地利维也纳四座巨大的煤气塔被改建成居住为主、包含多元物业形态的“煤气厂城”等。而80年代以后，适应社会发展需要，更多的历史建筑被广泛地再利用为文化艺术设施，破败的建筑成为博物馆、音乐厅、影剧院、市民中心，掀起了历史建筑遗产文化艺术性再利用的高潮。这种实践再也不是60年代斯内普麦芽厂音乐厅那样的孤例，而是成为具有广泛影响力的主流实践。如福斯特将德国埃森煤矿厂房改建成德国设计中心、伦敦的发电厂被改建为泰特当代艺术博物馆，此类实践不胜枚举。文化艺术导向的改造实践自身也有相应的发展，更加趋向活态的保护，力求更加融入世俗生活，如汉堡奥藤森原本生产舰船螺旋桨的蔡瑟工厂的再利用实践就很好说明这一点，它的厂房先是在70年代被改建成工业博物馆，但这种类似生命冻结式的保护因社会生命的单一而很快再次衰落，直到80年代中期以后被改建成汉堡媒体中心才又重新融入到世俗活跃的经济、文化生活中，新的再利用实践突出了多样化的社会功能，商店、餐馆、办公、公寓、电影院、图书馆等文化、艺术、商业、居住多种功能被融为一体，重新焕发生机。这些文化导向为主的再利用实践是70年代以后社会发展的需要，当文化越来越在城市发展中起到关键作用的时候，这些保护实践都必须顺应这一趋势，只有这样才能使自身获得发展的机遇，而通过这些基于文化的再利用实践，也使城市文化产业获得了发展的空间和动力，从这个意义上说，建筑遗产再利用实践为主的城市更新，推动了城市文化产业的进一步发展。



遗产保护手段的成熟还有最根本的转变就是文化遗产保护更多地采用产业化运作的方式，进而使自己发展成为具有较大影响力的产业形态。在今天，文化遗产保护作为一个产业形态已经被广泛接受，世界范围内大多数国家在统计文化产业数据时，都将文化遗产保护行业作为一个重要的组成部分纳入其中，这主要归功于20世纪70年代以后遗产保护更多地采用产业化运作手段，在促进自身大规模发展的同时，也在社会、经济层面产生了深远影响。虽然早在60年代之前，就有一些建筑遗产再利用的实践，但其是零星的，更多是基于艺术家、建筑师等人的先锋实验性质，如早期的艺术家阁楼等，只有在70年代以后，特别是80年代以后，产业化运作的历史建筑遗产再利用才成为实践手段的主流，并进一步推动着更新实践的规模范围扩大、手段成熟。

20世纪70年代以后，文化遗产再利用保护实践能推动文化遗产作为产业形态运营，绝非偶然，而是有着深刻的社会、文化、经济根源，这一产业化道路也经历了较长的过程。70年代以后，西方城市普遍经历着能源和经济危机，城市更新发展思路也有较大转向。此外，城市污染的严重和物质环境的恶化也导致环境保护意识的兴起，并在建筑和城市更新等社会生活领域产生了深远影响，最明显就是大规模地在“熟地”上进行更新建设已经很难得到规划批准。旧建筑再利用被视为一种对资源的重复利用，不仅对环境破坏小，而且也节省社会资源，不仅减少建筑垃圾的产生，同时也减少对新建材的使用进而降低对自然、社会资源的占用，这种环保的方式得到政府和社会舆论的支持。此外，60年的反正统文化运动消解了文化的神圣性，文化越来越作为一种社会、经济发展元素融入到世俗生活中，历史遗产在固有的文化价值之外，其经济性、社会性元素也引发人们重视。

当然这些都是外在的因素，文化遗产保护能够进入经济领域并作为产业进行产业化运作，其根本原因还是在于其经济性。当时经济上的一些变化情况对遗产保护产业化运作产生了较大影响。如当时西方城市建材、燃料等价格超过了人工价格，而作为劳动密集型的再利用实践，就比大量依靠新材料和能源的全新建设在经济上更具可行性，更不用说全新建设还要涉及昂贵的拆除费用和建筑垃圾处理费用了，20世纪五六十年代大规模地推倒重建方式在70年代以后从经济层面往往得不偿失。除了经济成本上的优势，再利用实践还具有工期短、出租快、资金回收迅速的时间成本优势。这些经济上的利好，特别是利润空间的可观，都促使遗产保护更多地采取经济上更为有力的产业化运作模式。



而政府对此的税收、政策扶持，更进一步推动了这种发展。出于更好推动城市更新等方面的考虑，政府往往对私人投资建筑遗产保护性再开发进行政策扶持。作为市场化国家，西方中央政府和地方政府大多通过税收减免等财税杠杆对再利用实践进行调节。这种经济上的推动远比几个干巴巴的保护条款、法令更具有吸引力，前面提到的美国《国家历史保护法》推动了遗产保护的发展，但由于缺乏经济刺激，因此其成效更多地体现在法理上。而70年代之后政府更多地通过财税杠杆带动遗产保护，则取得明显的效果。美国1976年的《税务改革法》历史上第一次使得对建筑遗产的再利用成为可以获利的产业，两年后推行的“建筑更新税额抵免计划”更进一步，为以买卖或经营为目的的历史遗产修复提供10%的税额抵扣，这几乎取得了立竿见影的效果，根据当时的统计，在该政策实施之后的一年，遗产保护领域130万美元的税额抵扣就吸引了2700万美元的私人投资，从1976年到1986年的10年间，总价值110亿美元的全美17000个建筑遗产保护和更新项目受益于此税额抵扣政策。[①] 该政策此后还通过《经济复兴税收法》进行了进一步修订，其趋势是进一步加大免税力度，如对列入国家历史场所登录名单的遗产，私人业主对其进行保护、修缮、再利用将获得25%的税额抵扣，不在名单上的一般历史建筑遗产也根据年限长短可获得20%～15%的不同减免。这些力度空前的措施极大地促进了美国建筑遗产保护发展，商机而不是对遗产的热爱第一次主导了遗产保护，这固然会有一些保护技术方面的负面影响，但其主要还是发挥了正面的积极功效。

保护者和私人开发商第一次有了共同合作的基础，原本背负税收包袱的投资者发现，遗产保护终于在事实上成为可以盈利的产业。这是新时期城市更新推动下遗产保护领域最大的转变，也是意义深远的转向。开发商詹姆斯·鲁斯在昆西市场的成功之后，又将这种以遗产再利用为特色的城市复兴模式推广到纽约南街港区、巴尔的摩内港、迈阿密海湾市场、杰克逊维尔码头等项目中，不仅推动了遗产保护和城市的复兴，自己也获得巨大的经济收益，其名字也成为城市中心区复兴的同义词；特伦斯·康冉也通过对布特勒码头进行耗资一亿英镑的大规模开发、对伦敦米其林汽车修理厂和蓝鸟汽车修理厂等工业建筑的再利用开发获得了巨大收益，通过运营旧建筑改造而成的物业使其成为英国20世纪八九十年代以来最成功的商人；此外在阁楼的商业化开发中也产生了诸如英国的曼哈顿阁楼开发公司、空间工作室等商业开发公司，极大地推动了阁楼的普及和推广，也使自己获利颇丰。市场因素成为推动历史保护的主要力量，建筑遗产保护首次变成一项有利可图的产业。这种市场内在的推动力远非政府干巴巴的法律条文和几个保护者组织声嘶力竭的呐喊可比，可以说，正是在遗产保护逐渐走向市场化、产业化的过程中，文化遗产保护事业才真正进入可持续发展的阶段。



① 王红军：《美国建筑遗产保护历程研究：对四个主题性事件及其背景的分析》，东南大学出版社2009年版，第239页。

### 3. 遗产保护理念的进一步解放

20世纪70年代以后，文化遗产保护事业的发展还有一个最根本的变化，就是其保护理念领域发生了重要的转向，遗产的文化意识形态性逐步弱化。这是最为根本的转向，它决定了此前两部分提到的规模和手段的变化。

20世纪70年代以前，在文化遗产保护领域，构成保护的根本理由还基本停留在遗产的美学、社会和文化价值上，而较少涉及经济和商业价值。这是由当时整个社会大环境背景决定的，在没有经历60年代那场“文化大革命”之前，文化始终是具有阶层性的，它被人为地划分为高雅文化和大众文化，而历史文化遗产显然是被精英阶层视为自己的文化领域。这也不难理解为什么70年代之前的文化遗产保护总是由所谓“文化贵族”的社会精英阶层把持的。想想最早的那批建筑遗产保护的倡导者们，梅里美、维奥莱・勒・杜克、拉斯金、莫里斯、雨果，哪一个不是当时的文化精英阶层代表，其所倡导的冻结式保护理念也主要是针对那些能够反映其高雅文化旨趣的珍宝型文物建筑，精英知识分子们出于浪漫主义情怀和朴素的爱国热情所进行的历史遗产保护，其性质也只能是一种纪念碑性的保护。遗产是被掌握文化主导权的精英阶层当作神圣的纪念碑来诠释被本阶层盖棺定论的历史的，历史价值成了强调的重点。这使得文化遗产与芸芸众生之间看起来是有着遥远距离的，这就好比虔诚的信徒跪在威严的佛像前，空间的距离是那么近，精神的隔离却又是那么的远。作为个体的人与代表着历史和权威的遗产物之间，始终存在不平等的关系，历史建筑总是作为一种纪念物而存在，成为崇拜的对象。同时，其本身所具有的艺术价值，又进一步被精英阶层所强调，更加深了历史遗产代表其本阶层高雅文化象征物的地位，进一步隔离了个人与文化遗产的接触，历史建筑作为一种静态的艺术品被欣赏，与之伴随的是一种超越历史、超越经验的艺术鉴赏标准，无关日常生活。丹尼尔・贝尔将这种理念视为一种希腊人的艺术观，认为这是美国50年代的文化裁判者所一直坚持的观念。回顾之前文化遗产保护100多年走过的历史，不难发现保护运动背后这些文化精英阶层主导的静态保护理念。在其理念体系中，“纪念碑式的历史建筑代表了一种宏大的历史叙事，从根本上来说，这种历史遗产是反生活的，代表着超验、永恒、英雄的辉煌与不容置辩的真实”①。

直到20世纪70年代以后，在60年代的文化革命中消解了高雅文化与大众文化的纷争，才在历史遗产保护领域带来一场理念的革命，并深刻反映在此后展开的遗产保护实践中。从一定意义上讲，只有消解历史遗产的神圣纪念碑性，才能为其融入世俗生活提供思想基础，也才能为此后的基于再利用的产业化开发提供理论保障。也正是从这个意义上讲，五六十年代所进行的打破精英阶层对文化的垄断，获取文化发展主导权，消解精英文化高雅性的实践进程，在历史遗产保护和整个社会其他层面都具有深远的影响。

在20世纪70年代以来的遗产保护中，文化遗产和人之间的关系发生改变。基于传统价值观念上的建筑遗产的“意义”发生了改变，在新的消费社会土壤中，物质消费和世俗文化中反映出一种大众化和反权威的倾向，历史建筑的纪念与教化意义在很大程度上被大众文化所消解，经济价值得到浮现，对个人来说，历史建筑已经不再是一种纪念碑，而更多地成为再利用的对象，人们期望从中得到新的经济价值，将其融入世俗生活的实践越来越清晰地体现在遗产保护领域。如在昆西市场的修复中，人与历史建筑之间的不对等关系和审美距离被打破了，“节日市场”的构想使得历史的宏大叙事被消解和转译，神圣的纪念碑性被世俗生活所取代，建筑的古典之美成为市民生活的片段和物质消费的背景。② 在《资本主义文化矛盾》书中，丹尼尔·贝尔认为，在这种时代背景下，讲究物质的享乐主义代替了作为社会现实和中产阶级生活方式的新教伦理观，恰恰是资本主义的发展——更精确地说是自由市场——导致了其得以产生的价值体系的毁坏。③ 资本主义的自由市场摧毁了自身的道德体系，资产阶级的孩子们反正统文化运动摧毁了文化精英主义，并直接影响了文化遗产保护的理念转向，“文化遗产不再仅仅是英雄的权杖和精英的宣言，而是经过重构与转译，成为世俗生活



①② 王红军：《美国建筑遗产保护历程研究：对四个主题性事件及其背景的分析》，东南大学出版社2009年版，第249页。

③ 丹尼尔·贝尔著：《资本主义文化矛盾》，严蓓雯译，江苏人民出版社2012年版，第84~88页。

的背景”①，宣告了历史保护精英理想时代的终结。然而也正是自由市场成为当代西方历史保护最大的助推器，70 年代以后城市更新转向强调市场和由此引发的一系列税收变革，使得美国文化遗产保护得到了前所未有的发展，那些长期处于保护者视线之外的文化遗产如工业遗产、20 世纪遗产等得到了大量的保护和再利用，遗产的规模也越来越大，甚至超越城市本身，进入区域和国家的更大层面，如工业区域遗产、线性遗产等，都跨越了单纯城市的界限。利益驱动成为文化遗产保护的推进因素，世俗生活成为后工业社会的集体语言，文化遗产保护运动不可避免地开始了市场化、产业化的进程。

### 4.2.2　城市更新的新转向为文化产业主导产业地位确立提供发展动力

20 世纪 70 年代以后，西方城市面临着产业全球范围转移、原有支柱产业衰退的困境，传统制造产业在科技革命发展潮流引发的激烈竞争中日渐衰落，大量企业破产，城市结构性失业十分严重。逆工业化过程导致城市制造业区域陷入衰败，在城市内部形成很多棕地，而很多原有的工矿业城市更因此陷入了城市整体衰落的困境。在这种情况下，城市更新的内容也更加转向城市经济的复兴，产业结构的升级因此成为城市更新发展的主要议题，这就为文化产业的发展繁荣提供了外在的动力。而因失业和竞争引起的产业利润降低及社会成本的增加，给西方发达国家的政府带来了前所未有的财政压力，导致公共开支和服务支出的削减，特别是在文化领域，大幅削减政府资助，造成文化艺术领域发展困难，被迫面向市场寻求发展；同时保守党政府上台之后多采用新自由主义政策，强调经济发展的市场导向，放松对文化的管制，这又为文化采取市场化运作创造条件，文化产业获得了内在的发展动力。考察文化产业在 70 年代以后的发展，城市更新转向造就的文化发展内、外动力是其兴起并逐渐成长为城市经济主导产业的重要原因。长期以来，文化产业研究学界一直有关于“文化产业化”和“产业文化化”的争议，并为孰轻孰重争论不已，其实，这是文化产业发展的两个不可分割的层



① 王红军：《美国建筑遗产保护历程研究：对四个主题性事件及其背景的分析》，东南大学出版社 2009 年版，第 249 页。

面，将其放在城市更新的视角下进行考察，可以很清晰地看到这一点。可以这样说，在城市更新背景下，推动城市产业结构升级的需要促进了“产业文化化”的进程，从外部提供了文化产业发展的动力；而城市更新向市场化组织方式的转向又迫使文化领域更多地采取“文化产业化”的发展方式，从内部为文化产业发展提供了动力，“产业文化化”和“文化产业化”这两个方面在这一时期并存发展，相互促进，共同推动了文化产业的发展，也为城市更新在经济发展领域的变革提供了保障。

**1. 产业文化化——城市经济层面更新为文化产业发展提供外在动力**

考察西方文化产业发展的历史，20 世纪 70 年代之后有一个明显的转变，就是对文化产业的批判逐渐销声匿迹，学者们对于文化产业的争论逐渐由学理意义上的探究转向现实功能上的界定。一方面，这得益于之前 60 年代在消解文化意识形态性、消除所谓文化高雅性方面的理论和实践努力，使文化已经脱离单纯的精神范畴，文化作为资本进入经济生活中已经没有太多的争议，文化产品也没有了所谓的高雅与低俗之分，一切文化产品都已经成为消费社会世俗生活中普通的商品，并且被热烈地追捧和消费着，文化作为产业发展的道德和理论障碍已经不复存在。另一方面，更是 70 年代之后，在西方城市更新发展过程中，文化产业在经济转型、产业升级的背景下获得外在的发展动力并进而取得突破性发展的结果。从 70 年代之后，随着文化因素和文化产业越来越成为西方城市经济发展和产业结构调整的重要手段和替代产业，文化产业作为后工业时代社会经济的重要组成部分的地位逐渐得到确立。这是文化产业发展历史上的重要时刻，标志着文化产业真正作为一个整体性产业形态出现。



西方国家普遍在 20 世纪 70 年代之后经历了经济和社会转型，从表面上看这种转型是由于经济危机和能源危机引发的，但实际上，本质上讲是西方经济发展进入到后工业时代必然的趋势。传统的制造业在西方经历了较长时间的发展之后，已经在亚洲等新兴国家的冲击下面临发展乏力的局面，长期发展造成的设备老化、技术更新成本加大等问题使西方制造业从根源上讲已经不具有发展的比较优势，在这种情况下，产业转移和升级就成为其必须面临的问题，这也导致了西方城市开始了大规模的去工业化进程，并在 70 年代以后进入高潮时期。去工业化短期内对城市是痛苦的，大量工业企业破产和产业转移留下的城市棕地在城市空间上造成巨大的空洞，荒废的景象随处可见，更关键的是造成城市经济发展乏力，并对社会产生不良影响。所以，这一时期，城市更新更多的是解决城市经济发展的问题，城市必须解决经济发展中产业创新、结构调整的问题。具体来讲，就是通过经济结构转换和产业转型进而实现经济的跨越式发展，使经济结构从低层次的劳动密集型产业为主上升到资本、技术和文化密集型产业为主。

传统产业结构调整主要是基于技术发展逻辑，并通过社会分工深化带来产业结构演进，如从农业社会向工业社会转型得益于生产力技术进步造成农业剩余人口进入工业生产领域。在整个现代产业体系中，各产业自身的需求弹性不同，其技术更新速度有别，在需求弹性大、技术上升速度快的产业中往往容易分化出新产业，这一分化改变了产业内部供需平衡，必然要求新的资源优化配置过程，带动社会分工，当传统产业所依托的市场需求随着新兴产业的发展而逐渐走向衰落时，传统产业开始萎缩，新兴产业就逐步成为主导产业。产业结构就是在这种供需不断失衡又不断调整重归平衡的过程中，通过分工、规模经济逐步走向高级化，完成产业升级的过程。[①] 而在人类社会经历政治主导、经济主导之后，后工业社会更加强调文化的主导地位，文化消费催生了文化需求并在人类消费结构中占据更大比重和更高地位，文化也因此获得了在产业结构调整的重要地位，并和技术一起成为后工业社会中产业结构调整的两条主线。这也为文化产业的发展带来了外在的动力。



根据经济学相关理论，文化产业推动产业结构调整主要有渗透、转换和提升三种机制，其具体内容可见表4－2。可以说，正是在文化推动产业结构调整的过程中，促进了文化产业作为产业形态的最终形成。文化产业由渗透、转换进而提升传统产业，与整个城市经济发展融为一体，形成城市经济发展中的重要一极和新的产业形态，在这个过程中，文化产业无边界产业的特色也得以彰显。当然，现实的情况往往更加复杂，基于原产业结构形态的不同、发展的不平衡性等情况，其转型路径也各有不同，限于篇幅和结构的安排，这里就不详细展开了，但其总体趋势基本是如此的。

---

① 冯子标、焦斌龙：《大趋势——文化产业解构传统产业》，社会科学文献出版社2006年版，第23页。

表 4－2　文化产业推动产业结构升级机制

| 机制名称 | 具体内容 |
|---|---|
| 渗透机制 | 文化产业的发展促进文化元素渗透到传统产业的设计、生产、营销、品牌和经营管理等环节，从而改变传统产业的价值创造链条，使传统产业提供的产品更加富有文化含量、文化品位 |
| 转换机制 | 随着文化产业的发展，资源逐步从传统产业流入文化产业，并由此加剧传统产业之间的竞争，使传统产业融入更多的文化元素，从而促进传统产业的结构调整 |
| 提升机制 | 文化产业通过提升工业、服务业的文化含量与经济价值，提升整个社会经济的质量，进而促进经济增长方式的转变，提升机制是建立在渗透机制和转换机制基础之上的，它带来产业结构质的飞跃。在这一机制作用下，产业对文化的需求从简单的吸收、组合过渡为文化要素的挖掘与创造，文化成为传统产业动态比较优势、竞争优势的核心要素，并最终为文化产业形成主导产业奠定了基础 |

资料来源：根据冯子标、焦斌龙：《大趋势——文化产业解构传统产业》，社会科学文献出版社 2006 年版，第 25 页；焦斌龙、王建功：《文化产业解构传统产业：机制与路径》，载于《晋阳学刊》2009 年第 5 期，第 50～54 页；焦斌龙：《文化产业怎样推动产业结构调整》，载于《思想工作》2008 年第 1 期，第 20 页，综合整理。



具体考察西方城市更新发展的历史，可以清晰地发现，很多城市正是在 70 年代以后产业结构转型的过程中，发展起自身的文化产业的，而文化产业也在城市经济更新的过程中发挥着重要的作用。这方面最好的例子当首推纽约。

纽约是当之无愧的文化城市，其文化产业发达的程度使城市获得了举世公认的“世界文化之都”地位。然而事实上，虽然纽约城市文化一直都处于世界领先的地位，特别是 20 世纪 30 年代以来，一直都执西方文化发展之牛耳，但其真正确立世界文化产业发达城市地位则是在 70 年代以后。纽约最早是作为贸易港口城市发展起来的，随后逐渐转变为制造业城市。20 世纪 70 年代，美国制造业开始进入发展低谷，绝大多数制造业城市，像底特律、芝加哥、匹兹堡都衰落了，失业、犯罪丛生，城市开始衰败。纽约也不例外，然而从 70 年代中期一直到 80 年代早期，衰败只持续了短短不到 10 年时间，之后它就东山再起了，并作为一个强大的文化、金融和商业城市重获新生。正如城市经济学家爱德华·格拉泽所说：“所有的城市，即使是纽约，也要经历危机，这就好比一次重生，纽约当然渡过了 20 世纪 70 年代的这场难关，但波士顿、芝加哥、华盛顿等地的黑暗期就经历了30～50年，纽约只经历了不到10年……纽约几乎全身而退。”[①] 纽约城市更新成功最重要的原因之一就是它既能够利用文化在产业结构上重新改造自己，又能够在产业升级中发展出世界领先的文化产业，为城市发展提供不竭的动力。

20世纪70年代，全球的产业结构在科技革命的推动下发生历史性的变革，纽约市的经济结构变化主要表现为制造业衰退，70年代、80年代制造业就业人数各自减少了18.1万人、26.7万人，下降比例分别为19%和35%。[②] 其中损失最为惨重的就是纽约传统的服装制造业，在1950～1980年间共有20万人失业，占纽约制造业失业人口的1/5。[③] 作为支柱和主导产业，纽约制造业下滑，经济中其他部门的竞争力也在减弱。在纽约经济更新的过程中，文化艺术发挥了巨大作用，正如伊丽莎白·科瑞德所言，“纽约作为文化圣地，（文化）超越其他城市的真正的竞争力不只是缥缈的、美学上的”[④]。文化艺术不仅通过融合提升促进金融业、服务业等第三产业强势崛起，还提供真实的就业和财政收入，仅就劳动力市场中所占比例而言，艺术和文化在纽约成为继经营管理、专业性服务和金融之后的第四大雇主，标志着自身发展成为一个主导产业。文化产业在促进文化消费的过程中还带动了其他行业的发展，同时也为纽约成为世界文化产业之都奠定基础。文化在纽约不仅是一种意识范畴的东西，它还提供产品和设施吸引其他领域的专业人士和工人来到纽约，为文化创意阶层在城市集聚创造条件。因为他们需要在一个充满文化与活力的城市中生活和工作。弗兰克·奥哈拉曾经说过，“如果（纽约）没有方便的地铁、音像店或者其他让人生活愉快无忧的设施，我恐怕没有心情去欣赏一片绿叶的美”[⑤]。确实，这种人群和设施的密集、文化的多样性、城市的生机活力和怪诞的张力，是专属于纽约的特质，也是纽约文化产业在城市更新发展中造就的独特魅力。

---

① 伊丽莎白·科瑞德著：《创意城市：百年纽约的时尚、艺术与音乐》，陆香、丁硕瑞译，中信出版社2010年版，第58页。

② Masha Sinreich：New York：world city，Cambrige，1980，P. 42.

③ 丝奇雅·沙森著：《全球城市：纽约、伦敦、东京》，周振华等译，上海社会科学院出版社2001年版，第193页。

④⑤ 伊丽莎白·科瑞德著：《创意城市：百年纽约的时尚、艺术与音乐》，陆香、丁硕瑞译，中信出版社2010年版，第4、58页。

**2. 文化产业化——城市更新市场转向为文化产业发展提供内在动力**

20 世纪 70 年代以后西方城市更新发展在政策组织方式等领域的变革对文化发展也产生了较大的影响。一方面因失业和竞争引起的产业利润降低及社会成本的增加，使西方发达国家的政府面临前所未有的财政压力，导致公共开支和服务支出的削减，特别是在文化领域，大幅削减政府资助，造成文化艺术领域发展困难，被迫面向市场寻求发展；另一方面 70 年代末期以后保守主义政府上台之后多采用新自由主义政策，强调经济发展的市场导向，放松对文化的管制，这又为文化采取市场化运作创造条件。“文化产业化”过程大规模开始，文化产业因此获得了发展的内在动力。

20 世纪五六十年代西方的经济辉煌使政府有足够的财力去实现福利国家的梦想，对艺术生产和艺术参与进行政府支持的制度得以建立，城市更新 60 年代的转向也致力于关注社会发展问题，力图通过教育等举措解决社会问题，艺术教育作为教育的一个方面为政府所支持，一些大型的文化设施也得以建立，国家支持文化艺术事业的美好局面在五六十年代成为主流。然而好景不长，70 年代以后，经济危机的发生和整个国家陷入发展的困境让政府的文化艺术政策发生了转向。



一方面，国家和城市面临严重的财政危机，巨额赤字让政府确实无力支持文化艺术的全部开销，即使在纽约这种文化氛围浓厚的城市，市政府、州政府和联邦政府也都大幅度削减对文化机构的补助，因此，不论是主要文化机构还是小型文化机构都受到重创，一些非营利性剧院停业，而另一些则不得不减少演出量，与其他剧院合作演出，裁减员工。长期以来赖以生存的政府资助减少，再加上通货膨胀、经济不景气，艺术机构普遍面临资金短缺的问题，即使传统的私人、公司艺术赞助有所增加，仍不足以满足维持艺术团体的需要，这迫使艺术团体必须冒险进入商业世界。当时很多艺术机构和艺术家转向市场，自觉地将文化艺术作为产业来运作。在以营利目的投资零售商店、餐饮服务之后，使用更加先进的文化设施多用途开发技巧来运营其资源已成为必然。这是七八十年代美国大型文化艺术机构产业化开发的较早尝试，对参与方都产生收益：对于开发商而言，纳入文化设施能提升开发价值，提高场所感，为建筑注入活力，延长活动时间；对于文化机构而言，多用途开发能提供良好的区位，并可以接触潜在的赞助商，艺术与社区的关系得到加强，使获得更多社区参与和支持成为潜在可能。此外，文化机构越来越依赖于入场费、礼品商店的销售收入，艺术界资金筹集机制也更趋向市场化，博物馆举行的展览会规模更加宏大，高雅艺术在很多方面更像营利性文化产业了。过去与市场保持距离的艺术家被新收藏家追捧，这些艺术家开始与收藏家交往，以进一步了解客户的需要。年轻一代的艺术家希望和在世的一些老艺术家一样能挣钱，他们创建艺术工作室，雇用大批“助手”制作重要作品，无休止地重复同一风格，或者为了吸引批评家的注意而改换新风格。① 西方的文化艺术产业越来越成为“一项大生意”。

另一方面，文化观念的转变，特别是文化作为经济发展元素的地位得以确立，文化具有经济发展价值的观念使公众注意力开始更多地转向文化的功能意义，人们逐渐认识到文化产业是经济活力和社会转型的引擎，随后的几十年里这些观念得到继续发展，制定文化政策的产业动机已经被牢固的确立起来。② 这也从另一方面导致政府文化政策的市场化导向，并放松对文化的管制，实现从公共部门支配文化发展到私人部门支配文化发展的转变，这为文化采取市场化运作进一步创造了条件。虽然国家通过文化政策的方式保留了对文化变革的指导能力和管理能力，但由于预算削减、放松管制、私有化、去国有化和市场自由主义的发展趋势，很多私人部门日益认识到文化领域所蕴含的巨大商机。新的公司组织形式不仅是文化机构脱离国家控制的手段，而且成为文化产业化的重要标志。文化领域的私人投资已经成为文化产业发展的重要资本来源，房地产和金融业这样的投机行业成为文化机构资金的主要来源。拍卖行、艺术画廊、艺术博物馆、艺术品生产者以及众多的社会名流组成了一个庞大的产业网络，文化艺术自觉地进入产业发展的阶段。

艺术品市场繁荣印证了这一阶段文化产业的发展。在拍卖会上，尤其是纽约，艺术品拍卖的高价促使艺术成为有利可图的行业。1965 年，杰克逊 · 波洛克于 1946 年创作的一幅油画售价仅为 4.5 万美元，而到



① 莎朗 · 佐金著:《城市文化》，张廷佺、杨东霞、谈瀛洲译，上海教育出版社 2006 年版，第 123 页。

② 戴维 · 思罗斯比著:《经济学与文化》，王志标、张峥嵘译，中国人民大学出版社 2011 年版，第 157 页。

了1973年，安迪·沃霍尔的作品卖价超过10万美元，1986年，有人出价360万美元购买贾斯珀·约翰斯的《窗外》，1988年，杰克逊·波洛克的《寻找》售价竟高达484万美元，从1983年到1987年，拍卖收入增长了427%。[①] 拍卖会和围绕它们进行的宣传为雄心勃勃的艺术家开创了一种崭新的产业化发展模式。

岂止是艺术领域，几乎整个文化领域都进入了产业发展的新阶段。尽管文化产业化运作也有反对之声，如伦敦的维多利亚与阿尔伯特博物馆就被嘲讽为“可算是配有上等博物馆的一流咖啡馆”[②]，但文化产业化发展已经成为不可逆转的潮流。

### 4.2.3 城市更新的转向推动文化创意阶层作为社会核心阶层的地位确定

理查德·佛罗里达在《创意阶层的崛起》书中写道，某个重大的转型时期总是伴随着新兴经济阶层的崛起并逐步占据主导地位，当这些阶层中的人们能够齐心协力、汇聚在一起成为一个阶层的时候，他们就能成就惊天动地的伟大事业，他们帮助自己所处的社会成功渡过艰难的转型期，迎来了新的时代，他们也不时改善所有阶层的状况。[③] 以20世纪六七十年代及以后的历史来考量文化创意阶层的兴起发展及最终成为主导阶层的过程，不难发现佛罗里达这一论述的深刻。可以说，正是六七十年代的社会、经济、文化转型造就了文化创意阶层的兴起与成熟，他们也的确成就了伟大事业，使社会度过了后工业的转型，迎来了属于文化创意者的时代。如果说60年代还只是孕育着文化创意阶层的兴起和早期发展的话，那西方城市更新70年代之后在内容手段和政策机制等方面的新转向，无疑为文化创意阶层的真正崛起进一步提供了动力和保障。

20世纪70年代以后，西方城市更新进程发生了很多变化，单以



① 莎朗·佐金著：《城市文化》，张廷佺、杨东霞、谈瀛洲译，上海教育出版社2006年版，第145页。

② 托尼·朱特著：《战后欧洲史》，林骧华、唐敏等译，新星出版社2010年版，第712页。

③ 理查德·佛罗里达著：《创意阶层的崛起》，司徒爱琴译，中信出版社2010年版，第362页。

对文化创意阶层崛起作用而论，则在内容手段和政策机制方面的转向具有更重要的推动意义。具体来看，城市更新的内容从过去的较多关注城市物质和社会层面，更多地转向经济、社会、文化等综合层面，阁楼运动为代表的文化导向的城市更新方式广泛兴起，推动城市文化繁荣的同时，也对中产阶级等阶层产生了较大吸引力，引发了广泛的中产阶级“回城运动”，推动了城市文化产业的集聚与发展。更重要的是政府在法规政策方面对这种更新方式的认可更进一步推动了文化创意阶层社会地位的提升，早期的阁楼运动是文化艺术先锋者自发进行的城市更新活动，从某种意义上讲甚至是反抗政府大规模更新的方式，现在这种更新方式竟被政府认同并予以推广，这无疑意味着从主流社会层面认可了文化创意阶层这种生活方式。不仅是认可阁楼运动更新方式，西方政府在 80 年代以后，还主动将这种基于文化和生活方式导向的小规模更新方式进行移植，以更多元、更广泛、更扩大化的形式推动城市更新的进程。文化导向的城市更新方式就其本质而言，不过是 60 年代阁楼运动的升级，是基于阁楼式更新理念的更大范围内的应用，无论是文化旗舰设施导向的城市更新，还是文化事件导向的更新，包括现在最深入的文化产业区导向模式，其根本目的都是吸引文化阶层为代表的中产阶级分子，不同的只不过是具体手段的差异而已。在经历了漠视、怀疑、厌恶、封杀之后，政府和开发商开始对阁楼运动引领的城市更新鼓励与支持。阁楼运动及其所表达的新的文化和社会价值观念也即文化阶层的生活工作理念被主流社会所认同，成为新的文化产业时代的主流价值观，推动了文化创意阶层作为一个社会主流阶层的被认可。

市场是最好的证明。阁楼文化背后蕴含的阶层价值观被社会广泛认同可从阁楼模式的急速市场化得到证明。一批类似曼哈顿阁楼开发公司这样专门以阁楼模式进行物业建设的公司纷纷成立，而该公司在短短 6 年时间里利润和营业额经历了 9 倍的增长，说明了公众对这种生活模式的向往。阁楼生活风尚从苏荷传遍西方，并引发世界范围的追捧，阁楼从早期非法的反叛实践转变为一场真正的生活方式革新运动，进一步提升了文化创意阶层的社会地位。而很多衰败的建筑转变为艺术工作室和中产阶级住宅，成片的集聚，改变了很多城市的面貌，也带来了文化创意阶层集聚效应的产生与文化产业发展的繁荣。

佛罗里达推崇的奥斯汀和都柏林等文化创意人才集聚并作为社会主导阶层存在的城市，实际上大多是在文化导向的城市更新发展推动下造就的。如都柏林，这个被佛罗里达称为“运用多种策略构建创意社区的最佳例子”[①]，其起步正是从文化导向下更新禁庙区（也有资料音译为坦普尔吧）开始的，围绕构建体现历史真实感的高品质场所这一阁楼运动扩大化的理念，都柏林花大力气将其改建成原创文化区，如今，这里拥有林立的酒吧、餐厅、咖啡馆以及1000多栋住宅，新潮、多元、活力使这里集聚着大量的文化创意阶层人才，这种前瞻性的利用原创文化资产吸引人才和复兴经济的战略，产生了丰硕的成果。这种实践在世界范围内还有很多，其规模和具体手法也差异较大，但所有这些实践的成功，都昭示着文化创意阶层因其在社会生活工作方式引领作用和经济发展中的价值主导作用，已经成为一个主导文化产业时代的阶层。

### 4.2.4 城市更新范围视角的变化催生文化创意城市的发展理念与实践



20世纪70年代以来，特别是进入90年代以后，在政治多极化、文化多元化和经济全球化的格局下，国与国的竞争越来越激烈。随着经济结构的转型，城市在国家经济、社会结构体系中的地位越来越重要，国与国之间的竞争也在生产总值、国际贸易领域之外，更多地体现为城市之间的竞争。城市已经在一定程度上脱离了过去区域、国家层面下的概念范畴，而更多地进入到全球的城市网络中，所有的城市，不管是主动还是被动，都已被裹入全球化的洪流中，没有地域的概念，只有层级的不同。萨斯基娅·萨森在《全球城市》一书中认为全球城市是经济、政治和文化权力重合的地方，是全球化的制高点。而要占据这个制高点，主要靠城市的不断更新发展，这是必然的历史趋势，也是城市发展必须面对的现实。随着产业结构的升级转型带来全球范围内经济重组，世界城市体系和城市内部空间均发生巨大的重构和转型，城市间的竞争更多地在世界范围内进行，因而其城市更新发展、观察和解决问题的视

---

① 理查德·佛罗里达著：《创意阶层的崛起》，司徒爱琴译，中信出版社2010年版，第347页。

角也必须放在区域、全球等更大的层面。城市的发展焦点开始从内向型转向外向型，并且将城市工作重点转向充分挖掘城市在地区、国家乃至在国际经济中的发展潜力，全面的城市发展战略将决定城市能否在国际竞争中取胜。因此在旧制造业中心城市后工业化转型以及全球产业经济服务化和文化创意产业崛起条件下，以提高大都市中心区经济活力与多样性，进而吸引全球范围文化创意阶层集聚的一系列城市策略就构成了西方国家城市更新的主要内容。[①] 此外，70 年代以后城市更新的组织机制也更多地体现竞争的内涵。“欧洲文化首都”项目使欧洲城市必须在欧洲层面展开竞争，“城市挑战”项目使城市必须在区域和国家内部与众多城市竞争。这些都使城市必须直面挑战，自觉地把自身的更新发展融入到全球化背景下城市竞争加剧的现实中。

在这个城市面临越来越大竞争压力的时代，如何利用城市自身发展的比较优势，在国际竞争中脱颖而出也就成为城市能否进一步发展的核心问题。芒福德说城市是文化的容器，文化和经济是城市竞争力的根源。在经济全球化、一体化愈演愈烈的情况下，内生的文化元素就成为城市发展最重要的比较优势。美国历史学家戴维·兰德斯曾经断言：“如果说我们能从经济发展史学到什么东西，那就是文化会使局面完全不一样”[②]。在日益全球化的今天，如查尔斯·兰德利在《创意城市》中指出的那样，“单靠科学方法的逻辑已经无法解决城市发展的问题”，“如果继续秉持单一的技术逻辑，忽视城市内在的文化底蕴，会加剧城市发展的同质化现象，逐渐失去自身的生命力和竞争力。每个城市都有自己独特的文化资源，这种资源区别于其他资源的重要特征就在于它的独一无二，如果利用得当，便可以成功塑造城市形象，激发城市活力与创意”。[③] 兰德利还进一步指出，正是文化使每个地方都显得与众不同，为城市发展提供温床、基础、原料和资源的，正是文化的独特性和各城市的特质，这些文化差异不仅重要，而且也为城市增添了价值。任何文化传统或特殊技艺都能转换为带有附加值的资产，进而转化



① 严若谷、周素红、闫小培：《城市更新之研究》，载于《地理科学进展》2011 年第 8 期，第 947 ~ 955 页。

② 戴维·兰德斯著：《国富国穷》，门洪华译，新华出版社 2001 年版，第 732 页。

③ 查尔斯·兰德利著：《创意城市：如何打造都市创意生活圈》，杨幼兰译，清华大学出版社 2009 年版，第 112 页。

为经济优势。

在这个多元的全球化时代，资本、人才等要素在全球范围内流动，国际游资在世界范围内追逐最有文化创意的项目，文化创意阶层也在全球范围内寻找最适合其发展的城市空间，正如佛罗里达一直宣扬的那样，当代社会，已不是人才被动的适应企业，而是企业主动追随人才的流动，总部经济的发展使得企业可以在很短时间内完成从一个城市向另一个城市的迁徙，只因为那个城市有更多的文化创意人才的集聚。最有前景的项目依赖于最具文化创意的人才，文化创意人才总是选择创意社区作为他们的聚居地，因此，当今世界城市发展的格局是：找资金不如找项目，找项目不如找人才，而找人才的最好办法就是打造适合文化创意人才和文化创意产业的土壤——即文化创意城市。[①]

资金与技术主宰世界经济的时代已成过去，城市更新发展的转向和现实需要使打造文化创意城市的全新发展理念成为当代城市更新和文化产业发展的主流。当代城市正在成为培育和推进文化产业的基地，今天我们已经无法离开城市谈论文化产业了。可以说文化创意城市的发展理念来源于城市更新发展的实践，并将最终成为城市更新发展的更高目标。



城市更新范围视角的变化催生文化创意城市的发展理念与实践。霍斯珀斯认为一些处于危机、冲突和混沌时期的城市能带来极大的创意。因此非稳定状态是引发创意不可或缺的基本因素。[②] 西方很多城市研究者也指出“非稳定状态”对文化创意城市形成的重要性。霍尔在《城市的文明》中通过对历史上的一些著名城市进行研究发现处于急剧的经济和社会变革中的城市往往更容易成就创意城市。兰德利在《创意城市》中提出，靠城市竞争造成的新型结构不稳定会促进创意城市的形成。在一个超稳定的结构中人们容易产生惰性，环境运作本身需要创造“既成事实”和“理想状态”的不平衡，以形成新的观念，催生文化创意。城市更新恰恰契合这一理论，因而可以说，城市更新的进程推动了文化创意城市的形成和发展。实践也的确如此，很

① 诸大建、王红兵：《构建创意城市——21 世纪上海城市发展的核心价值》，载于《城市规划学刊》2007 年第 3 期，第 20 ~24 页。

② Hospers, G. J. Creative Cities in Europe: Urban Competiveness in the Knowledge Economy. Intereconomic. 2003, 38 (5), pp. 260 -269.

多城市正是在 70 年代以后的城市更新进程中，发展起自己的文化创意产业的，并通过不懈地努力，最终成为著名的文化创意城市的。如西班牙的毕尔巴鄂，在面临产业结构调整、城市陷入衰退深渊的情况下，通过文化导向的一系列城市更新举措，特别是通过建设古根海姆博物馆毕尔巴鄂分馆，发展文化产业，实现城市的复兴，成为世界知名的文化城市。

# 第5章　西方城市更新及文化产业发展实践对中国的启示

西方城市更新实践自第二次世界大战后，经历了半个多世纪的发展，取得了显著的成效。通过城市更新活动，西方城市大多战胜了发展过程中的多种挑战，解决了一系列困扰城市发展的问题。通过发展服务业特别是信息技术产业、文化创意产业等高端产业实现了城市产业结构升级调整，完成了从生产城市向消费城市的转变，在后工业社会中取得了发展的先机；以人为本的更新理念使西方城市更新较为重视社会发展问题，在解决城市阶层分化、收入差距扩大等社会矛盾方面取得了较好的效果；可持续发展理念深入人心，对城市物质空间环境、历史文化环境等方面进行了较好地处理，城市空间环境有了显著地改善。更重要的是，在西方城市更新的进程中，解决了城市文化产业发展的众多障碍，文化产业获得了难得的发展机遇，通过政府与市场的推动，文化产业最终在西方城市社会、经济、文化层面确立了自身的地位，成为城市经济发展的主导产业，社会问题的平衡器，文化繁荣的孵化器，并通过自身的发展，进一步推动城市更新的发展，二者之间形成了良性的互动循环。城市是人类文明的结晶，其发展往往具有超越社会、阶级的一般共性规律，因此，西方城市这些经验是值得我们学习借鉴的。

当然，我国城市更新有自身的独特性。无论是城市所处发展阶段还是面临的具体更新问题，都和西方发达城市有着较大的差异。西方城市几百年的发展历程在我国则浓缩为几十年的发展，西方城市历时性的发展在我国则更多地体现为共时性的特征，其众多发展阶段累积的不同问题在我国当前一个阶段内集中涌现，使我国城市更新面临更大的挑战。因此对于西方城市更新经验，我们要有选择的借鉴。当然，这也从一个侧面给我们提供了跨越发展的机会，针对西方多年前走过的曲折道路，我们完全可以立足实际，跨过一些已经被西方实践证明失败的路径，扬长避短，走出适合我国城市更新发展的道路。同时，西方利用城市更新的机遇发展文化产业的经验，对于我们正处于起步阶段的文化产业发展实践来说，具有更现实的借鉴意义，其业已成功的探索都是我们应该在实践中关注、学习的。

可喜的是，目前我国城市更新和文化产业发展进程中，已经涌现出很多成功的案例，这些城市借鉴发达国家城市经验，通过城市更新创造机遇发展文化产业，又进一步通过文化产业发展推动城市更新进程，使城市更新和文化产业发展实现了良好的互动，取得了明显的效果。山东省枣庄市台儿庄区的实践在这方面较为突出，我们后面将结合其具体实践经验，详细探讨如何在中国城市借鉴西方发达城市经验，实现城市更新与文化产业发展的良性互动。

## 5.1　我国当前城市更新的概况



### 5.1.1　我国城市更新的阶段

严格来讲，中国没有出现类似西方“城市更新”这样的专有名词[①]，实践中也没有专门的针对“城市更新”的大规模实践，更没有形成完整的一套政策体系，而是更多地表现为对城市发展中出现的特定问题的具体应对和解决，如旧城改造、棚户区改造、老工业区产业结构调整等。但这些实践或多或少都具有城市更新的性质，因此，从学理研究的角度，我们都将其视为中国城市更新的特定实践。

据此，中国城市更新的起步可以回溯至中华人民共和国成立初期，长期的战争造成了城市环境凋敝，治理城市环境和改善居住条件成为当时城市建设发展中最为重要的中心工作，当时政府针对这一情况对一些环境恶劣、问题严重的城市区域进行了改造，如北京的龙须沟、上海的棚户区、南京的秦淮河和南昌的八一大道改造等就是当时的代表。[②] 但

① 2019 年 12 月，中央经济工作会议才从国家层面首次强调了“城市更新”这一概念。

② 阳建强、吴明伟：《现代城市更新》，东南大学出版社 1999 年版，第 21 页。

这些更新活动大多局限于特定城市的特定区域，因此只能算是中国城市更新的早期探索，并不具有普遍的意义。此后由于特殊的政治、社会原因，中国城市更新发展进程几乎陷于停滞。

中国真正意义的城市更新是伴随着改革开放40多年来的城市化进程开展的，随着城市化、工业化进程开始加速，带动现代的城市建设启动，同时经济结构发展变化显性化，社会结构也开始全方位深刻变革，这40多年几乎是重新建构了中国城市的物质空间和人文空间。根据策略和任务不同，大致可以将其分为三个阶段。

第一个阶段，改革开放以后，从20世纪80年代开始，中国的现代城市更新开始启动，开启城市更新的第一阶段（八九十年代初）。此阶段我国经济迅猛发展，城市建设加速推进，但传统老城区的建筑质量和环境条件已无法适应城市经济快速发展和居民生活水平逐渐提高的要求，特别是长期积欠的住房建设严重滞后，突出表现为住房短缺，因此，解决住房问题成为此阶段城市更新的突破口。此时我国提出了“一个转移、一个为主、四个结合”的方针，以危旧房改造为主，旧城更新以空前的规模与速度展开，仅以北京为例，在10年间，全市就新建住宅4400多万平方米，人均居住面积从4.55平方米增加到6.82平方米。但由于管理体制和经济条件的限制，旧城更新主要实行填空补实，同时由于保护城市环境和历史文化遗产观念淡漠，造成了更新过程中对生态环境和历史文化遗产的破坏。[①] 这一阶段主要是物质环境更新为主导的城市更新阶段。

第二个阶段，20世纪90年代以后，随着我国社会主义市场经济体制的逐步完善，土地批租制度带来的土地有偿使用原则确立，住房制度改革造就的商品房市场的蓬勃发展，第三产业的兴起等因素推动城市更新更是以空前的规模和速度展开，城市更新进入第二个阶段。大规模的新区建设带来的城市建成面积的扩张曾有效地缓和了旧城面临的各种压力和矛盾，但随着城市新区可供开发的用地越来越少，旧区基于传统商业繁荣和地理位置的稀缺，成为开发商眼中的黄金地段，在这种内、外因的共同作用下，旧城改造获得了强劲动力，推动城市更新进入新的发展阶段。本阶段最突出的特征是城市更新由“投入型”转向“产业

① 阳建强、吴明伟：《现代城市更新》，东南大学出版社1999年版，第22页。

型”，这主要得益于城市整体经济实力的增长和房地产市场的推动，特别是住房产业化为城市更新改造提供了强劲动力，地产导向的城市更新模式在这一阶段基本成为主流。这段时期城市更新出现投资渠道多样化、决策多元化、规划控制法制化等特点。然而，由于我国市场机制不健全，城市发展机制和社会意识还存在明显缺陷和不足，城市政府决策、企业经营行为和市民自主选择行为相互作用产生了一系列的社会和城市问题，如城市住房紧张、环境恶化、社会分化与空间分异、商业设施过度开发、历史街区成片清除等问题广泛存在，导致城市空间网络结构被严重破坏，城市文脉湮灭、个性消逝、千城一面等很多深层次的问题。同时，因拆迁而引发的各类矛盾、冲突、群体性事件时有发生，甚至演变为被拆迁人自焚、当事人与拆迁方暴力对峙等极端事件，对社会产生了严重的不良影响。

第三个阶段，21 世纪以来，我国市场经济体制更趋成熟，政府管理体制进行了深化改革，基本完成了从计划时期政府向市场经济政府职能的转变，对城市更新的认知有了进一步提高。同时随着全球化和城市化进程的加快，面临国际政治、经济新的形势，使得一些地区在城市更新思路和方式方面有了进一步的提升，一些先进城市运用市场化手段“经营城市”，在城市有机更新的实践中逐步实现综合竞争力的提升，而社会民主进程也进一步推动了公众参与到城市更新中来的实践。此外，这一阶段还有一个显著的转变就是文化导向型城市更新方式的兴起。这是城市经济社会发展的必然结果，随着产业结构调整升级的深化，特别是很多过去的老工业、资源城市面临转型的压力，迫使城市更新进入产业结构调整等经济层面的深入更新阶段，文化产业的兴起成为此间城市经济发展的最大亮点，并成功地推动城市经济更新的进程，同时也为社会、文化等其他问题的解决提供了思路。而随着上海新天地、田子坊、北京 798 等一些文化产业集聚区的自发更新实践的成功，不仅保留了城市历史风貌，降低了城市更新成本，提升城市品位，也符合世界城市更新发展趋势，这些成功实践进一步开阔了中国城市更新的视野，文化导向型的城市更新因此获得了广泛的社会认可，成为当今中国城市更新领域较受推崇的更新模式，也推动着中国文化产业的发展，并为中国城市更新从“经营城市”向“打造文化创意城市”发展提供了路径支持，引领着城市更新的发展方向。

### 5.1.2 我国城市更新与西方的差异

城市发展具有一定的共性规律，中西方城市在几千年的发展历程中都经历了一些相同的阶段，如城市都经历了从政治、军事城市向经济、社会城市转化的过程等。城市更新的历程东西方也有一定的相似之处，如其关注的内容都包括对空间布局调整、居住条件改良、交通问题解决、环境污染治理、基础设施完善等内容。但是由于城市发展阶段历程及所处的社会经济背景的不同，我国城市更新在动因、具体方式方法上和西方相比有着较大的差异。借鉴西方城市更新经验教训，必须立足具体实践，了解中西方城市更新进程中的本质差异，才能更好地为我所用，不注意这些，盲目照搬西方的东西，亦步亦趋地跟着西方脚步走，将会对我们的更新实践产生不良的影响。事实上，我们很多城市正在走西方城市 20 世纪 70 年代以前所经历的业已被证明失败的“推倒重建”的城市物质更新之路，已经产生了严重的问题，这些都进一步说明了解中西方城市更新差异的必要性和重要性。



中西方城市更新最大的差异在于更新背景和任务的不同。西方城市更新在早期针对战争破坏和住房紧张的问题进行物质重建之后，很快就进入了解决城市内城地区发展衰败问题的更新实践中，对内城问题的解决成为此后至今西方城市更新的主要任务。而造成内城衰败的原因是多方面的，不仅是物质层面的问题，更多的是经济社会发展层面的问题，这就使西方城市更新活动更多的具有综合性、整体性的特征，力图从经济、社会、文化、物质环境等多个层面一揽子解决城市中心内城衰退，复兴城市经济和社会活力。而我国城市更新直到今天，其中心工作仍是对城市发展进程中物质衰败的补偿，基础设施落后、布局混乱、居住环境恶劣等问题突出，使得住房问题等物质层面更新仍是城市更新工作的重心，特别是中国城市更新进程中独有的“城中村”现象，进一步凸显了我国与西方城市更新的差异。从更本质的角度上讲，这是中西方城市化发展进程差异带来的更新任务的差异。西方城市更新是在城市化高度发达情况下进行的，在经历近 200 多年的产业革命发展之后，西方城市化率平均在 80% 以上，城市化基本走完兴起、发展和成熟历程，进入自我完善阶段。[①] 西方城市更新从整体上看是一种城市自我完善提高的过程，是针对后工业化阶段城市发展过度郊区化现象而采取的应对措施。过度郊区化是西方特有的城市发展问题，主要是指二战以后西方大城市中心区人口和工业外迁至城市郊区，致使城市中心区相对衰落的一种城市发展现象，从本质上讲是一种“逆城市化”现象。在城市过度郊区化背景下，城市面临的不再是增长和发展的压力，而是城市空间区域协调发展的问题，是解决经济发展结构性变化所带来人口、工作等分布问题，西方城市大多希望通过城市更新，力图实现“再城市化”的目的，更简单地讲，西方城市更新不是解决城市基本的发展的问题，而是解决如何更好、更协调发展的问题。中国城市更新的总体背景则是城市化、工业化正处于加速发展时期。由于我国产业革命进程较为滞后，真正意义上的产业革命是在20世纪70年代末80年代初才开始的，但同时发展速度较快，我们用了不到30年的时间几乎完成了西方200多年的进程，西方历时性的进程在我国则表现为共时性的特征，这就使我国城市更新处于极度复杂的背景之下，我们的城市普遍交织着结构性衰退、功能型衰退和物质性老化等多种问题，特别是城市中心区产业发展要素仍高度集聚，商业、文化等社会经济活动仍十分活跃，不存在西方所谓的内城衰退问题，因此，我国城市更新的任务仍集中在疏解中心区人口和第二产业，进一步提高城市产业结构层级、改善物质景观和人居环境等发展层面。我们的城市发展目前仍处在成长阶段，城市更新重点还是以物质层面为主，特别是对土地价值的追逐，仍是我们无法回避的问题。当前一些先进城市已逐渐认识到这一问题，部分有条件的城市开始强调城市化的“质变”，强调城市自我有机更新机制的形成，表现为在城市空间得到一定扩展后，通过优化城市空间结构、提升城市环境、强调城市文化等手段，逐步实现城市的“质变”、综合竞争力的增强，取得了不错的效果。[②] 这些都说明宏观背景的差异决定了我们和西方城市更新的阶段性差别，近期伴随着我国城市化进程的加快和对城市化内涵提升的强调，城市需要随着现实的变化采取更有针对性的更新措施，在我们学习借鉴西方经验时，尤须特别注意区分阶段差异。



---

① 阳建强、吴明伟：《现代城市更新》，东南大学出版社1999年版，第141页。

② 李建波、张京祥：《中西方城市更新演化比较研究》，载于《城市问题》2003年第5期，第49、68~71页。

由于任务和背景的不同，同时也基于社会经济环境的差异，进一步造成中西方更新组织形式和操作手段层面也有具体的不同。西方国家的城市发展基本处于完全市场经济环境下，形成了富有弹性、相对较稳定的城市社会经济空间结构，其城市更新在20世纪70年代之后进行了转向，市场主导的渐进式、文化导向的更新让西方城市基本摆脱危机，走上良性的发展轨道。而我国，计划经济体制惯性影响下，城市发展几乎在纯政府力推动下完成，城市发展的内力作用受到一定程度的限制和忽视。即使在土地使用制度改革之后，基于土地资源的稀缺性，政府仍然对一级土地市场具有不可撼动的掌控力，甚至催生了土地财政的现象，城市更新自身市场调节机制弱化甚至缺失现象依旧严重。城市发展仍有着明显的行政、计划的痕迹，城市空间生长表现出工业主导下的平面扩散，形成相互分割的城市“子空间”。[①] 随着近些年市场经济体制的日益成熟，中国城市更新逐渐由单一目标走向多元目标，由“政府主导逐渐向社会、城市发展理性需要的功能主导”转变。但是需要注意的是由于制度惯性，历史形成的城市空间结构，在当前社会经济环境中需要有一个调整的磨合期。这些情况下对西方城市更新经验的借鉴在具体内容、方式、力度等方面都需要有所选择。



此外，由于社会民主发展进程不同及文化等方面的差异，中西方城市社会生活参与氛围和机制也有较大差别。西方早期城市更新在20世纪五六十年代曾遭到社会公众的普遍抵制，一些公共知识分子如简·雅各布斯等人带领弱势群体进行了艰苦而卓有成效的抵制更新运动，迫使政府对城市更新进行了修正和转向，人本主义思潮广泛兴起，70年代以后，公共参与的规划思想开始被广泛接受，对城市更新政策有较大的影响，这一时期出现了由社区内部自发产生的“自愿式更新”，通过居民协商，努力维护邻里和原有的生活方式，并利用法律同政府和房地产商进行谈判，维护自身合法利益，实践业已证明这是一种较成功的城市更新组织方式。而我国城市更新进程中“社会参与”长期受到忽视。虽然近些年来，随着政府管理体制的改革，城市更新中“正通过公示、专家论证等各种制度逐渐体现公众参与”，但和西方普遍的大规模的群众参与相比，我们仍有较大的差距，也导致城市居民维护自身合法权益

---

① 李建波、张京祥：《中西方城市更新演化比较研究》，载于《城市问题》2003年第5期，第49、68~71页。

的手段部分呈现出极端化的趋向，这些都需要我们在借鉴西方更新经验时多加注意，并通过切实手段推动城市更新民主化进程，保障各利益方合法权益，协调寻求效益最优化。

## 5.2　西方城市更新及其影响下文化产业发展对我国的启示

尽管由于社会背景和发展阶段的不同，导致我国和西方城市更新存在着一些差异，但西方城市更新改造政策演变过程中的经验和教训，特别是其对西方文化产业发展的影响和推动，对中国城市更新改造政策框架的完善和结合城市更新推动文化产业发展等实践仍有着非常重要的借鉴意义，对我国当前城市更新进程和文化产业发展实践也有很多重要的启示，只有了解更多他人已经经历过的成功和失败，才能对自己仍在进行的实践有更好的指导，避免多走弯路。

考察西方城市更新和文化产业半个多世纪的发展历程，特别是20世纪70年代以后的发展转向，我们最大的启示就是城市更新进程可以而且有必要和发展城市文化产业结合起来，推动彼此的发展。除了这一根本启示之外，西方城市更新和文化产业发展的历程还在一些具体层面对我国当前的发展实践具有较好的借鉴价值。如在城市更新内容手段与文化产业发展结合、更新发展中政府作用发挥、更新推动文化消费对文化产业发展的启动作用等具体实践上，西方城市发展都为我们提供了很好的启示。

当然，从某种程度上讲，中国城市更新和文化产业发展所面临的任务，较之西方发达国家城市情况要更为复杂和严峻，在进入新的阶段之后，城市发展交织着结构性衰退、功能性衰退和物质性老化等多种问题，和城市化快速推进的趋势形成强烈反差，造成了很多棘手的经济和社会问题。这就决定了我们在研究借鉴西方国家城市相关理论和经验的同时，更需要针对我国的具体情况，探索出一条适合中国特色的发展路径。

### 5.2.1　西方相关实践带给中国的根本启示

城市更新为文化产业发展提供了条件，不仅直接推动文化基础设施建设、加大对文化艺术事业扶持力度、促进文化遗产保护事业等具体文化产业行业发展等，而且通过城市产业结构升级、社会结构变革、消费结构调整等一系列举措间接带动文化消费兴旺、文化经济繁荣、文化创意阶层兴起，使城市进入打造文化创意城市的全新发展时代，推动了整体性文化产业的发展。可以说，当今的时代，城市更新推动下的文化产业发展已经成为城市发展的主要内容。这对我国而言，有着更为深刻的现实意义。关于这一点，范宇和姚士谋有过深刻的论述，“我国工业化时代的城市更新任务并未彻底完结，但在继续推进工业化的同时，知识经济（文化产业）的影响已不能忽视。如果城市更新仅以工业化时代的城市形态和结构要求为标准，那就是在走发达国家城市建设的弯路……我国城市更新的后发优势在于吸取发达国家工业化城市的经验与教训，有效地避免工业化城市‘综合征’的出现，并及时根据文化产业时代对城市发展的要求，使我国城市采取高起点、跳跃式发展的跨越战略”①。强调城市更新与文化产业的结合可以在推进我国城市的现代化发展的同时，面向全球城市竞争，真正融入到世界经济一体化发展的洪流之中，避免一直处在追赶地位，从而实现与世界城市的同步发展。



城市更新可以促进文化产业发展，这是已经被西方城市和文化产业发展实践所证明的。事实上，正如本书第 3、第 4 章所论述的那样，无论是早期文化产业的萌芽还是 20 世纪 70 年代以后文化产业在城市社会经济生活中日益关键的发展，都离不开城市更新进程的推动，可以毫不夸张地说，西方城市更新发展的历史造就了文化产业波澜壮阔的发展进程。分析西方城市文化产业的历史，不难发现在其发展进程中的每一个关键节点，都有城市更新推动的影子。文化产业发展和城市更新带来的机遇密不可分，文化产业的发展同城市的发展结合在一起，形成了一种相互依赖的共生关系。

文化产业在城市经济社会文化生活中的地位，是随着西方城市更新进程日益关注城市的持续增长和伴随增长而产生的经济、社会和环境等一系列问题逐渐确立的。在 20 世纪 70 年代之前的 30 年里，随着西方城市更新的开展和由此引发的广泛的社会参与，促进了文化产业早期的起步和发展。城市更新直接推动了文化遗产保护和文化艺术事业发展，

① 范宇、姚士谋：《知识经济与中国城市更新》，载于《地域研究与开发》2003 年第 2 期，第 40 ~ 43 页。

并通过自身发展间接带动、解决了文化产业早期发展中面临的一些难题，如通过消解精英文化与大众文化的差异，解决了大众文化发展的道德困境问题，极大地推动了文化产业的发展；通过促进经济发展和消费转型推动了文化消费繁荣，促进了文化产业发展；城市更新引发的一系列社会运动还进一步促进了文化创意阶层的早期萌芽。这些都对文化产业的早期发展有着较为重要的意义。而在 70 年代之后，城市更新带动下社会对文化的本质认识更进一步，已经演变为更注重为城市文化发展带来经济潜力这样偏向实际的观念：最大化文化在收入和就业方面对本地经济所产生的经济回报，提升城市作为充满活力的经济中心的“形象”，在衰退城区的社会再造与物质再造中把文化作为一种积极的经济力量。这就使文化在城市发展中的作用更加重要，当人们把注意力开始更多地转向文化的功能意义之后，人们也就更加认识到文化产业是经济活力和社会转型的引擎。对文化经济价值的强调，将文化作为一种资本投入到生产过程中此时已经成为人们的普遍共识，这在推动城市更新进程的同时，也为文化产业发展奠定了坚实的基础。无论是文化产业主导产业地位的确立还是文化创意阶层的形成，抑或是文化创意城市成为城市发展的终极目标，这些都是城市更新发展转向背景下的结果。



考查西方国家城市文化产业发展的具体历史，也可以清楚地发现，西方文化产业在 20 世纪 70 年代之后进入发展的快车道，正是得益于西方城市更新的转向，得益于国家和城市将其作为推动城市更新走向深入的战略新兴产业。西方文化产业较为发达的城市，往往是更新进程较为深入的城市，如美国的纽约、英国的伦敦等，这些城市在国际上的知名度与其发达的文化产业紧密联系在一起，文化产业已成为城市的重要标志。

当前中国正处于城市化进程加速时期，城市发展迎来黄金时期，城市更新对于城市发展的重要意义得以凸显，它在改善城市物质环境和社会环境，促进经济结构调整和用地结构调整，延续城市文脉等方面具有重要的实践意义，成为新的时期城市开发建设的重要组成部分。目前，我国城市更新改造已呈铺开之势，并根据城市发展的不同情况体现出不同的更新阶段特征。在东部地区城市更新已进入深入发展阶段，而中西部地区则方兴未艾。一些地区通过改造，改善了城市内部特别是旧城区的物质环境，实现了城市经济结构的调整，发展了城市，也为文化产业的发展创造了条件，推动并加速了城市文化产业的发展。

另外，在貌似红火的更新场面下，由于特殊的社会背景和长期以来城市发展积累的深层矛盾导致我国城市更新还存在一些较为突出的问题，如城市历史肌理的破坏，传统文化特色的丧失，改造资金的缺乏、原居民利益受损等问题。从某种程度上讲，我们的城市更新还在走西方城市更新已经走过的很多弯路。而借鉴西方经验，实现城市更新的理念和方式转向，也必将为我国城市文化产业的发展提供更多的机遇。

因此，学习借鉴西方城市更新推动文化产业发展的经验，将城市更新和文化产业发展结合起来，推动我们自己的城市更新和文化产业发展进程，成为我们考察西方经验最根本的启示。

### 5.2.2 西方相关实践带给中国的具体启示

除了根本性的启示之外，考察西方城市更新推动文化产业发展的历史进程，结合中国当前城市更新和文化产业发展中存在的一些实际问题，我们还可得到一些具体的启示。具体包括以下三个方面：



**1. 城市更新中注重文化遗产的保护——文化产业发展的资源基础**

中国长期以来思想中一直存在着所谓“革故鼎新”的观念，反映在城市发展领域则突出表现在对历史文化遗产的漠视。特别在城市更新发展进程中，存在着将城市更新和历史文化遗产保护绝对对立起来的观念。我国是一个历史悠久的文明古国，很多城市都延续了上千年的发展历史，拥有极富文化价值的历史街区和传统建筑，这些本应该成为城市发展文化产业的宝贵财富，但很多地方政府领导历史文化保护意识淡薄，片面认为保护遗产会阻碍城市发展，他们眼中的城市更新就是通过大规模建设改变城市物质空间环境，促进经济发展，带动社会进步，从而忽视历史文化遗产和城市特色的保护。这在我国城市更新的早期阶段几乎是普遍的现象，在旧城更新的过程中，常常造成“建设性”破坏，导致城市历史风貌和特色的丧失，这和西方早期城市更新大拆大建如出一辙。如果早期城市更新实践中对遗产的破坏还是由于我国城市管理机制和程序上的缺陷，以及历史文化遗产保护法律法规尚不健全的问题[①]，那么随着“历史文化名城制度”的确立，我国开始形成文物古建和历史文化名城的双层保护制度体系，并提出“历史文化区”概念作为补充之后，知法犯法，现实中历史街区的破坏现象依然普遍存在，则足以发人深思。[②] 这种片面强调经济发展，缺乏对城市文化连续性的把握，任由历史古迹风貌在“城市更新”的巨大旗号下湮灭的行为完全是一种短视行为，不仅没有意识到文化遗产的历史文化价值，更没有意识到其背后潜在的社会经济价值，不仅丧失了城市发展的底蕴，还失去了利用文化遗产资源带动城市文化产业发展的机遇。今天很多城市出于发展经济的目的是对早期毁于城市更新的历史文化遗产进行恢复重建，完全是咎由自取，也是掩耳盗铃的行径，这种丧失了原真性的假文物已经完全没有任何遗产保护意义上的价值。

除了这种简单粗暴的直接破坏历史文化遗产的行为之外，在中国城市更新实践中还存在着对历史文化遗产的过度开发问题，过于强调商业效益和旅游业的开发，使历史文化遗产成为旅游经济的附庸，破坏了原有城市历史文化遗产的历史氛围和场所精神。如一些古城的过度商业化开发，特别是在一些江南的古城、古镇商业过度入驻导致原有静谧的小城氛围的消逝等弊端，都对城市更新发展产生了不良影响。而在另外一些城市，盲目复古，导致质量低下的“假古董”大行其道，如一些城市修建所谓汉街、唐城等复古街区，粗制滥造，形成对真正传统文化的间接破坏。这些做法都使城市长期历史中形成的文化传统和多样性遭到严重破坏，城市自然生长的肌理被割裂，在城市更新的进程中，城市与历史的联系荡然无存，城市失去了发展文化产业的资源基础。城市是文化的容器，历史文化是城市可持续发展的基础，历史文化遗产是城市更新进程中的宝贵资源，对城市发展文化产业具有重要的意义。在城市竞争日益激烈的背景下，历史文化元素是城市张扬个性、直面竞争的重要比较优势来源。因此辩证处理保护与更新的关系，是我国城市更新发展最需要直面的问题，也是推动城市文化产业发展的重要基础。

在世界范围内针对城市历史建筑和历史风貌区的保护和更新，都曾



---

① 1982年的《中华人民共和国文物保护法》及1992年的《文物保护法细则》等只局限于重点文物单位的实体环境保护和修复，缺乏对街区的整体风貌和空间格局的重视。

② 刘琮晓、何力宇：《城市更新中历史街区的保护与发展》，载于《中外建筑》2005年第6期，第59～62页。

是一道难题。西方早期城市更新过程中大规模推倒重建的物质更新招致了持续批判，推动城市更新向综合复兴转向，对历史文化遗产的保护性利用开启了文化遗产保护的新局面，也推动了文化产业的发展，这点尤其值得我们借鉴。如伯明翰 Soho House 历史街区的保护性改造就是很好的例子，其通过在修复历史街区的基础上进一步丰富文化内容，使之成为一项遗产旅游产品，进而使这个工业革命时期遗留下来的衰败和贫困区域，成为了解工业革命历史的重要文化旅游区，同时通过对文化产业的扶持，通过文化导向的城市更新设计把文化因素融入城市发展，一方面，使整个城市呈现出浓郁的艺术文化气息，一扫过去“大工厂”的沉闷形象；另一方面，促进了伯明翰经济顺利转型，使伯明翰的商务旅游，会展和观光经济因为文化因素而得到发展，文化创意产业和现代服务业相互促进，共同发展，形成多元经济基础，不仅使该地区恢复了新的活力和吸引力，还极大地推动了城市文化产业的发展。①

国内城市更新注重文化遗产保护进而带动文化产业发展自“上海新天地”以后，也日渐增多，蔚然成为一种潮流。如北京 798 工厂、上海苏州河沿岸仓库发展成为文化创意工厂，台湾台北酒厂发展成华山艺文特区，此外还有上海泰康路艺术街、青岛市南区创意 100 等，不胜枚举。这些曾经不起眼的旧工厂、历史街区，现在已经成为文化创意产业发展的“点睛之笔”，原来的车间仓库、历史建筑已经被艺术家们的趣味点化。这些以创意设计为核心的企业，集聚在一起，形成了完整的产业链，餐饮、服务业等商业产业及其他文化娱乐产业紧随其后，带动了整个区域旅游、房地产等行业的联动发展。西安曲江新区的建设以及大明宫遗址的整体保护与开发则走出了具有中国特色大遗址保护更新之路。大明宫大遗址保护规划中，在努力做好遗址核心区域绝对保护的基础上，围绕大唐文化内核，在遗址周边大力发展文化创意产业园区，体现了将大遗址保护与发展文化创意产业较好结合的思路，带动了西安城市更新和文化产业发展，取得较好的效果。

### 2. 强调文化导向的城市更新——文化产业发展的动力机遇

我国多年以来的城市更新活动存在着目标单一化的问题，对城市功

---

① 杨晓兰：《伯明翰：城市更新和产业转型的经验及启示》，载于《中国城市经济》2008 年第 11 期，第 38 ~41 页。

能结构缺乏整体考虑，对城市更新的复杂性缺乏认识，将问题简单化，片面追求单一城市形象和景观效果，缺乏从宏观角度看问题的综合统筹能力，影响城市综合更新、整体复兴的进程。早期的城市更新仅停留在物质空间更新层面，不顾具体情况对旧建筑一律采取推倒重建的方式，忽略城市内部组织结构的调整，造成财力、物力的浪费，还破坏了城市原有的空间结构和社会网络，不能彻底解决城市发展的矛盾。后期城市更新又往往片面追求狭隘的经济目标，忽视城市社会发展等其他目标。政府部门背离了其公益和公共服务本质，以“经营城市”为幌子，成为最大的开发商，更为利润所驱动，不惜牺牲公众利益，外在表现为建筑容积率的不断升高，土地空间使用向最大利润形式置换；内在影响为城市肌理被粗暴破坏，原本和谐的社会交往关系被搅散，社会网络被全面冲击。城市更新的目标在于实现调整用地结构、盘活土地存量资产、提升基础设施、改善城市环境、调整产业结构、提升城市经济发展、保护历史文化、切实保障民生、改善人民生活水平、促进城市社会和谐公平发展等多元发展目标。但在实际更新进程中，政府往往把城市更新变成一项在规定时间内需要完成的工程建设任务。[①] 这就造成城市更新在中国成为一种简单化的城市建设运动，轰轰烈烈一阵而过，缺乏从长远、综合角度思考城市发展深层问题的尝试，自然也就无法像西方城市那样从城市发展的根源解决问题，促进城市有机生长。事实上，很早以前，简·雅各布斯等人就已经强调城市多样性发展的重要意义，可惜直到今天，我们仍然在追求西方早已摒弃的“功能划分明确、空间秩序井然”的现代主义城市规划理念，以丧失城市多样化发展为代价，换取城市发展所谓的现代化。

城市更新目标的单一必然带来更新手段的匮乏，长期以来，我们的城市更新一直都是采用地产导向型的更新方式，房地产开发带动的土地再开发成为城市更新的主要模式。如从1990到1998年，北京市共拆除420万平方米的老城住房，3.2万个家庭约10万人口被迁移；在上海，其拆迁规模甚至比美国城市更新时期所有城市的拆迁规模还要大。[②] 从



① 张京祥、罗震东、何建颐：《体制转型与中国城市空间重构》，东南大学出版社2007年版，第113页。

② 何深静、刘玉亭：《房地产开发导向的城市更新——我国现行城市再发展的认识和思考》，载于《人文地理》2008年第8期，第6～11页。

本质上讲，我国大规模旧城更新就是一种典型的在市场逐利行为的驱动下开展起来的房地产开发活动。[①] 这一方面由计划经济体制向市场经济体制的转型过程中，土地制度改革和住房制度改革都造成了房地产业的兴起；另一方面是由于地产导向的土地再开发能在短期内迅速提升城市经济和改变城市面貌，自然成为深受政府偏爱的更新手段，屡试不爽，使其成为长期以来中国城市更新的主导模式，甚至最终发展成为“经营城市”的制度理念，实现了将整个城市纳入地产开发进而谋利的愿望。地产导向型城市更新虽然在经济、环境方面有其积极作用，但负面效应更加明显。它以追求短期的投资回报率为目标，呈现出强烈的经济利益驱动性特征，在操作上也存在利益失衡、空间失序和社会失公现象，由此催生的城市更新规划失控、房价高涨、社区解体、居住分异等一系列问题，严重威胁着城市长远发展。[②] 同时也与城市更新改善民生的直接目的相抵触，无法保障甚至刻意侵蚀城市中低收入群体的利益，容易引发严重的社会对立和阶层矛盾。

随着地产导向型的城市更新策略在中国的铺开，在簇新的建筑的堆砌下，众多城市陷入了千城一面的可怕危机；而随着大量历史街区被夷平，传统文脉的丧失殆尽更引发了深层的道德和精神危机，这一切引起了社会上一些有识之士的反思；已更新地区的快速再衰落化，更是引发了政府层面的警醒。与此同时，世纪交替之际，随着中国一些传统工业城市日益经历着结构性衰落，大量老工业基地、资源城市面临着转型的阵痛和资源枯竭的压力，中国城市更新从早期的空间层面日益进入产业结构调整、发展动力转型的深层结构层面。[③]



西方城市更新自20世纪80年代以后，文化导向型城市更新逐渐成为城市更新的主要方式，文化旗舰项目、文化产业集聚区、文化节庆活动等具体更新手段在推动产业结构调整、恢复城市活力、促进社会融合等多元层面发挥着重要作用，取得了显著的成果，并为文化产业提供多种发展路径。文化产业作为新兴产业，相比较传统产业具有低污染、高

---

① 方可：《当代北京旧城更新——调查、研究、探索》，中国建筑工业出版社2000年版，第31页。

② 黄晓燕、曹小曙：《转型期城市更新中土地再开发的模式与机制研究》，载于《城市观察》2011年第2期，第15~22页。

③ 张伟：《文化产业与城市更新——基于“台儿庄古城”项目的实证分析》，载于《东岳论丛》2012年第4期，第155~158页。

收益等特征，其所特有的高融合性，更具有在城市产业更新、“转方式、调结构、促增长”中其他产业难以企及的替代效果，文化产业在提升传统产业竞争力、优化经济增长质量、提升就业机会等方面具有重要的作用，目前，发展文化产业、创意产业已经成为世界范围内城市产业更新的重要思路。[①] 城市更新为文化产业的发展提供了内在的动力，德国鲁尔通过发展工业文化旅游为核心的文化产业，将原有的煤铁等重工业结构逐步向新兴文化产业转化，初步走出了资源枯竭所导致的区域经济发展乏力困境，尽管这种转型还充满艰辛[②]，但毕竟迈出了关键的一步。

在我国，由于过去片面强调发展重工业，形成了很多资源型城市、重工业城市，在经历近半个世纪的发展之后，这些城市逐步走向衰落，城市环境恶化、居民生活水平下降、城市经济发展乏力，因此，进行产业更新对这些城市的更新就具有更加紧迫和现实的需要。西方的实践对我国摆脱单纯依靠地产导向型城市更新方式，全面综合使用各种更新手段特别是文化导向型城市更新方式，进而为文化产业发展提供动力和具体发展路径，形成了较好的借鉴。事实上，虽然中国文化产业发展具有自己独特的内生背景，但真正使中国文化产业获得突破性发展正是得益于20世纪90年代以后城市更新的大规模深入推动，这种历史机遇使很多采取文化导向型城市更新的城市其文化产业获得了强劲的发展动力。如北京市石景山区随着50年代北京特殊钢厂、第二通用机械厂、重型电机厂、锅炉厂、水泥厂等“老八厂”的陆续兴建，成为市区内唯一以第二产业为主导的行政区，工业总产值一度占到了全区产值的80%以上，是名副其实的大型重工业地区。90年代以来随着北京产业结构调整，特别是随着区内首钢的涉钢产业整体外迁，石景山区开始了城市产业更新过程。在这一过程中，以文化创意产业为核心的创新型产业成为区内经济结构调整与产业转型升级的关键，文化创意产业获得了发展的动力，成为新的经济增长点，全区文化创意产业比重由五年前的不足3%提高到2010年的12%，有效推动了经济结构的调整。



① 张伟：《文化产业与城市更新——基于“台儿庄古城”项目的实证分析》，载于《东岳论丛》2012年第4期，第155~158页。

② 鲁尔地区经过了30年的发展，在德国政府长期持久的大力扶持下，现在经济增长速度还低于德国平均水平3个百分点，但是它的失业率却高于德国平均水平的3个百分点，也就说它还没有达到德国的中等发展水平。虽然比它30年前要好得多，但是仍距离它当年繁荣时期在德国所处位置有很大差距。

### 3. 正确发挥政府作用——破除文化产业发展的保障

我国城市更新在组织制度层面也存在较为严重的问题，突出表现为政府定位不当，缺乏有效的以市场为主体的更新组织体系。随着我国政治体制改革的深入，全球化、市场化与分权化背景下，地方政府拥有了更多资源配置权力。同时分税制改革减少了地方的直接财政收入，迫使地方政府必须通过发展经济、增加税基维持财政收支。在此背景下，地方政府作为城市经济社会发展的决策者，其行为和角色由先前的行政主导向企业化倾向及经济合作者的转变，地方政府越来越趋向于采用企业化的管治方式进行城市更新。[①] 地方政府角色的企业化倾向对城市更新组织方式产生了重要影响，一方面推动城市更新更大规模进行，另一方面也背离了政府公共管理及社会保障方面的职责，从某种程度上讲，政府角色定位转变有些矫枉过正了。地方政府与私人开发商形成了城市“权商联盟”，主导了当前城市更新实践中房地产开发导向的模式，表现出强烈的政府主导、以追求经济效益为主要目的的特征，为社会不和谐甚至是不稳定因素的产生埋下了伏笔。



当城市更新项目成为“地方政府追逐政绩的工程并具有强烈的经济利益驱动性”时，城市更新发展就难免陷入牺牲城市的全局利益和社会公众利益而片面强调权势阶层利益的境地。事实上，在一些城市更新中，政府包揽拆迁工作，实质上变成了开发商的“开路先锋”，也滋生“钱权交易”的腐败“寻租”现象，更进一步恶化了城市更新的组织环境。而由于我国城市更新主要表现为“自上而下”的决策方式，缺乏公众参与机制。公众处于更新体系的最弱势地位，自身权益往往被强势团体侵害。这也是近些年城市更新进程中组织者与居民冲突增多、矛盾升级的根本原因。

促进城市综合发展、增加市民福祉是城市更新的根本目的，保证城市中弱势群体共享发展成果是城市更新的重要社会目标，也是福利国家和民生政府的根本职责所在。然而，以经济增长为主要诉求的地产导向型城市更新模式，无视传统社区稳定的社会网络，通过高附加值的豪华公寓、商品房、写字楼及商业设施取代原有社区住宅，榨取空间价值，

---

① 黄晓燕、曹小曙：《转型期城市更新中土地再开发的模式与机制研究》，载于《城市观察》2011 年第 2 期，第 15 ~22 页。

迫使大部分内城居民外迁，直接导致了社会空间的分异和居住隔离，滋生了社会矛盾，增加了社会不稳定因素。[①] 迄今为止，安置和拆迁补偿已经成为中国城市更新发展过程中一个最敏感和难以根治的问题。

城市更新不是对弱势群体的恩赐，而应成为一种以人为本的发展理念和方式，政府、开发商、群众三者之间在城市更新进程中的利益博弈，不应是一种"你死我活"的零和博弈，而应成为多赢的正和博弈。在我国城市更新进程中，严重危害社会稳定和执政基础、不利于城市更新发展的极端事件应该足以引起我们高度重视，切实避免。城市更新是为了实现城市的全面持续发展，而只有人，才是推进城市发展的根本动力，更应是更新的受益者，公平的规划、严肃的法规和切实有效的经济调控手段，应成为城市更新行为强有力的指导与制约。[②]

以上这些情况是西方城市更新进程中曾经经历的过度市场化操作在中国的重演，值得警惕。而西方在对相关问题的反思中，开启了全新的合作伙伴体制，通过政府主导下的企业化运作方式，开展城市更新活动，保证城市更新大方向的同时，推动多元市场化运作，增强更新的组织活力，取得了不错的效果。同时，西方政府对文化的管理也基于市场化进行了变革，大幅度放松了对文化的管制，推动了文化市场化的进程，促进了文化产业的发展。我国目前无论在城市更新领域还是文化管理领域，都存在着政府职能发挥不当的问题。因此，借鉴西方相关经验，必须合理发挥政府职能，既不能管制过严，也不能撒手不管。特别是对文化产业的相关政策制定和具体管理职能发挥，尤须我们注意。



## 5.3　基于台儿庄城市更新与文化产业发展的实例分析

我国当前正处于城市化进程加快、文化产业发展方兴未艾的历史时期，很多城市都面临城市更新和发展文化产业的压力，如何更好地推动城市更新的进程、更好地启动文化产业的发展，成为城市当前棘手的问

---

① 黄晓燕、曹小曙：《转型期城市更新中土地再开发的模式与机制研究》，载于《城市观察》2011 年第 2 期，第 15 ~ 22 页。

② 张京祥：《小议城市更新》，载于《长江建设》1995 年第 4 期，第 11 ~ 13 页。

题。西方城市在这方面经历了较长时间的探索，有过一些波折，也取得了较好的经验。通过借鉴西方经验我们完全可以扬长避短，跨过一些已经被西方实践证明失败的路径，立足实际，通过跨越发展，走出适合我国城市更新发展的道路；西方利用城市更新的机遇发展文化产业的经验，对于我们正处于起步阶段的文化产业发展实践来说，也具有更现实的借鉴意义。

事实上，自 21 世纪以来，我国城市更新和文化产业发展进程中，已经涌现出很多通过城市更新创造机遇发展文化产业的成功案例，北京、上海、深圳、成都、重庆等城市借鉴发达国家城市经验，使城市更新和文化产业发展实现了良好的互动，取得了明显的效果。一些中小城市，特别是文化产业发展基础薄弱的城市，也通过自身努力进行了一些有益探索，取得了一定的成绩。考虑到中国城市体系中中小城市始终占据绝大多数比例，因此这些成功将城市更新与文化产业发展结合起来的中小城市实践，无疑具有更好的样本意义。本书因此选取了在中小城市中较为成功的枣庄市台儿庄案例，进行分析研究，以求为中国众多面临城市更新和文化产业发展压力的城市，提供借鉴。



### 5.3.1　台儿庄城市发展概况

台儿庄为枣庄市市辖区，位于山东省的最南部，地处鲁苏交界，东连沂蒙山，西濒微山湖，南临交通枢纽徐州，北接孔孟之乡曲阜，为“山东南大门”。全区总面积 538.5 平方公里，辖张山子镇、涧头集镇、泥沟镇、马兰屯镇、邳庄镇 5 个镇和运河街道办事处，台儿庄城市化水平相对较低，2011 年末，全区户籍总人口 313221 人，其中，城镇人口仅 77226 人，无论从人口城镇化率还是从城市面积规模衡量，都是一个典型的小城市。[①]

虽然是个小城市，但台儿庄却在国内外享有较大的知名度，主要是因历史上两件事而名扬天下：一是古运河穿城而过，造就了城市在明清时期的繁荣，清代乾隆皇帝有感于它的兴盛，赞誉台儿庄是“天下第一庄”；二是 1938 年发生于此地的“台儿庄大战”，使它成为中华民族扬

① 本节内容所引相关数据如无特殊说明均来源于台儿庄统计局发布的《台儿庄区国民经济和社会发展统计公报》(2007～2012) 各卷期。

威不屈之地。特别是后者，经由当时新闻报道等宣传，不仅使台儿庄成为中国抗战史上的名城，也使其在世界范围内获得了一定的知名度。

在战争废墟上重新站立起来的台儿庄城市此后经历了几十年的发展，一直保持着不温不火的发展态势。改革开放以来，城市向西扩展，城区面积相应有所扩展，但东部运河北岸老城区城市肌理基本没有太大变化，多是战后沿古城原有街巷体系逐渐发展起来的棚户区住房，这一方面造成了居民生活水平的低下，同时也为后来的依托文化资源进行城市更新提供了条件。

自 2008 年开始，基于枣庄市城市发展整体转型需要，台儿庄进行了历史上最大规模的城市更新活动，对以棚户区为主的老城区进行了基于文化导向的更新建设，以“台儿庄古城”项目带动整个城市更新进程，不仅带动了整个枣庄市的转型发展，同时也实现了台儿庄自身城市发展历史上的全面更新。

台儿庄城市更新一方面体现在物质层面，“台儿庄古城”项目区域两平方公里的棚户区被改造成为欣欣向荣的文化旅游区域，整个城市基础设施等建设也不断增强，城市建成面积不断扩大，2011 年，全区城区面积达到 13. 92 平方公里。另一方面，整个城市社会、经济、文化等综合层面也实现了全面复兴。2011 年全区实现地区生产总值 129. 74 亿元，按可比价计算，增长 10. 0%；全区地方一般预算收入完成 4. 78 亿元，增长 25. 0%；地方财政支出 10. 96 亿元，增长 35. 1%；居民生活水平持续改善，2011 年，全区城镇居民可支配收入 20193 元，增长 14. 5%，城镇居民人均生活消费支出 13463 元，增长 18. 0%。台儿庄城市更新对文化产业发展层面的推动更为显著，不仅带动了文化产业相关行业的起步发展，而且通过台儿庄古城项目及后续文化产业园建设，形成了较为完善的文化产业发展体系，为城市文化产业发展提供了持续动力。



### 5. 3. 2　台儿庄城市更新的情况

台儿庄城市发展面临较大的更新压力，政府对城市更新发展也进行了很多努力，曾尝试通过地产导向的物质更新解决相关问题、通过建设“台湾街”等发展商贸流通、通过技术开发区等促进经济转型发展等更新实践，但效果均不明显，直到 2008 年以后采取文化导向的城市更新策略，通过“台儿庄古城”旗舰项目带动文化产业相关行业发展，并通过文化产业园等后续建设，才真正实现了城市整体更新发展的目标，也带动了文化产业的发展。

**1. 城市更新面临的压力**

多年来，台儿庄城市发展一直比较缓慢，无论是城市基础设施条件还是整体经济水平，都处于整个枣庄市各区县中较为靠后的水平，特别是城市建设，几乎没有太大的发展，老城区几乎沦落为“城中村”，生活条件十分落后；而整个城市经济呈现出资源型城市的典型特征，过分依赖于煤炭、水泥等行业，面临转型的压力，因此，台儿庄面临着城市更新发展的巨大压力。具体来看，体现在以下 4 个方面：

（1）物质层面。

台儿庄老城区的格局基本上是在战后废墟上重建起来的，惨烈的战争完全摧毁了原本富庶的城镇，迫于生计，战后人们只好在原有城市街巷格局的基础上修建起简单的房屋，此后随着时间的推移，进行的只是简单的修补，没有大规模的城市建设。改革开放以后，台儿庄城市发展重心向西推移，老城区环境依旧没有得到改善。进入 21 世纪，台儿庄整体城市特别是老城区已经面临严重的物质老化问题，2002 年笔者实地考察的时候所见的都是新旧建筑无序混搭，大部分老建筑已经破旧不堪，成为危房；几乎每一条巷子里，都有很多因居民外迁而被抛弃的荒宅，房顶野草丛生，院落堆满垃圾。更严重的是道路、供电、环卫等公共设施建设严重滞后，缺乏基本的现代生活设施，厕所是公用的旱厕，整个区域连条像样的污水管道都没有，生活污水和垃圾直接排入运河中，导致卫生条件和生态环境极差。可以说，台儿庄城市更新仅从物质层面来说，已经到了亟须展开的情势。



（2）经济层面。

台儿庄自然资源丰富，主要有煤炭、石膏、石灰石、石英石等，因此形成了以煤矿、石膏、石灰石开采为主的资源型工业体系，是鲁南地区重要的建材、能源基地。台儿庄经济发展资源依赖性比较强，产业结构比较单一，第二产业增加值占 GDP 的比重一直维持在 60% 以上，煤炭、水泥、造纸仍是支柱产业。这些产业能耗较大、污染严重，经济附加值较低，不符合国家产业发展政策，也不符合现代产业发展方向，同时资源储量有限，面临发展乏力的危机，因此，从经济发展层面来看，台儿庄城市也面临更新发展的压力。

（3）社会层面。

随着城市物质肌理的衰败和经济发展的乏力，社会问题也日益突出。在老城区，有能力搬走的人都迁居到新区去了，留下的都是生活困难的弱势群体，特别是老年群体，缺乏必要的生活保障，亟须从社会层面进行城市更新发展，以保障弱势群体的利益，使社会公平正义的阳光能够覆盖到全体市民。

（4）文化层面。

台儿庄历史上因运河而兴旺、因大战而闻名，运河文化和抗战文化是台儿庄城市的灵魂与根基。然而，这两者都在城市的发展中岌岌可危，运河文化长期湮没在老城区破败的环境中，不仅缺乏完整、良好的周边历史环境，甚至作为国家文物保护单位的“运河水工”等遗产也陷入野草丛生、无人问津的境地；抗战文化基因则通过台儿庄大战纪念馆等博物馆体系有所展示，但其发展传承也只能算是差强人意；至于长期以来形成的内容丰富的鲁南地区非物质文化体系，则基本上陷入濒临消亡的境地，这些文化层面的困境，也呼唤着城市从文化发展层面进行必要的更新努力，实现城市文化的复兴。



### 2. 城市更新思路的两个转变

正是迫于以上这些更新的压力，同时借助枣庄市整体发展转型的机遇，台儿庄开始了大规模的城市更新进程。其城市更新发展思路也在较短时间内经历了两次较大的转向，每一次转向都对城市更新进程产生了积极影响，同时更重要的是在这些转向中，文化产业得到了更好的发展机遇和更大的发展空间：在第一次转向中，台儿庄文化产业基本实现了从无到有的发展；在第二次转向过程中，台儿庄文化产业正在经历从有到优的发展。

（1）从强调城市物质更新向强调城市整体复兴转变。

在 2008 年之前，台儿庄也有过城市更新的实践，但当时主要是基于物质层面的城市更新。如 20 世纪 90 年代台儿庄在箭道街地区就进行过物质更新的实践，当时为改善城市环境，发展商贸经济，政府推动了“台湾街”的建设，虽然当时取得了一定的成效，但总体来看，由于缺乏可持续性，随着时间的推移，该地区再次陷入衰落之中。而在21世纪以来，随着地产导向的城市更新活动在全国范围内的兴起，特别是在一些三、四线城市的兴起，台儿庄也准备进行类似的更新实践，筹划在台儿庄老城区开展大规模的基于地产导向的城市物质更新活动。2006年，台儿庄区与上海一家地产公司谈成了房地产开发项目，决定投资6亿元开发改造老城内的棚户区，主要思路是拆掉旧城建设商品房，力图使破败的棚户区焕然一新，成为具有现代城市功能的居民新区，这是典型的地产导向的城市物质更新思路。应该说，如果只是单纯的一片棚户区，这样的做法也无可厚非。但是，在拥有众多文物遗产、整体空间肌理保存较好、具有特殊历史环境的台儿庄古城片区，在文化底蕴丰厚的古运河沿岸地区，这样简单的推倒重建活动，显然不是上策。

幸运的是这一思路最终没有得到落实。2006年11月，台儿庄老城区基于地产导向的城市更新活动被枣庄市政府终止。从整个枣庄市城市转型的角度出发，台儿庄的城市更新被赋予了更重要意义的考量。经过近一年的调研和资料搜集工作，台儿庄老城区的更新思路被明确为通过“台儿庄古城”文化旅游项目带动枣庄城市转型发展，这就将台儿庄区的城市更新活动上升到整个枣庄市城市发展的战略高度，因此获得了更大的发展空间。这一思路的转变体现了从单一物质层面的城市更新向涵盖经济、社会、文化综合层面的城市整体复兴的转变，对台儿庄城市的发展及文化产业的启动和发展具有重要的转向意义。可以说，这一转变，在台儿庄城市发展史上具有里程碑的意义，这一思路的转变，是此后所有更新成果的根源。



（2）从文化旗舰项目类的更新向发展综合文化产业园区转变。

在确定发展“台儿庄古城”文化旅游项目带动城市整体更新发展的思路之后，枣庄市举全市之力，推进该项目，成立台儿庄古城重建办公室，启动台儿庄古城历史街区的保护与发展规划编制工作，以市场化运作分期完成拆迁工作，编制详细的古城重建规划，在一系列准备工作之后，于2008年4月正式宣布启动该工程。此后，由市内五家国有企业出资成立了台儿庄运河古城投资公司，通过市场化运作全面负责古城重建工作。2009年伊始，“台儿庄古城”实验性工程——万家大院开工，同年8月全面启动了古城重建工作，自此，来自全国的51家施工单位、1000多名技术工匠、2万多名工人投入古城建设中，2010年5月，“台城旧志”景区投入运营，此后两年多时间，项目又有多个景区投入运营，累计接待国内外游客突破400万人次，并成功创建成为国家5A级旅游景区，取得了较好的成绩。

结合西方经验，考察“台儿庄古城”项目发展，不难发现，其实质上采用的是一种西方城市20世纪90年代广泛流行的“文化旗舰项目式”更新手法，是一种文化导向型的城市更新。西方很多城市通过建设这些“文化旗舰项目”，带动城市文化、旅游等行业发展，典型如本书前面提到的西班牙北部的港口城市毕尔巴鄂通过古根海姆博物馆建设实现城市复兴的例子，此外还有英国伯明翰90年代初建设的国际会议中心，伦敦的泰特现代艺术馆，曼彻斯特的鄂毕中心等，这些大型文化建筑都在各自城市更新复兴中扮演着重要而特殊的角色，具有浓烈地方特色的大型文化设施的建设改善了城市形象，以此吸引了文化、旅游以及服务业等行业，带动城市的整体复兴。然而，从本质上讲，这种文化旗舰项目主导的城市更新方式具有一定的局限性，其成功与否较多的取决于该项目吸引的外来游客数量，而且项目具有生命周期，存在风险性，一旦游客数量没有达到预期或数量随时间流逝而日渐减少，都会对城市更新发展起到较大影响。因此，这种基于在地消费的第一代文化导向更新模式在西方已经渐趋式微。目前，立足于文化经济产品的产出、文化创意产品生产等高阶文化产业的城市更新方式逐渐兴起，其主要是通过在城市发展文化产业集聚区带动城市更新发展，目前大多取得了较好的效果。



有鉴于此，同时也是基于整个中国文化产业蓬勃发展态势带来的机遇，2011年3月，枣庄市市委、市政府以“台儿庄古城”项目景区为核心，在古城东部毗邻地区规划建设一处占地18平方公里、涵盖九大文化产业的综合性文化产业示范园，目前，该园区已完成规划，正在建设中，并已成为国家级文化产业试验园区。这是城市更新发展思路的又一次转向和飞跃，对台儿庄的城市更新产生了积极的推动，不仅进一步扩大了城市空间，同时对文化产业的综合发展、优化发展、高阶发展将产生巨大影响。

### 5.3.3 台儿庄城市更新推动下文化产业的发展

台儿庄文化导向的城市更新活动不仅推动了城市的更新、复兴和发展，在城市物质环境改善、经济社会发展等层面取得了突出的成绩，更通过城市更新的实践，带动了文化产业的整体兴起和发展。一方面，在更新进程中对文化产业作为更新路径的强调，将文化保护、发展作为更新的手段，通过文化旅游等行业的发展带动整个城市的发展更新，为文化产业提供了发展的机遇；另一方面，在更新过程中，对文化产业的一系列政策支持、对文化产业具体行业的扶持等举措，使文化产业获得了发展的动力。可以说，城市更新的进程极大地推动了台儿庄文化产业的发展。具体来看，城市更新进程推动下台儿庄文化产业近些年的发展，突出表现在以下三个方面：

**1. 文化产业主导产业地位初步形成**



一个地区在经济发展的一定阶段上，大多数产业都处于从属地位，但有些产业则对其他产业起引导、带动作用，这些产业对国民经济增长的贡献巨大，整个经济的增长在一定程度上是它们迅速增长所产生的直接或间接的效果，我们把这些发展速度快，在产业结构系统中起引导带动作用，对国民经济增长贡献大的产业称为主导产业。主导产业和支柱产业是经济发展中容易混淆的概念，一般来讲，主导产业不同于支柱产业：支柱产业最重要的基准是增加值占 GDP 的 5% 以上，主导产业则没有这一硬性要求；支柱产业一般表现为市场需求份额较大而且稳定，主导产业重点强调市场份额呈不断增长的趋势，对具体市场份额不过多关注；主导产业要求关联度强，支柱产业却不要求；二者的联系是主导产业经过一段时期的发展，大多会成为支柱产业。[①] 从城市更新的整体意义上讲，培育合适的主导产业比做强一个产业成为支柱产业具有更重要的意义。

经过近五年的发展，台儿庄文化产业发展已经初具规模，在 GDP 中所占比重不断攀升，目前已达到 3% 以上，虽然距支柱产业的地位还

① 朱国锾、王瑾、李莉：《成都主导产业、支柱产业的选择及加入 WTO 的适应对策研究》，载于《电子科技大学学报》（社科版）2004 年第 9 期，第 6～10 页。

有距离，但其对整个台儿庄经济增长的贡献、对其他产业的引导、带动作用，已经使其成为当之无愧的台儿庄经济发展的主导产业。可以说，自2009年以来，台儿庄经济发展能够保持两位数以上的增长速度，很大程度上是基于文化旅游业为代表的文化产业迅速增长所产生的直接带动效果。具体来看，“台儿庄古城”为龙头的文化产业发展从2009年正式起步[①]，带动台儿庄GDP从2008年的88.36亿元增长到2012年的138.86亿元，发挥了主导产业显著地带动作用。其对第三产业的整体带动效应更为明显，不仅推动了第三产业增加值的快速提高，服务业为主的第三产业增加值从2008年的21.87亿元增长到2012年的42.1亿元，还进一步提升优化了产业结构体系，在文化产业蓬勃发展的带动下，台儿庄第三产业占GDP的比重从2008年的24.8%提升到2012年的30.3%，保持了较快的发展速度和较高的增长质量。文化产业发展还同时带动了就业的快速增长，2012年台儿庄区新增城市就业2.3万人，其中80%得益于文化产业为主导的三产服务业的带动，仅古城景区新增的1000多户商家就安置了2万人就业。同时，景区旅游小商品业态等来料加工项目，就吸纳从业人员3.2万人，实现加工费收入1.2亿元。这些数据都充分体现了文化产业的主导产业地位。

同时，考虑到近几年台儿庄经济发展策略基本上是围绕台儿庄古城项目为代表的文化产业发展展开的，政府也反复强调“实施古城重建引领城市转型”“古城重建是全区工作的总抓手，是转型跨越的总引擎”“发挥古城溢出效应，拉动投资、扩大消费、增加就业、优化环境，推动产业转型升级”，因此文化产业的发展已经成为政府推进产业升级发展的重要策略，这也从政策实践的层面进一步证明了文化产业的主导地位已经确立。

**2. 文化产业相关行业的快速发展**

台儿庄文化产业的快速发展，还体现在产业内具体行业的快速发展上：文化旅游业从弱到强；遗产保护事业快速发展；影视产业、节庆会展产业、创意产业、版权贸易产业等从无到有，方兴未艾。这些文化产业具体行业的发展，体现着台儿庄整体性文化产业的快速、高效发展。

---

① 2009年开始，台儿庄古城正式开工建设，虽然直到2010年5月才开始投入运营，但在其建设过程中已经对经济发展产生拉动作用，因此，本书从2009年开始计起。

（1）旅游业从弱到强。

文化旅游业是台儿庄文化产业众多行业业态中发展最好的，在短短的4年时间内，强势突破，实现了从弱到强的巨大转变，成为全区经济的重要增长点。2008年台儿庄旅游全年共接待海内外游客32万人次，旅游总收入1.3亿元，而到了2012年，全区共接待游客320多万人次，实现旅游综合收入13.6亿元，4年时间，实现了游客人数和旅游综合收入10倍以上的增长。台儿庄文化旅游业发展不仅体现游客数量和旅游收入增长上，更重要的是旅游业整体结构和基础设施得到提升。

通过整合旅游资源，延伸旅游线路，着力构建大景区，促进旅游产业结构优化，实现了台儿庄旅游业从过去单一红色旅游向文化、生态、节庆综合旅游体系的转变。除了通过“台儿庄古城”项目大力发展文化旅游外，还通过实施台儿庄大战纪念馆全景画馆改造、李宗仁史料馆、贺敬之柯岩文学馆改建和无名英雄雕塑新建，进一步优化了大战主题公园红色游；实施了运河湿地公园景观提升和小季河湿地生态绿化等工程，建成了休闲渔业区和鲁南高科技农业采摘园，形成别具一格的生态休闲游；打造提升国家级水利风景区、港航文化主题公园景观，形成了运河观光体验游；利用非博会、贺年会等节庆活动，发展节庆旅游。所有这些，都进一步丰富了旅游产品体系。



旅游基础设施建设取得突破性进展，2012年底，“台儿庄古城”获评为国家5A级景区，成为国际旅游目的地。同时，通过旅游产品体系的丰富和扩大，增加了游客滞留时间，还促进了旅游配套产业的发展，实现了从过去半日游、一日游向多日游的转变，进一步增加了旅游产业的发展厚度。游客停留时间的延长直接带动了旅游配套宾馆酒店建设。按五星级标准打造的新派苏式园林风格的清御园君廷大酒店一期已投入运营，伦达温泉酒店建筑主体和度假公寓基本完成，引进了尚客优、鲁客88等品牌连锁酒店。台庄公馆、锦华之星（二期）、润凯假日酒店、邢氏海参馆等一批档次较高的酒店、宾馆建成运营，全区标准宾馆酒店达到84家，新增标准床位1950张，在旅游配套基础设施建设上取得了明显的进步。

（2）文化遗产保护业快速发展。

文化遗产保护业是近几年台儿庄文化产业体系中发展较好地另一个行业。长期以来，在人们的印象中，文化遗产保护似乎是个赔钱的行业，是依托于国家资助的文化事业体系。但在台儿庄，通过发展文化遗产保护行业，不仅切实保护了珍贵的历史文化遗产，还通过产业化运作，实现了较好的经济社会效益，促进了文化遗产保护行业的整体良性发展。而这一切，主要是通过“台儿庄古城”项目带动实现的。和乌镇、丽江、平遥等国内其他一些基于历史文化遗产进行开发的景区一样，台儿庄古城项目也较好地通过自身的建设和运作，实现了将文化遗产保护和产业运作开发结合起来的目标。2011 年 12 月，“台儿庄古城”景区被国家文物局列为首个国家文化遗产公园，其遗产保护利用实践得到国家层面的认可。

具体来看，台儿庄古城项目最大的成功就是在切实保护点状历史文化遗产的基础上，通过文化产业项目的开发，实现了城市内部已经衰败的历史风貌区的成片恢复。① 时任国家文物局局长单霁翔曾评价台儿庄古城：“把一个城镇整体作为文化遗产保护对象，这在世界范围内都是少见的。”同时注重发挥文化遗产的社会、经济功能价值，在尊重历史原貌的基础上，坚持文物保护、抢救与创新相结合，通过产业化运作，赋予文化遗产更多的现世价值，不仅使文物得到保护，而且带动了文化事业和文化产业的发展，收到了很好的社会效益和经济效益。同济大学遗产保护专家阮仪三教授也认为台儿庄古城的这种方法，在一些具有突出历史文化价值的地区或重大历史事件发生地，在现状风貌较差、经济面临突破或居民生活环境亟待改善的情况下实现城市更新，具有较好的借鉴意义。② 台儿庄古城区域内经历战争炮火的摧残，所剩的历史建筑数量不足 1/10，大量建筑都是战后人们在废墟上沿着原有街道和城市肌理新建的，基本丧失了古城原有的建筑风貌，在这种情况下，枣庄市组织专门力量，聘请国内顶尖学者进行了 3 年调查、论证，搜集到 380 多张台儿庄老照片，大量书籍资料，采访 80 岁以上的老人 27 位，他们还先后组织了三次沿京杭大运河实地考察，力图找出台儿庄古城与其他运河城市不同的文化基因。在充分占有吸收这些资料的基础上，根据“存古、复古、创古”的理念，采取了基于原貌的文物建筑修缮、基于历史真实的部分恢复重建、基于历史场景风格的环境再造等不同措施，原状保护了京杭运河唯一一处水工设施完备、风貌遗存完整的 3 公里古



①② 张伟：《文化产业与城市更新——基于“台儿庄古城”项目的实证分析》，载于《东岳论丛》2012 年第 4 期，第 155～158 页。

运河，1.5公里明清时期的古驳岸，13个明清时期的古码头，能够体现明清运河沿岸居民生活特点的古村庄——兰千夫村；保存古城肌理、道路和水系框架；保护了台儿庄大战的全部战争遗址，以弹痕累累的老房子为依托，原址设立了大战遗址公园。重建后的台儿庄古城不仅是文化遗产的物质环境载体，还成为发展文化旅游的景区，实实在在地创造着经济效益。

台儿庄古城不仅保护、再利用了宝贵的物质遗产，还使同样弥足珍贵的非物质文化遗产得到了更好的传承，探索出了一条非物质文化遗产生产性保护的新路子，在促进全国非遗项目的集中性展示、生产性保护、经营性传承，推进非遗展示、交易的常态化和品牌化等方面取得了积极的成效，这也是台儿庄文化遗产保护行业发展较为突出的地方。[1] 2011年12月，台儿庄古城被文化部批准为全国首个国家非物质文化遗产博览园，彰显了非物质文化遗产保护行业的发展成就。

台儿庄古城的建设本身就带动了建筑类相关非遗项目的生存和发展。在原风貌、原材料、原工艺的要求下，台儿庄古城的重建严格采用传统建筑工艺，几年来，全国1000多名传统工匠前来同台竞技。一个大的遗产保护项目往往可以引导非物质文化遗产传承，就像最近几年的故宫大修为传统木结构营造技艺提供了良好的传承平台一样，台儿庄古城的重建也为木雕、石雕、砖雕等传统木结构营造技艺提供了一个可以发挥的舞台，使这些在现代社会丧失生存价值、日益消逝的传统手工技艺传承下去。

台儿庄古城还为本地非物质文化遗产保护传承创造条件。一方面，在古城为本地非物质文化遗产展示提供了专门的场地，船型街是台儿庄区非物质文化遗产保护、传承、展示、交易区，目前已引入柳琴戏、运河大鼓、鲁南皮影等30多个本地非物质文化遗产项目，展示了运河文化的丰富内涵，在丰富了古城业态的同时，更为非物质遗产的传承创造了条件。正如国家文物局局长单霁翔说的那样，“没有故事的大运河是乏味的，遗产工作就是发掘那些‘活着的’文化遗



---

① 张伟：《文化产业与城市更新——基于“台儿庄古城”项目的实证分析》，载于《东岳论丛》2012年第4期，第155~158页。

产”，在台儿庄古城，这些遗产都正充满生机地活着。① 另一方面，通过古城旅游商品销售带动当地一些生产性非物质文化遗产产业化发展。当地群众加工的虎头鞋帽、吊窑泥塑等民俗工艺品在古城畅销，推动其生产性保护进程。如在台儿庄古城繁荣街刘家吊窑店，一个个笑容可掬的民间手工泥人制品，现在成了台儿庄古城很抢手的旅游纪念品。台儿庄的非遗艺人们，也由过去为义乌等地做来料加工，华丽转身为“手艺台儿庄”的工艺大师，近年来，台儿庄有近30000多人从事饰品、玩具、民俗工艺等加工，人均增收近4000元，非物质文化遗产产业化运作，不仅发展成就了一批区域文化产业品牌，更成为文化富民的重要途径。

台儿庄还通过举办非物质文化遗产博览会等一系列举措，进一步巩固非遗保护的基础，扩大非物质文化遗产的保护范围，使国内其他地区的非物质文化遗产在这里得到发展的空间。第二届国家非物质文化遗产博览会汇聚了来自全国31个省份和港澳台的760余个优秀非遗项目，集中展示了中华民族数千年积淀的非物质文化遗产精华，数十万名外地游客和枣庄市民，共同见证了博览会的空前盛况，使中华优秀传统文化逐渐走进现代人的生活，成为广大人民群众精神生活不可或缺的一部分，也使台儿庄文化产业发展的空间进一步拓宽。② 台儿庄还通过让“非博”永不落幕活动，在古城内设定几条街区，为海内外中华“非遗人”提供固定的场所，使一批非遗项目和传承人落户台儿庄古城，非遗项目生产性保护交易活跃，展示出非物质文化遗产的巨大发展潜力。目前台儿庄古城有近百个非遗项目长久入驻，并将面向全国引进非物质文化遗产传承人、商家、生产企业，促进非物质文化遗产活态传承，力争1至2年内，入园非遗项目达到300个。非遗文化资源成为台儿庄发展文化旅游的重点“资源”。台儿庄国家非遗博览园的建设，国家版权贸易基地的正式揭牌，为促进非遗项目的集中性展示、生产性保护、经营性传承，探索和丰富中国传统民间艺术版权保护形式，搭建了良好的平台。③



---

① 张伟：《文化产业与城市更新——基于“台儿庄古城”项目的实证分析》，载于《东岳论丛》2012年第4期，第155~158页。

②③ 杨健、张萍：《第二届中国非遗博览会在台儿庄古城闭幕》，人民网，http：//www.ihchina.cn/Article/Index/detail?id=16549，2012-09-11。

（3）节庆会展产业、版权贸易产业、影视产业、创意产业等从无到有。

除了文化旅游业和遗产保护行业的快速发展之外，台儿庄文化产业近几年发展的另一突破就是节庆会展产业、版权贸易产业、影视产业和创意产业等一批文化产业行业从无到有，逐渐兴起，这些行业大多属于文化产业体系中较为高阶的行业，其兴起进一步体现了台儿庄文化产业的蓬勃发展态势。

节庆会展行业是台儿庄文化产业体系里近几年来从无到有逐步兴起众多行业中的最好例子。2008 年之前，台儿庄的节庆会展产业还几乎为零。2007 年秋天，毗邻台儿庄的江苏省邳州市想在台儿庄举办一个 300 人的会议，但当时台儿庄没有一家酒店有这样的接待规模，只得作罢。短短 4 年过去，台儿庄的节庆会展产业已经实现了从无到有的大发展。近几年，台儿庄区积极发展会展产业，培育新的经济发展平台，结合本土的民俗文化、运河文化、红色文化、古城文化等强势推出如海峡两岸龙舟赛、国际篷客节、中国功夫节、非遗博览会、海峡两岸高层论坛、国民休闲会、古城贺年会、运河采摘节、元宵灯谜会、秧歌会、欢乐美食节、焰火晚会、寻梦古城摄影大赛、古城新年万人祈福、有情人相约美丽古城等 40 多项大型节庆会展活动，形成了一个旅游节庆活动内容丰富、形式多样，特色独具的节庆会展行业体系，会展经济取得了初步的成效。其中 2012 年更是台儿庄会展产业井喷的一年，第二届国际篷客节等节会活动、第二届全国非物质文化遗产博览会、第三届汉字艺术节等大型会展活动相继成功举办，吸引 27.8 万人次来台参会参展。台儿庄区节庆会展经济“1:9”的可观利润正在释放着巨大的能量，不仅为广大游客带来休闲、美感和享受，也给各层次商业人士、机构提供了沟通、交流、交易的机会和滚滚财源，拉动了辖区内各酒店、餐饮、广告、旅游等产业的快速发展，成为台儿庄古城旅游品牌和城市名片提升的重要手段，会展经济自身也发展成为台儿庄文化产业新的经济增长点。

版权贸易产业的快速发展也是台儿庄文化产业新兴行业发展的亮点，这个一般在发达城市才能出现的文化产业行业在台儿庄的兴起，进一步显示了台儿庄文化产业新兴业态的发展活力。台儿庄版权贸易产业的兴起，得益于台儿庄古城恢复重建以来，吸引了众多国内品牌文化企业的入驻。华强、华谊兄弟、华侨城、万通实业等品牌企业与古城合作，形成了古建设计、影视制作、创意设计、文化演艺、动漫制作、广告设计、文化传媒和网络游戏等文化产业集群，助推了人口集聚向人才集聚的转变，产业规模向产业升级的转变，初步形成了国内外版权贸易主体集中的主要市场。[①] 而随着国家版权局2012年8月在台儿庄建设国家版权贸易基地，顺应了台儿庄版权相关产业发展的新趋势，为版权作品的交易使用搭建了常态化平台，推动各类版权作品的创造、管理、保护、运用保护，也为权利人和使用者提供合法、高效、便捷的授权服务创造条件，将进一步推动台儿庄版权产业的发展。台儿庄国家版权贸易基地采取“政府主导、企业主体、多元投入”的方式，以台儿庄古城文化产业园管理有限公司为主体创建，立足枣庄、辐射齐鲁、服务全国，以民间文学艺术作品版权为重点，以国际版权交易中心战略合作为依托，通过为版权产业聚集区的中小企业以及为重点龙头企业提供版权登记、版权信息发布与查询、版权作品展示、版权交易管理、版权价值认定与评估等一揽子版权专业服务，提高文化产业集聚区内版权企业间的协作水平，形成版权资源腹地、版权创意基地、版权发展高地，促进智力成果向生产力转化，助力区域版权产业的振兴和发展繁荣。

此外，台儿庄影视产业和创意产业近些年也取得了相应发展。一方面，台儿庄古城成为很多影视剧的拍摄地点，逐步发展成为具有独特魅力的影视产业基地；另一方面，通过投资、合作拍摄等方式，相继完成《铁道游击队》《台儿庄》《血战台儿庄》等一批影视作品，进一步发展了影视产业。在文化创意行业发展上，也取得突破，一批创意产业基地在台儿庄建立，如枣庄市首家国际服务外包基地和山东大学枣庄市创业孵化中心在台儿庄成立，通过积极为进入园区的企业提供产业孵化、融资中介、技术、信息、交易、展示等公共服务，推动了文化创意产业发展，对于促进国际服务外包、软件信息业的快速、健康发展起到积极的促进和推动作用。

### 3. 文化产业发展体系的完善

台儿庄文化产业的发展还表现在文化产业发展体系的逐渐完善。就城市文化产业的发展而言，相比较具体行业的发展，包括空间布局、产

① 张晓生：《台儿庄：古城绽放版贸新绿》，载于《中国新闻出版报》2012年9月13日。

业保障支持体系在内的整个文化产业发展体系的成熟与完善更加重要，它不仅决定了当前文化产业的发展水平，更是整个城市文化产业保持强劲发展动力、实现可持续发展的关键。台儿庄将文化产业发展体系的构建与城市更新发展的实践结合起来，通过城市更新的一系列实践努力，推动了文化产业发展体系的完善，取得了良好的效果。

（1）文化产业发展空间布局合理。

目前台儿庄已经初步形成了较为合理的文化产业发展空间布局，并将通过后续建设完善既定规划目标。这既是城市更新发展外在推动的，也是文化产业发展内在形成的。城市更新发展要求台儿庄在改造既有老城区的同时，进一步推动城市化进程，扩大城市面积，同时提升产业发展能力；文化产业发展则要求在“台儿庄古城”的既有基础上，进一步丰富文化产业业态，提升文化产业发展整体水平。因此，在既有的“台儿庄古城”项目基础上，台儿庄进一步规划建设了台儿庄古城文化产业园。这是台儿庄城市更新发展理念的提升，实现了从“单个旗舰项目推动”到“建设整体文化创意城市”的思路进步；也是文化产业发展理念的提升，实现了从立足于文化消费发展文化产业向立足于文化生产发展文化产业的转变。台儿庄文化产业发展布局如图 5－1 所示。

**图 5－1　台儿庄文化产业发展布局图**

资料来源：台儿庄古城文化产业园发展规划。

具体来看，通过建设国家级文化产业试验园区，台儿庄初步形成了以“台儿庄古城”为核心、涵盖古城核心区、大战主题区、文化产业发展区、湿地休闲度假区四个功能分区的文化产业发展空间布局，实现了城市的东扩发展，也为文化产业的纵深发展提供了空间。[①]

①古城核心区。古城核心区（2 平方公里）是台儿庄历史文化的综合展示区，集“运河文化”和“大战文化”为一城，包括 11 个功能分区、8 个景区和 29 个景点，目前已基本建成，投入运营，取得了良好的经济社会效益。该分区是台儿庄文化产业发展的起点，也是重要的文化资源集聚区，是未来台儿庄发展新型文化产业的基础。

②大战主题区。大战主题区（1 平方公里）集台儿庄大战文化的收藏、研究、纪念、展示和产业开发于一体，包括已建成的台儿庄大战纪念馆，为全国首批爱国主义教育基地之一。未来计划在纪念馆西侧建设一处 4D 影院，主要用于战争题材电影的放映，弘扬大战文化，同时建设 10 万平方米的城市文化综合体，与大战纪念馆隔古运河相望。该分区也是台儿庄重要的文化资源集聚区，是大战文化的载体，对未来发展大战文化为主题的文化产业具有重要的意义。

③文化产业发展区。文化产业发展区（5 平方公里），位于古城核心区东部，是台儿庄文化产业升级发展的主要载体，包括创意项目孵化园、文化产业发展基地、动漫学院、影视文化城、生活服务区五部分。该分区目前尚处于规划、建设阶段，投入使用后将会较大地提升台儿庄文化产业发展的水平，是台儿庄文化产业从传统的消费型文化产业向高端的生产型文化创意产业发展转变的关键。

④湿地休闲度假区。湿地休闲度假区（10 平方公里），该区从文化产业发展基地向东至鲁苏边界，南靠大运河，东临涛沟河，水网密布，植物多样，景色优美，生态怡人，作为文化产业发展区的配套区域，是激发文化从业人员创意灵感的最佳休闲空间。

（2）文化产业发展支持体系初步形成。

文化产业作为新兴的、发展中的产业形态，受政策影响较大，良好的产业政策能够加速和推动文化产业的发展。西方城市文化产业的发展很大程度上受城市政策体系的影响，这是在本书之前的论述中已经明确

① 余梁：《台儿庄古城文化产业园发展规划》，大众网，http：//www.dzwww.com/2011/sdx/xunli/zaozhuang/201110/t20111017_6707877.htm，2011－10－17。

的。城市更新能够推动文化产业的发展，很大程度上也是归因于此。目前，台儿庄已经初步形成了文化产业的发展支持体系，从资金、人才和基础设施建设等政策体系方面有力地推动了文化产业的发展，也为未来文化产业的可持续发展奠定了良好的保障基础。

充足的资金是城市文化产业发展的必要条件。台儿庄文化产业发展支持体系目前在这方面进行了较好的探索。通过完善投融资体系，拓展投融资渠道，形成多渠道的文化产业发展资金来源。台儿庄文化产业发展最值得称道的地方在于其市场化的运作方式，通过政企分开，各司其职，政府只负责整体规划、发展服务和监管，将项目运行等具体运作交由市场，真正实现了市场推动下文化产业发展体系，这就保障了文化产业发展的市场化方向，更重要的是保证了资金的市场化来源。如在“台儿庄古城”项目的运作中，完全实现了市场化的运作方式，将古城建设和运营交给台儿庄古城旅游发展有限公司，政府只负责整体项目的规划，以管委会的形式实行整体监管，保证项目的大体发展方向。古城建设和发展所需的近 50 亿元的资金基本来源于市场化的筹集，通过五家国有公司成立投资公司，完成项目所需的启动资金，并通过项目的发展运营持续增资，滚动发展，解决了文化产业大项目通常面临的资金困境。除了市场化的资金来源之外，对一些中小文化企业发展中面临的资金困难问题，台儿庄还通过多种形式的政策扶助资金予以资助，具体形式包括提供银行小额贷款担保、文化产业发展专项财政资金等予以解决。文化企业具有中小企业的一般特点，同时具有生产经营模式特殊性，以无形资产为主，缺乏有效抵押物。为让银行对文化企业贷得放心、贷得安心，政府充分发挥财政资金的杠杆作用，推动地方政府职能部门建立财政专项基金，为文化企业融资提供贴息、风险补偿等服务，实现政府财政扶持与金融信贷支持的深度融合，较好地解决了文化产业企业特别是中小企业发展的资金问题。[①] 如对一些非物质文化遗产传承人提供贷款帮助，有效地解决了其生产性传承中面临的因扩大规模而资金短缺的问题，保障了其发展和传承。

高素质的人才是城市文化产业发展的另一必要条件，特别是创意产业等一些较高端的新兴文化产业，创意人才是必不可少的资源。因此，

① 温跃、赵小亮：《培植资源型城市转型的文化内涵》，载于《金融时报》2012 年 9 月 11 日。

培育和吸引较高素质的文化产业发展人才成为城市文化产业发展支撑体系中较为重要的一环。台儿庄在这方面也进行了较好的探索，通过建设文化产业园区，设立高端人才创业基地等完善软、硬件条件，提供低廉的工作、创业平台，搭建高端的技术平台，建设宜居的生活平台，保障融资平台，推进高端培训平台，以这五个平台，吸引创意人才，实现了文化产业人才的集聚。还通过设立运河文化学院，立足培养本土文化创意人才，实现文化产业发展人才的持续、稳定供给。这些举措保障了台儿庄文化产业人才的数量和质量，为文化产业的可持续发展奠定了坚实的基础。

良好的城市环境和完善的基础设施是城市文化产业发展的重要载体，也是文化产业发展支持体系的重要环节。台儿庄通过城市更新，改善了城市面貌，提供了完善的基础设施，为文化产业的发展提供了保障。如在建设文化产业园区的过程中，结合城市更新进程，对规划区内村庄进行整合搬迁，结合新农村发展和农村新型社区建设，统筹规划建设，在推进城镇化发展的进程中，也带动了文化产业园区的发展。结合城市更新实践，对城区主要道路、重要节点进行升级改造，加强对城区建筑的风貌控制，抓好城市环境综合整治，营造了良好的人居环境、旅游环境和发展环境，进一步保障了文化产业的发展。



### 5. 3. 4　台儿庄模式的发展前景探讨

作为一个区、县级别的中小城市，台儿庄通过文化产业项目建设推动城市更新进而带动城市整体性文化产业发展的相关实践取得了阶段性成果，其城市更新进程加快，城市物质环境面貌改善，社会经济转型取得了较好的效果，同时，区域文化产业也有了较快发展，在产业基础相对较差的条件下，实现了文化产业从无到有、从弱到强的发展。目前，台儿庄已初步形成了具有自身特色的发展模式，其相关实践对面临城市更新压力及一些文化产业处于起步阶段的中小城市具有较好的借鉴价值。但是，不能忽视的是台儿庄的实践占据“天时”“地利”“人和”，具有一定的特殊性；同时在其具体的实践过程中，也存在着一定的问题，其发展模式的推广需要一定条件，其实践经验的普适性也需要辩证分析。因此，在借鉴台儿庄模式时，需要像学习西方经验一样，因地制宜，结合具体条件，更多地强调对其整体发展思路的借鉴，而不是简单地亦步亦趋模仿其具体的操作过程及实践细节。

### 1. 台儿庄模式的实质

借鉴和推广台儿庄经验的关键问题在于认清台儿庄模式的实质。和西方20世纪70年代以后城市更新的实践发展相类似，台儿庄模式的核心是利用文化导向的城市更新活动实现城市的整体复兴，同时带动区域文化产业发展。无论是早期的建设“台儿庄古城”之类文化旗舰项目，还是近期的发展台儿庄古城文化产业园区这种较为高阶的形式，其本质都是文化导向的城市更新活动，区别在于具体“载体”的差异。

“台儿庄古城”项目是台儿庄城市更新实践的起点，对其性质、地位的认知是解读台儿庄模式本质的关键，在“台儿庄古城”项目运作的初期及随后相当长的时间内，无论是当地政府、社会大众还是学界，关于“台儿庄古城”的认识都存在着一定的偏颇，也引发了一些争论。不阐释清楚这些争论，不明晰“台儿庄古城”的地位及性质，台儿庄模式就会因思想偏见而被误读，更谈不上推广普及。



关于“台儿庄古城”一度争议最大的就是“重建的台儿庄古城是不是历史文化遗产”的问题，也即重建“台儿庄古城”到底符不符合文化遗产保护原真性的问题。按照当地政府的认识，重建的“台儿庄古城”理所当然的是具有原真性的历史文化遗产，除了反复、不厌其烦地强调复原设计中对历史遗迹的尊重，对“留古、复古、承古、用古”原则的落实，对重建过程中的“原有空间、原有尺度、原来材料、原有工艺、原籍工匠”的严谨、细致把握，还举出战后重建的华沙古城被列为世界文化遗产的实例佐证重建后的“台儿庄古城”是具有原真性的。① 一些文物保护专家则强调古城历史建筑群的整体消逝，仅靠少量历史遗迹和一些模糊的历史照片、简练的文字描述去准确恢复历史上的台儿庄古城是不现实的，重建后的大部分建筑不具有严格文物保护意义上的历史原真性。公众的态度则相对中立，其对“台儿庄古城”建设在文化遗产保护上的作用也是基本认可的，尽管受认知专业程度所限，普通大众不可能如专家学者一样深入探究文化遗产的专业保护问题，但

---

① 陈伟：《复活古城台儿庄》，中华书局2012年版，第145页。

根据笔者在古城内的多次随机访谈，大部分受访者都认为“台儿庄古城”重建工作较为细致严谨，不同于粗制滥造的假古董、伪文物，其对历史文化的传承、历史遗产的保护起到了积极的作用。① 关于这个问题的争论，笔者倾向认为整体上重建的“台儿庄古城”不具有严谨的文化遗产保护意义上的原真性，但这并不否定其在文化遗产保护实践中的综合作用和现世价值。其实，从文化遗产保护的角度来严格界定，“台儿庄古城”项目建设更应该被严谨的界定为“少量历史文化遗产本体（运河水工等运河文化遗产、台儿庄大战战争遗址等）周边历史环境的恢复”，也即笔者之前多次论述的“台儿庄古城”项目遗产保护意义上最大的成功就是在切实保护点状历史文化遗产的基础上，通过文化产业项目的开发，实现了作为遗产周边环境的“城市内部衰败、湮灭历史风貌区”的成片恢复。② 事实上，国内一些知名的、严谨的文物保护专家，包括一些在公开场合充分肯定“台儿庄古城”重建的学者，其更多的也是从延续当地历史文脉信息、保存点状文物遗产周边环境、促进文化遗产保护与旅游文化产业开发良性互动的角度支持“台儿庄古城”的项目建设。

关于“台儿庄古城”原真性的争论直到现在一直在持续，即使在国家文物局认定其为中国首个“国家文化遗产公园”之后，对其质疑之声仍不绝于耳。在一定程度上，对其在这方面的质疑甚至影响了“台儿庄古城”另一个更为重要的身份，即“台儿庄古城”还是带动台儿庄城市更新实践的文化旗舰项目。作为台儿庄文化导向城市更新的旗舰项目，“台儿庄古城”更是一个具有良好发展前景的文化旅游景区，通过发展文化旅游等为代表的文化产业，实现台儿庄城市物质环境更新、经济转型增长、社会和谐发展等目标。如果说关于重建后古城原真性问



① 笔者曾在古城建设初期、试运营期间、正式运营等多个时期，在古城内针对这一问题对不同年龄和区域的游客进行过多次问卷调查和随机访谈，绝大多数受访者都是较为认可台儿庄古城重建的。

② 遗产周边环境与文化遗产本体一样，既是历史的产物，又是历史的载体，周边环境与文化遗产所组成的一个整体系统，反映了特定区域内历史上的政治经济、文化艺术、科学技术、宗教信仰、风俗民情等社会各方面的情况，周边环境与文化遗产具有文化意义的一致性，是一种不可随意改变和肢解的空间环境和文化环境，文化遗产离开了周边历史环境，就成了孤零零的标本；《西安宣言》第一次将“历史环境”这一命题系统化，将历史建筑、古遗址或历史地区的环境，界定为直接的和扩展的环境，即作为或构成其重要性和独特性的组成部分，随着文化遗产保护理念的深化，遗产周边环境的保护正越来越受到重视。

题的争议更多体现的是对文化遗产保护事业的严谨态度，那么对古城重建项目在台儿庄城市更新中作用的强调则是对这个城市当下和未来的发展负责，也是解读和推广台儿庄模式更为关键的性质界定。

### 2. 台儿庄实践的相对特殊性

台儿庄模式的成功是有一定条件的，其实践进程具有相对特殊性，在一定程度上，台儿庄区的成功是凝聚整个枣庄市力量推进的成功，作为枣庄市资源枯竭城市社会经济转型的龙头带动项目，台儿庄实践的推进是在天时、地利、人和等一系列特殊条件下取得的，明确这一点，对于我们更加深入地了解和借鉴台儿庄模式有着更为现实的意义，可以使我们在借鉴台儿庄模式时，能够更加注重从自身实际出发，结合现实条件，发挥比较优势，而不是盲目地生搬硬套所谓经验和模式。

（1）天时：各级政府政策扶持。

改革开放40多年的实践经验业已证明，在中国，能够深入研究国家政策，有效利用国家政策，顺应历史发展潮流的，发展形势就好、发展成果就大。台儿庄文化导向的城市更新模式得到了国家、省、市三级政府的政策支持，除了扶持发展文化产业的相关通行政策之外，台儿庄还是枣庄市资源转型攻坚战的起点，享受了资源枯竭型城市一系列优惠政策扶持，这一点是很多地方不能比拟的。



从国家层面来看，确定枣庄市为国家资源枯竭型试点城市，大力支持其发展文化旅游业，以替代日益枯竭的煤炭产业。[①] 从山东省层面来看，省委、省政府十分重视枣庄市的转型发展，出台了多项具体扶持优惠政策（具体内容见表5-1），全力支持发展文化旅游产业促进城市发展转型。[②] 从枣庄市层面来看，市委、市政府从国家战略上确定城市定

① 根据《国务院关于促进资源型城市可持续发展的若干意见》，2009年3月，国务院确定了第二批32个资源枯竭城市，枣庄市整体（含所辖区县）位列其中，同时明确以后暂不再审定新的资源枯竭城市。中央财政将给予资源枯竭城市财力性转移支付资金支持，并要求资源型城市的可持续发展工作由省级人民政府负总责，强调省级人民政府要切实加强对资源型城市可持续发展工作的领导和支持，同时要求资源枯竭城市要抓紧制定、完善转型规划，提出转型和可持续发展工作的具体方案，进一步明确转型思路和发展重点，切实做好相关工作，用好中央财力性转移支付资金。

② 山东省在认真落实《中共山东省委 山东省人民政府关于支持鲁南经济带加快发展的政策意见》的基础上，继续加大政策扶持力度，又出台了《山东省人民政府关于支持枣庄市做好资源枯竭城市转型工作的意见》，落实细节加速推进枣庄资源枯竭城市的转型。

位，在综合考虑枣庄的实际和未来的前提下，确立了枣庄城市转型的路径就是发展煤化工、发展文化旅游和加快城市建设，称为打好枣庄城市转型的“三大战役”，台儿庄古城的建设，既是发展文化旅游又是加快城市建设，并被作为台儿庄乃至枣庄城市发展转型的抓手和龙头项目，成为“市长工程”，市委领导亲自负总责，市、区各级领导和部门倾注了大量精力，投入大量的人力、物力、财力，将各级优惠扶持政策几乎都给予了台儿庄，从规划、建设、招商、运营、管理等方面都给予了充分的支持，这都为台儿庄实践提供了重要保障。

表5－1　山东省支持枣庄市资源枯竭型城市转型相关政策①

| 项目 | | 相关内容 |
|---|---|---|
| 产业发展 | 支持接续替代产业发展 | 积极帮助枣庄市争取国家重大产业项目，省有关部门在发展规划、产业布局、项目审批、资金安排等方面，对枣庄市给予重点支持。在实施全省产业振兴规划和重大项目建设中，优先支持枣庄市文化旅游等接续替代产业的发展，加大省级建设基金、国债资金的投入力度，引导其加快培育接续替代产业和新的经济增长点 |
| | 支持文化旅游业发展 | 积极争取将台儿庄古城恢复重建项目列入国家《京杭大运河旅游专项规划》。把文化旅游作为全省重点项目对外招商，同时在省级贷款贴息资金、服务业发展引导资金安排上给予倾斜。积极支持枣庄市公共文化服务体系建设、文物保护等工作 |
| 财税金融 | 加大财政扶持 | 在用足用好国家财力性转移支付资金的同时，枣庄市享受中央资源枯竭城市财力性转移支付政策期间，省财政每年安排定额补助予以配套 |
| | 着力加强金融支持 | 有关金融机构要积极设立促进资源型城市可持续发展专项贷款，搭建促进转型发展专项融资平台。进一步调整信贷结构，加大对枣庄市发展接续替代产业、现代服务业及基础设施建设等转型项目的信贷投放 |
| | 进一步拓宽融资渠道 | 大力支持枣庄市重点企业上市融资和发行企业债券，积极创造条件，加大企业发行短期融资券、中期票据的融资力度。支持枣庄中小企业信用担保机构建设，切实解决中小企业资金需求 |
| | 准备金制度 | 认真落实国家、省有关规定，允许枣庄市按规定标准提取可持续发展准备金，专项用于环境恢复与生态补偿、发展接续替代产业、解决历史遗留问题等 |

① 根据《山东省人民政府关于支持枣庄市做好资源枯竭城市转型工作的意见》综合整理。

续表

| 项目 | | 相关内容 |
|---|---|---|
| 土地利用 | 适当增加建设用地规模 | 在土地利用规划修编中，将枣庄市符合国家产业政策的重点建设项目纳入土地利用总体规划。对枣庄市转型项目建设用地给予倾斜，在枣庄市现有年度建设用地指标的基础上，适当增加用地指标。扩大城乡建设用地增减挂钩试点规模，挂钩周转指标在保证拆旧地块农村居民安置和乡村基础设施建设的前提下，用于产业发展和城市建设 |
| | 土地整理复垦 | 省里在安排土地开发整理项目时，优先考虑枣庄市土地复垦项目，对采煤塌陷区职工搬迁异地安置住房用地，符合划拨条件的，经批准可以划拨方式提供 |
| 民生和社会发展 | 加快棚户区改造步伐 | 国家安排省的中央预算内投资补助资金和中央财政廉租住房专项补助资金，优先用于支持枣庄市廉租住房建设。积极争取将枣庄市列入国家棚户区改造试点城市，争取国家资金支持。落实棚户区改造的各项优惠政策，按国家规定免征行政事业性收费和政府性基金，确需调剂用地指标的，省给予适当支持 |

（2）地利：台儿庄自身独特优势。

除了政策优势之外，台儿庄还具有其他城市所不具有的一些独特区位、文化优势，台儿庄除了是运河上少有的南北文化交融之地，还是举世闻名的台儿庄大战发生地，这些独特的资源构成了台儿庄地域文化的核心，也构建了自身独特的文化产业发展比较优势。



特别是发生在1938年的那场台儿庄大捷，在抗日民族统一战线领导之下，数万将士血洒疆场，书写了中华民族抗战史上恢宏壮烈的诗篇，台儿庄也被誉为一座威武不屈的城市，具有较高的知名度，大部分中国人或多或少地都会了解台儿庄大战的历史意义和伟大功绩，并产生一种亲近感和正评价。台儿庄大捷是中国军队在抗战正面战场上的第一场胜利，是国共两党合作的重要成果，因此，台儿庄古城在海峡两岸关系发展中、在祖国和平统一大业进程中具有重要的政治意义。此外，台儿庄在战时、战后经罗伯特·卡帕等西方战地记者报道，更为世人所知晓、认可，罗伯特·卡帕的评价“历史上作为转折点的小城的名字有很多——滑铁卢、凡尔登，今天又增加了一个新的名字——台儿庄，一个小得不能再小的城镇，一个京杭大运河经过的城镇，一次胜利已使它成为中国最知名村庄”，使台儿庄具有世界范围的声誉。

台儿庄重修被战争所毁坏的古城，不仅仅是重现古城繁盛景象的举动，更是中国经济实力不断强大、自强自立于世界东方的体现，一座铭刻着中华民族威武不屈的古城，如今重新屹立在台儿庄故地，是对英雄的缅怀，对历史的尊重，也是大战文化的承载和威武精神的延伸，对于每一个中华儿女来说，都有着不同寻常的意义。[①] 作为抗战名城的台儿庄古城，内涵具有不可复制性，地位具有不可替代性。正是由于此种关系，2009 年 12 月 17 日，台儿庄成为第一个被国台办批准建立的“海峡两岸交流基地”，成为海峡两岸交流的平台。

（3）人和：政府力推。

台儿庄模式的成功，更得益于政府的大力推动，这也是台儿庄模式相对特殊的一个地方。除了之前所提及的枣庄市政府在相关政策方面给予台儿庄大力扶持之外，在整个台儿庄模式的运作中，在台儿庄古城的建设中，市、区两级政府也发挥了直接的作用，很多具体实践都是由政府直接推进、操作的。

台儿庄古城项目的推进，枣庄市政府在古城规划、建设、运营等多个层面起到关键作用。具体来看，古城的规划是由政府出面委托同济大学设计的，古城的建设招标是由政府支持组建的国有全资公司负责的，而古城的运营更是在台儿庄古城管委会管理之下的，可见台儿庄模式成功的背后离不开政府的全力推动。以台儿庄古城管委会为例，作为枣庄市政府派出的正县级单位，其直接受枣庄市政府领导，主任由台儿庄区委书记兼任，管委会集合文化、建设、水利、园林绿化、文物、卫生等政府部门的部分职能，对景区实行统一管理，是景区管理机构，对于景区产权、管理权实行统一管理，主要负责景区规划的审批、土地使用权的转让、租赁，资源使用权转让、资源保护规划等，并拥有对旅游景区资源开发经营企业经营活动的监督管理权。景区下设台儿庄古城旅游发展有限公司，也由古城管委会一位副主任兼任，具体负责景区的相关业务，比如人员招聘、景区内商铺管理等等。枣庄市旅游和服务业发展委员会作为旅游主管部门，对景区实施业务指导和支持，比如旅游相关政策、各项评比等，台儿庄区旅游局在台儿庄区内对景区各方面业务进行具体支持和协调。

即使是古城旅游营销等原本市场活动，很大程度上也由政府包办，营销主体是当地政府，实行政府主导、全员参与、对口营销，这种模式

① 陈伟：《复活古城台儿庄》，中华书局 2012 年版，第 33 页。

业内称为“枣庄实践”，被概括为“政府启动市场，市场拉动消费，消费带动投资，投资助推转型”，其实质就是借助官方的行政推动来形成营销优势。具体来看，台儿庄古城景区建成以来，枣庄市政府及“枣庄二日游办公室”通过制定政策、采取奖励措施等，强力推动古城景区营销策略的实施，在周边300~500公里范围划定60多个城市作为重点客源地，由市政府各部门、各机关对口宣传推介台儿庄古城，组织游客。台儿庄区政府更是抽调100余名机关干部组成29个工作组，在区政府主要领导带领下奔赴客源地宣传推介。虽然这在一定程度上存在着一些负面影响，但不能否认，这种政府主导的营销方式，基本不受资金和人员的限制，并且容易得到客源地政府的支持，能够形成比较大的影响和比较好的效果。其在台儿庄古城运营初期，的确发挥了巨大的作用，在短期内强力吸引了大量游客，进一步扩大了台儿庄的知名度。

### 3. 台儿庄模式存在的问题与发展展望

尽管“台儿庄古城”文化项目带动下的台儿庄城市更新实践取得了较好的成果，但这一模式本身仍存在一些问题，具体到台儿庄的城市更新实践，在项目的实际运作中也存在着一些亟待解决的错误倾向，要想更好借鉴和推广台儿庄模式，必须正视并解决这些问题。



（1）社会整体公平问题。

促进社会和谐公正发展，增加市民福祉，使城市发展的成果惠及所有市民是一切城市更新活动的根本目的，也是民生政府的职责所在。文化导向的台儿庄城市更新模式在一定程度上避免了单纯地产导向型城市更新模式与民争利的弊病。从事此类开发的企业大多实力雄厚，在拆迁补偿等层面相对较为宽松和丰厚，有效避免了因拆迁而引起的社会矛盾激化等问题；发展文化旅游产业不仅解决就业问题，此类开发还可以最大限度发挥空间的长远价值，进而为区域更新提供了持续发展动力。“台儿庄古城”项目拆迁工作即采取丰厚补偿的政策，除了现金补偿之外，还采取实物房产补偿，并在执行过程中恪守公正、公平、公开底线，杜绝暗箱操作，杜绝与民争利，不让老百姓吃亏，通过棚户区改造，让3000多户居民告别了“吃水难、排污难、取暖难、入厕难”的生活，改善了居住条件；[①] 作为富民产业，文化旅游产业的发展，为民创利，使台儿庄的百姓得到了经济实惠，古城项目的蓬勃发展增加了就业岗位，而与之相关的旅游产品销售收入增加则更加立竿见影，大幅提升了群众收入；“台儿庄古城”项目还提高了市民文化素养，提升了文化生活品质，改善了文化民生。

任何事物都具有两面性，“台儿庄古城”拆迁厚补偿的模式本质上是以经济成本的提高换取社会成本的降低，这种模式在一方面维护了拆迁群众的利益，保证了更新项目的顺利实施，同时也维持了台儿庄的社会稳定与和谐，减少了人们对大项目建设的抵触，但是，其也在一定程度上增加了整个工程项目的成本，同时，因拆迁暴富所引发的精神迷失等一系列深层次的社会问题也逐渐浮出水面。此外，整个台儿庄社会物价水平特别是房价水平也因为一些“暴发户”的存在而迅速攀升[②]，这就在某种程度上增加了非拆迁户居民的生活负担，容易激化整个台儿庄社会拆迁户与非拆迁户之间的矛盾。同时，由于旧城功能结构的变化，城市人口大迁移，城市人口重新分布和组合，城市社会结构发生了突变，旧城区原来相对稳定的社会结构遭到破坏，亟待重新建立。



此外，文化导向城市更新模式在社会公平方面最受诟病的地方还在于其“绅士化”的倾向，这也是目前台儿庄模式已经显现的亟须警惕的深层问题。尽管文化导向的城市更新模式在西方和中国都有很多成功的案例，文化作为城市经济发展“催化剂”的作用，使得它在城市更新运动中发挥了积极的作用。但是，正如莎朗·佐金所质疑的那样：在文化成为商业资本的今天，我们的城市将是属于“谁的城市”，代表着“谁的文化”？[③] 当文化精英沉醉于对空间“文化”“品位”的成功改造时，是否应该冷静地想到“作为城市社会主体的大众，是否同样享受到

① 根据相关资料统计，2008年和2010年，台儿庄古城重建进行了两次拆迁工作，其中一期拆迁工程拆迁面积22万平方米，涉及1700户居民，二期拆迁面积25.4万平方米，涉及居民1413户，由于措施得当，补偿丰厚，如此大面积的拆迁工作进展迅速，因拆迁导致的上访等极端社会问题基本没有出现。

② 根据笔者的不完全调查发现，台儿庄的整体物价水平较周边区县约偏高10%～20%之间，其整体房价也在古城建设及运营过程中有了较大幅度增长，如和古城建设基本处于同期（2008～2010年）的车站花园小区，其预售均价在2000元/平方米左右，而正式开盘整体价格突破4000元。

③ 莎朗·佐金著：《城市文化》，张廷佺、杨东霞、谈瀛洲译，上海教育出版社2006年版，第45页。

这场‘文化造城运动’的硕果呢”[①]？文化空间如果成为富人和新贵的天堂，就会让普通市民产生社会地位的失衡感和文化认同的危机，城市更新失去了必需的社会整体公平性。宝贵的文化资源被特权与利益裹挟，导致公众利益的沦丧，激化了社会矛盾，这些都需要引起重视和警惕。

（2）同质化竞争加剧问题。

台儿庄模式代表的文化导向型城市更新模式，其开展的关键在于文化项目的选择，无论是文化旗舰建筑、节事活动或者是最近兴起的文化产业园区，其本质都是城市更新实践开展的具体载体。可以说，一个文化导向型的城市更新实践能否成功开展，旗舰项目也即载体的选择至关重要，一定程度上，现代城市的竞争已简化为更新载体——文化项目的竞争。西方文化导向城市更新实践中就有很多失败的案例，如伦敦“千禧穹顶”和谢菲尔德“国家流行音乐中心”等项目都因缺乏竞争力而面临倒闭的威胁，从而导致城市以此为龙头项目的更新实践陷入失败的命运，这些都是需要我们保持警惕和吸取教训的。台儿庄城市更新实践是从“台儿庄古城”项目起步的，后来逐渐发展扩大为台儿庄古城文化产业园区，实现了更新载体的动态发展，但也面临着同质竞争的威胁。



“台儿庄古城”项目最初强调的是“江北水乡，运河古城”的定位，可以说这八个字生动描述了台儿庄虽地处江北却颇具江南水乡风情的特色，但在京杭大运河申遗的背景下，沿线各省市都认识到了其巨大的历史文化价值和旅游发展潜力，远的不说，仅台儿庄周边山东省境内就先后有聊城（“江北水城，运河古都”）、济宁（“孔孟圣地，运河之都”）、临清（“运河名城，运河古都”）等多座城市“抢夺”运河品牌，且台儿庄起步相对较晚，在同质竞争中已然处于劣势。同时，“台儿庄古城”作为一座古城，还需要面对国内众多古城、古镇的同质化竞争，丽江、平遥作为世界文化遗产声势显赫，周庄、乌镇等江南六镇为代表的江南水乡古镇声名远扬，这些都使“台儿庄古城”面临较大的竞争压力。在这种情况下，必须结合自身实际，充分发挥自身比较优势，突出特色和亮点，才能在激烈的同质竞争中突围，具体而言，台儿

① 王婷婷、张京祥：《文化导向的城市复兴：一个批判性的视角》，载于《城市发展研究》2009 年第 6 期，第 113 ~ 118 页。

庄在竞争中最大的优势在于原生态运河古河道、世界知名的台儿庄大战遗址，因此应充分发掘运河水乡地域文化和抗战文化，凸显自己作为江北水乡和二战遗址城市的亮点，形成对手无法模仿和超越的原生特色。然而目前，“台儿庄古城”在实践这一目标时还存在着一些问题，如古城整体重建后采取了景区封闭管理，迁出原居民，通过市场化的招商进驻方式，进行商业开发，使古城成为一个纯粹的旅游景区，缺乏生活气息，修缮后的老屋里承载的是星级酒店的奢华，高档商业模式排挤着大量富有地方特色的小本生意，在一定程度上造成了古城缺乏“人气”，历史街区失去了传统的生活方式和习俗，也就失去了“生活真实性”，古城不再是生活的家园，而成为都市一族怀古休闲的另类场所，失去原有的历史韵味。台儿庄古城正在重蹈此前国内众多古城、镇风景区因过度商业化而导致空心化的悲剧，对此需引起重视。① 此外，台儿庄古城目前的经营业态主要是旅游景点加商业业态的模式，景点更多地表现为博物馆、纪念馆模式，商业业态则集中表现为饭店、旅店、旅游商品销售等。但是，“任何一个地区能够保持活力的博物馆的数量都是有限的，愿意参观博物馆的游客数量也是有限的”②，大量历史建筑在转化为博物馆式的保护后鲜有人问津，维护成本较高，即使是那些明显具有重要历史文化价值的建筑遗产也出现不容乐观的状况，虽然古城有酿酒博物馆、青楼文化展馆、税收博物馆等特色突出的展馆，但将城内大量建筑辟为静态展示的博物馆、纪念馆③，不能突破博物馆展板加展柜的传统展示手法，缺乏对自身独特面的多种灵活演绎，使“博物馆成为挂在墙上的教科书的老面孔”，游客在参观完古城后，能对其留下多深的印象，仍有待考察。而商业业态类型的同质单一低端，也不可避免地使古城给人以“陷入泛商业化”的印象。目前，虽然通过发展非物质文化遗产项目入驻古城，进一步丰富了古城经营业态，但其多元化运营之路仍任



① 很多江南古镇在商业化开发中也曾一度外迁原住民，造成历史街区原真性的丧失，目前很多古镇已意识到这一点，通过回迁原住民，逐步恢复了往日的生活气息。笔者在乌镇调查时与所住民居主人交流时得知，在乌镇西栅早期开发时大部分和其类似的原住民都被旅游开发公司买断老屋，安排外迁，后来为恢复古镇原有气息又通过提供原房产供其免费居住吸引原住民回迁，由公司统一安排从事家庭旅馆接待服务，并根据接待量分红，一方面保持了江南古镇原有的生活情趣，另一方面也获得了商业收益。

② 埃利森·麦格斯：《改造性再利用》，载于《世界建筑》1999年第5期，第44~46页。

③ 目前古城正“雄心勃勃”的建设100座博物馆、纪念馆。

重道远。此外，作为全国文化产业试验园区重要组成部分的古城，目前其文化产业相关业态，特别是代表文化产业未来发展趋势的新兴文化产业业态比较缺乏，文化产业未来的发展缺少纵深，后续发展潜力不足。

台儿庄城市更新实践近期转向发展综合文化产业园区，但也依然面临着同质竞争的威胁，台儿庄古城文化产业园区虽然是国家级文化产业试验园区，但在其周边就赫然存在着曲阜新区文化产业园、开封宋都古城文化产业园区两家国家级文化产业示范园区，且其均以历史文化遗产为主题，形成对台儿庄古城文化产业园区的同质竞争。台儿庄古城文化产业园区目前正处于规划和前期建设阶段，要防止一哄而上，盲目发展，同质化竞争，必须加强对文化产业园区统筹规划，结合本地文化特色和资源优势，明确发展定位，走特色化差异化发展之路。文化产业园区主要面向文化创意企业和个人，通过吸引文化产业发展的人才、企业，可以在较短时间内推动地区文化产业快速发展。但这些群体一方面比较青睐北京、上海等文化基础设施完善、文化消费实力较强的大型城市；另一方面受园区优惠政策影响较大，往往“用脚投票”，逐利而徙，群体流动性比较强。如何有效吸引更多文化创意企业稳定入驻就成为决定文化产业园区长远发展的关键，也是台儿庄城市更新实践深入发展的必要条件。未来台儿庄需发挥自身特色，借助文化创意产业园平台，集聚文化创意人才，充分发挥外脑的作用，发展园区软实力。一方面，可以发挥台儿庄优势，利用海峡两岸交流基地的平台，通过吸引台湾文化创意产业杰出人才，加强与台湾文化创意业界联系，带来台湾地区发展文化创意产业先进的理念和技术，开阔视野，实现文化产业发展的突破；另一方面，台儿庄区还应借助打造国家级文化产业实验园区的契机，建立优越的文化产业孵化支撑平台，形成鼓励和扶持大学生创业的有效载体，吸引有创业意愿和能力的优秀大学生来本区创业，可以充分发挥台儿庄古城闲适生活的魅力，以享受在古城的慢生活为主题开展公关活动，吸引厌倦了大城市紧张生活“逃离北上广”的高端人才。远水不解近渴，在吸引外来人才的同时更需要加大对本土文化创意人才的培养力度，利用既有的枣庄学院和新建的运河文化学院的平台，推动重点学科和紧缺专业发展，积极培养本地实用技术人才，并通过各种实践基地为其提供良好的成长实践平台，提高其动手能力，采取订单化的培养方式，为台儿庄文化产业发展提供紧缺的基本技术人才。

（3）行政越位问题。

台儿庄模式的成功，政府推动作用功不可没，特别是在古城设计规划管理方面政府发挥较好作用，扮演了把关人的角色，在古城保护与开发建设中抛弃单纯市场经济的做法，以政府为主导，加大投资保护力度，建立完善的保护开发机制，明确责任主体，规避了文化遗产单纯商业开发容易导致的破坏遗产、公平缺失等问题，把文化遗产的保护和产业开发真正结合了起来。可以说以政府行为作后盾，是台儿庄更新模式包括古城建设、运营、营销及后续文化产业园区建设、招商成功的必要条件。在中国的国情下，政府的作用不可忽视，其实，即使在西方，20 世纪 70 年代以来的城市更新和文化产业发展实践也表明，良好的发展，离不开政府的引导和协调，政策基调从新自由主义到新凯恩斯主义的转变恰恰说明这一点。但是，发挥政府作用必须有一定的限度，必须有效避免行政越位问题，即使在一些非常时期采取非常手段，但一旦条件稳定后，必须恢复到正常。

台儿庄古城在一段时间内特别是运营初期，采取了政府包办的策略，特别是营销，前面已经谈到，政府实际上是干了本应由市场来进行的工作，而层层分派营销任务也导致了一些营销行为异化。随着台儿庄古城知名度的提升，“二日游”市场的逐渐热化，政府应将原来一些由部门抓的工作，逐渐退出来交给市场，由市场主导，用市场的办法带动市场。政府已经初步意识到这一点，并有所改善。如根据报道，2012 年 2 月，枣庄市开始以投标竞买的方式，拍卖“枣庄二日游”活动在国内 17 个客源地城市的旅游地接权和市场经营权，最火的一个客源地，有 8 家旅行社来争。[①]

此外，政府避免行政越位还有一些问题需要注意，如在城市更新规模和后续文化产业园区建设上要量力而行，避免出现因规模过大导致更新进程中断，陷入难以为继的境地，这方面，山西大同古城、河南开封古城等备受争议的案例足以供台儿庄引以为戒。而近期发酵的凤凰古城门票纷争，也为台儿庄正确处理发挥政府作用和市场机制关系问题敲响警钟。



① 郭丽萍：《台儿庄古城涅槃重生》，载于《大经贸》2012 年第 9 期，第 48 ~ 51 页。

# 第6章　结　　语

“明哲之士，必洞达世界之大势，权衡校量，去其偏颇，得其神明，施之国中，翕合无间。外之既不后于世界之思潮，内之仍弗失固有之血脉，取今复古，别立新宗”。这句是鲁迅先生发表于1908年的文章《文化偏至论》里的话语，在一个世纪后的今天读来，仍然振聋发聩，它也烛照着本书写作的艰难前行。

本书采用历史学为主，城市规划学、管理学、社会学、产业经济学等为辅的跨学科研究手法，对西方城市更新与文化产业各自兴起、发展的背景与进程进行了深入探讨，并将研究的重点放在了考察城市更新对文化产业发展的推动上。本书从范式转变的角度看待“城市更新”和“文化产业”两个概念的发展，将其放在具体的时空中进行探讨，为我国推进城市更新转向和发展文化产业提供了观念支持；本书以历史发展的主线系统探讨了西方城市更新的发展、转向进程，揭示了西方城市更新转向中的具体问题；文章选取和城市更新关系最直接的文化遗产保护行业作为文化产业个体行业的代表，具体分析了其在城市更新进程中从精神文化领域事业向世俗经济领域产业的转变；本书还详细探讨了城市更新影响下的西方整体性文化产业的发展，揭示了消费转向、“反正统文化”等社会运动、城市主导产业升级、文化创意阶层发展、发展文化创意城市等要素在推动西方文化产业发展中的作用；本书最后还具体探讨了中国城市更新和文化产业发展的情况，对西方经验的适用性进行了相应讨论。本书的整体研究得出了一些新结论，也存在着一些不足之处和需要深入研究的地方。

## 6.1 主要创新

本书在一定程度上属于理论研究的范畴，对文化产业学科发展中的一些问题进行跨学科探索研究，从选题到论证方法，都经历了较为艰难的写作和求证过程，也体现了一定的创新之处，具体包括以下几点：

### 6.1.1 引入范式理论考察城市更新和文化产业的概念发展

本书在社会科学研究中引入科技哲学中的范式理论，以范式转变的视角看待城市更新和文化产业两个实践中不断发展的概念，从发展的角度诠释了城市更新和文化产业的概念。现代城市更新早已脱离早期物质更新的范畴，正日益成为涉及物质、经济、社会、文化、生态环境等多元层面的综合性、系统性社会实践。本书以城市更新这一整体性概念涵盖发展中的各种城市更新实践如城市再生、城市再发展、城市复兴等，跳脱了传统城市更新研究领域过分纠结于具体阶段概念差别而忽视整体概念本质内涵与外延的窠臼，符合城市更新发展的实际，同时也明确了更新对象和目标，强调了城市更新发展的系统性和整体性。文化产业也是发展中的概念，本书也将其视为整体性概念，强调其发展的内涵，不去纠结具体的概念差别，而是从整体上强调其从意识形态领域的概念向经济社会生活的政策实践转化的过程，突出了其发展进程中具有范式转向意义的转变，强调了20世纪六七十年代在文化产业发展史上的重要地位，初步厘清了一些早期西方文化产业发展关键节点问题。



### 6.1.2 把城市更新的研究视角引入文化产业发展研究

本书以城市更新的研究视角较为深入地探讨了文化产业发展的进程，将城市更新理论体系引入文化产业研究领域，突出了跨学科研究的特征，丰富了文化产业发展研究的内容。不同于文化产业传统“政治经济学批判”“受众使用阐释”和“媒介文化理论”的研究视角更多地强调意识、文本、技术、媒介等元素在文化产业发展中的动力作用，本书更多地将文化产业发展的动力归结于城市更新发展的推动，并以城市更新发展线索下推动的文化产业发展关键节点、关键事件、关键行业的发展体现出整体性文化产业在历史进程中的发展和演变，这是基于整体性概念的文化产业特有的时空性特征而进行的研究尝试，在研究视角层面具有一定创新性，也具有一定的理论价值和现实意义。同时这一研究也丰富了城市更新研究领域的内容，考察目前中外城市更新研究内容，文化及文化产业在城市更新中的作用是一个学者较为热衷的研究领域，关于文化与城市更新的关联研究也更多地集中在文化对城市更新的作用上，很少甚至几乎没有涉及城市更新对文化及文化产业发展的影响和推动，即使有个别文章及著提到该问题，也仅是零星、孤立捎带一提，其对文化产业发展的研究起点一般都设定在 20 世纪 90 年代以后创意产业兴起，认为城市更新对创意产业的发展起到了推动作用，这当然是事实，但缺乏早期城市更新对文化产业发展推动的研究，是不完整的，没有系统全面的论述，也谈不上深入的研究。本书另辟蹊径，立足城市更新对文化产业发展的推动研究，并将研究的起点选在了业内较为公认的法兰克福批判文化工业时期，构建了城市更新推动文化产业发展相对完整的脉络，在这方面也具有一定的创新意义，丰富了相关研究的内容。



### 6.1.3 对西方城市更新和文化产业发展中的一些关键问题进行了探讨

本书在对西方城市更新和文化产业发展历史的梳理过程中，对二者发展进程中的一些关键点、理论盲点进行了探索，特别是对长期困扰文化产业发展进程中的一些节点问题进行了研究，得出了一些结论，具有一定的创新性。如对西方文化遗产保护事业在城市更新进程中的转变研究，系统论证了在西方城市发展中，文化遗产保护事业是如何一步步融入到世俗生活中，自身发展成为西方文化产业众多行业中的一个主要行业，实现了从精神领域向世俗领域的转化，并以一个行业的转变体现出文化产业整个产业的转变的。文章还论证了城市更新推动消费领域的变化，并继而对文化产业发展产生深远影响的问题，特别探讨了战后婴儿潮对消费主体转变的影响、消费观念转变对消费内容嬗变的影响等具体问题。文章亦对西方城市更新影响推动下的反正统文化运动、阁楼运动等社会运动进行了探讨，并将其与西方文化产业发展进程联系起来，提出了反正统文化运动在文化产业早期发展中具有孕育文化创意阶层、消解文化产业发展道德困境的作用等具体观点，具有较强的观点创新性。此外，文章还对20世纪70年代以后基于城市更新面临整体环境变更而进行更具范式意义的转向条件下，文化产业一些具有新特征的发展进行了论述，如对学界长期争论的“文化产业化”和“产业文化化”问题进行了深入探讨，将其置于城市更新的视角下进行讨论，并结合具体的案例进行分析，得出了一些新的结论；将文化创意阶层在90年代的全面崛起和全球范围内文化创意城市的兴起置于城市更新的视角下进行研究，也得出了一些新的结论。这些具体观点的创新渗透于本书的很多章节，对城市更新及文化产业发展进程研究，都具有较强的理论创新意义。

## 6.2 研究展望



理论研究需要一种“宁稚嫩而不俗，勿老成而平庸”的精神。与以往研究专著相比，本书视角不同，方式不同，体现了一定的创新性。但城市更新和文化产业发展是各自学科体系中的重要研究内容，涵盖面广，对两者关联的研究也涉及众多内容，体系复杂，远非一篇论文能够透彻解决，此外本书中的部分理论观点、所引用材料和具体论证手法也尚欠周全，这些都需要在以后的研究中进一步完善。具体来看，相关研究在以下两个方面尤须加强。

### 6.2.1 对技术等元素在文化产业发展中的作用论证有待充实

文化产品的大量复制是文化产业兴起的必要条件，技术在这一过程中扮演了重要作用。除了技术之外，西方社会200多年来的工业化过程也为文化产业的发展提供了各项准备和基础。本书作为一篇理论探索的文章，试图通过研究城市更新对文化产业发展的推动作用，基于另一种视角探讨西方文化产业发展的历史进程，因此对城市更新在文化产业早期及20世纪70年代以后发展的影响进行了深入的探讨，对科学技术发展、大众传播媒介发达等一些传统的文化产业发展动力因素没有过多涉及。这一方面是为了更突出城市更新的作用，另一方面也是限于篇幅和能力无法展开的遗憾。对技术等元素在文化产业发展中的作用论证欠缺不能不说是本书的一大缺憾，因此以后的研究中需要综合考虑媒介、技术因素对城市文化产业发展的动力作用。

### 6.2.2 对西方文化产业发展的分期有待进一步细化

此外，本书对西方城市更新和文化产业发展分期采取了以20世纪70年代为界的两分法分期，这一分期较为明晰地呈现了城市更新和文化产业两个概念和实践在发展中的理念范式转向，也较好地论证了城市更新推动文化产业从过分纠结于高雅文化与大众文化之间对立的意识形态领域的哲学范畴向强调文化功能价值和经济社会价值的政策实践的转向过程，突出了思维范式的转向。但是西方城市更新和文化产业发展的进程不可能像理论描述的这样抽象，它在发展过程中仍有许多具体的小规模的转变值得我们细究，因此，从完善理论的角度来看，本书的分期显得过于宽泛，两个分期可以继续细化为多个分期，如对70年代之前的分期似乎可以进一步细化为战后至60年代初和60年代两个分期，以进一步强调城市更新早期的一次小规模的范式转向对文化产业发展的影响；同样，70年代以后的分期也可以继续细化为70~90年代和90年代以后两个分期，以强调克林顿、布莱尔等新凯恩斯主义政府上台以后对城市更新发展的新转向，及其对文化产业向创意产业等更加细分的经济类型发展的推动和影响。基于时间、篇幅及能力限制，这些遗憾和不足唯有在以后的研究中加以解决了。

# 参考文献

［1］C. 亚历山大：《建筑的永恒之道》，赵冰译，知识产权出版社2002年版。

［2］E. F. 舒马赫：《小的是美好的：一本把人当回事的经济学著作》，李华夏译，译林出版社2007年版。

［3］O. H. 普鲁金：《建筑与历史环境》，韩林飞译，社会科学文献出版社1997年版。

［4］阿雷恩·鲍尔德温：《文化研究导论（修订版）》，陶东风译，高等教育出版社2007年版。

［5］埃比尼泽·霍华德：《明日的田园城市》，金经元译，商务印书馆2009年版。

［6］艾伦·J. 斯科特：《城市文化经济学》，董树宝、张宁译，中国人民大学出版社2010年版。

［7］爱德华·W. 苏贾：《后现代地理学：重申批判社会理论中的空间》，王文斌译，商务印书馆2004年版。

［8］爱德华·苏贾：《后大都市：城市和区域的批判性研究》，李钧译，上海教育出版社2006年版。

［9］白友涛、陈赟畅：《城市更新社会成本研究》，东南大学出版社2008年版。

［10］包亚明：《后大都市与文化研究》，上海教育出版社2005年版。

［11］包亚明：《现代性与空间的生产》，上海人民出版社2003年版。

［12］鲍德里亚：《消费社会》，刘成富、全志钢译，南京大学出版社2000年版。

［13］彼得·罗伯茨、休·塞克斯：《城市更新手册》，叶齐茂、倪晓晖译，中国建筑工业出版社2009年版。

［14］彼得·霍尔：《城市和区域规划》，邹德慈、李浩、陈熳莎

译，中国建筑工业出版社 2008 年版。

［15］彼得·霍尔：《明日之城：一部关于 20 世纪城市规划与设计的思想史》，童明译，同济大学出版社 2009 年版。

［16］卜雪旸：《当代西方城市可持续发展空间理论研究热点和争论》，载于《城市规划学刊》2006 年第 4 期。

［17］查尔斯·兰德利：《创意城市：如何打造都市创意生活圈》，杨幼兰译，清华大学出版社 2009 年版。

［18］常青：《历史环境的再生之道——历史意识与设计探索》，中国建筑工业出版社 2009 年版。

［19］陈金秀、吴继兰：《独具特色的美国文化管理体制》，载于《中国信息报》2010 年 11 月 24 日。

［20］陈伟：《复活古城台儿庄》，中华书局 2012 年版。

［21］陈映芳：《都市大开发：空间生产的政治社会学》，上海古籍出版社 2009 年版。

［22］陈映芳：《棚户区：记忆中的生活史》，上海古籍出版社 2006 年版。

［23］陈映芳：《直面当代城市：问题及方法》，上海古籍出版社 2011 年版。

［24］陈甬军：《中国城市化道路新论》，商务印书馆 2009 年版。

［25］陈则明：《城市更新理念的演变和我国城市更新的需求》，载于《城市问题》2000 年第 1 期。

［26］程巍：《中产阶级的孩子们：60 年代与文化领导权》，生活·读书·新知三联书店 2006 年版。

［27］程晓曦：《荷兰城市改造与复兴的三个阶段与多种策略》，载于《国际城市规划》2011 年第 4 期。

［28］崔宁：《重大城市事件下城市空间再构——以上海世博会为例》，东南大学出版社 2008 年版。

［29］大卫·布鲁克斯：《布波族——一个社会新阶层的崛起》，徐子超译，中国对外翻译出版公司 2002 年版。

［30］大卫·哈维：《巴黎城记：现代性之都的诞生》，黄煜文译，广西师范大学出版社 2010 年版。

［31］大卫·哈维：《后现代的状况——对文化变迁之源起的探

究》，阎嘉译，商务印书馆2003年版。

［32］戴伯勋、沈宏达：《现代产业经济学》，经济管理出版社2001年版。

［33］戴逢：《中国城市发展报告（2010卷）》，中国城市出版社2011年版。

［34］戴维·思罗斯比：《经济学与文化》，王志标、张峥嵘译，中国人民大学出版社2011年版。

［35］丹尼尔·贝尔：《后工业社会的来临：对社会预测的一项探索》，高铦、王宏周、魏章玲译，新华出版社1997年版。

［36］丹尼尔·贝尔：《资本主义文化矛盾》，严蓓雯译，江苏人民出版社2012年版。

［37］登琨艳：《空间的革命：一把从苏州河烧到黄浦江的烈火》，华东师范大学出版社2006年版。

［38］董楠楠：《联邦德国城市复兴中的开放空间临时使用策略》，载于《国际城市规划》2011年第5期。

［39］董奇、戴晓玲：《英国“文化引导”型城市更新政策的实践和反思》，载于《城市规划》2007年第4期。

［40］窦强：《毕堡效应——一个建筑带动一个城市的复兴》，载于《建筑创作》2007年第3期。

［41］范文兵：《上海里弄的保护与更新》，上海科学技术出版社2004年版。

［42］范宇、姚士谋：《知识经济与中国城市更新》，载于《地域研究与开发》2003年第2期。

［43］方可：《当代北京旧城更新——调查、研究、探索》，中国建筑工业出版社2000年版。

［44］方清海：《城市更新与创意产业》，湖北人民出版社2010年版。

［45］冯子标、焦斌龙：《大趋势——文化产业解构传统产业》，社会科学文献出版社2006年版。

［46］弗朗西斯科·阿森西奥·赛威尔：《LOFTS艺术家的藏酷空间》，欧阳文译，知识产权出版社、中国水利水电出版社2001年版。

［47］弗雷德里克·詹姆逊：《文化转向》，胡亚敏译，中国社会科学出版社2000年版。

[48] 冈田新一:《从函馆西部历史地区修复项目看城市的复兴》,载于《时代建筑》2001 年第 4 期。

[49] 顾朝林、甄峰、张京祥:《集聚与扩散——城市空间结构新论》,东南大学出版社 2001 年版。

[50] 顾军、苑利:《文化遗产报告:世界文化遗产保护运动的理论与实践》,社会科学文献出版社 2005 年版。

[51] 管娟:《上海中心城区城市更新运行机制演进研究——以新天地、8 号桥和田子坊为例》,同济大学硕士学位论文,2008 年。

[52] 郭晋:《转型期中国文化产业的发展与对策研究》,山西大学硕士学位论文,2007 年。

[53] 郭梅君:《创意转型:创意产业发展与中国经济转型的互动研究》,中国经济出版社 2011 年版。

[54] 郭湘闽:《以旅游为动力的历史街区复兴》,载于《新建筑》2006 年第 3 期。

[55] 国际统计中心课题组:《国外关于文化产业统计的界定》,载于《中国统计》2004 年第 1 期。



[56] 国家统计局:《文化及相关产业分类(2012)》,载于《国家统计局网站》2012 年 8 月 2 日。

[57] 过伟敏:《建筑艺术遗产保护与利用》,江西美术出版社 2006 年版。

[58] 罗伯特·墨菲:《文化与社会人类学引论》,王卓君、吕基译,商务印书馆 1994 年版。

[59] 罗伯特·文丘里:《建筑的复杂性与矛盾性》,中国水利水电出版社 2006 年版。

[60] 罗钢、王中忱:《消费文化读本》,中国社会科学出版社 2003 年版。

[61] 罗小未:《上海新天地——旧区改造的建筑历史、人文历史与开发模式的研究》,东南大学出版社 2002 年版。

[62] 海江、谭翔浔:《对文化产业概念的辨析》,载于《学术探索》2005 年第 2 期。

[63] 何韶颖:《基于文化活动的人文主义城市复兴》,载于《华中建筑》2007 年第 2 期。

［64］何深静、刘玉亭：《房地产开发导向的城市更新——我国现行城市再发展的认识和思考》，载于《人文地理》2008 年第 8 期。

［65］何深静、于涛方、方澜：《城市更新中社会网络的保存和发展》，载于《人文地理》2001 年第 6 期。

［66］何依、李锦生：《后现代视角下的旧城空间更新》，载于《城市规划学刊》2008 年第 2 期。

［67］赫伯特·马尔库塞：《单向度的人》，刘继译，上海译文出版社 2008 年版。

［68］赫伯特·马歇尔·麦克卢汉：《理解媒介》，何道宽译，商务印书馆 2000 年版。

［69］赫斯蒙德夫：《文化产业》，张菲娜译，中国人民大学出版社 2007 年版。

［70］黑川纪章：《城市革命：从公有到共有》，徐苏宁、吕飞译，中国建筑工业出版社 2011 年版。

［71］罗宏斌：《“新型城镇化”的内涵与意义》，载于《湖南日报》2010 年 2 月 19 日。

［72］胡彬：《创意产业促进城市发展的内容与路径》，载于《城市问题》2007 年第 7 期。

［73］胡惠林、单世联：《文化产业研究读本》，上海人民出版社 2011 年版。

［74］胡惠林：《文化产业学》，上海文艺出版社 2006 年版。

［75］胡惠林：《文化产业正义：文化产业发展的历史地理学问题——关于文化产业发展新战略理论思考》，载于《上海交通大学学报》（哲学社会科学版）2009 年第 5 期。

［76］胡小武：《城市更新中的古韵流逝与新反哺机制》，载于《上海城市管理》2012 年第 2 期。

［77］胡小武：《创意经济时代与城市新机遇》，载于《城市问题》2006 年第 5 期。

［78］花建：《城市空间的再造与文化产业的集聚》，载于《探索与争鸣》2007 年第 8 期。

［79］华揽洪：《重建中国：城市规划三十年：1949—1979》，李颖译，三联书店 2006 年版。

[80] 黄昌勇：《上海，工业遗产与创意文化——台湾著名设计师登琨艳访谈》，载于《城市规划学刊》2006 年第 5 期。

[81] 黄鹤：《文化规划：基于文化资源的城市整体发展策略》，中国建筑工业出版社 2010 年版。

[82] 黄鹤：《文化及创意产业的空间特征研究》，载于《城市发展研究》2008 年第 S1 期。

[83] 黄鹤：《文化政策主导下的城市更新——西方城市运用文化资源促进城市发展的相关经验和启示》，载于《国外城市规划》2006 年第 1 期。

[84] 黄玮：《空间转型和经济转型——二战后芝加哥中心区再开发》，载于《国外城市规划》2006 年第 4 期。

[85] 黄晓燕、曹小曙：《转型期城市更新中土地再开发的模式与机制研究》，载于《城市观察》2011 年第 2 期。

[86] 惠敏：《当代美国大众文化的历史解读》，齐鲁书社 2009 年版。

[87] 季松、段进：《空间的消费：消费文化视野下的城市发展新图景》，东南大学出版社 2012 年版。

[88] 简·雅各布斯：《美国大城市的死与生》，金衡山译，译林出版社 2006 年版。

[89] 江泓、张四维：《生产、复制与特色消亡——“空间生产”视角下的城市特色危机》，载于《城市规划学刊》2009 年第 4 期。

[90] 江世银：《区域产业结构调整与主导产业结构研究》，上海人民出版社 2004 年版。

[91] 姜杰：《城市管理问题聚焦》，山东人民出版社 2007 年版。

[92] 姜莉：《内陆水路在城市复兴中的贡献——以英国伯明翰为例》，载于《国外城市规划》2006 年第 2 期。

[93] 蒋晓娟：《纽约“城市更新”研究（1949—1972）》，华东师范大学硕士学位论文，2011 年。

[94] 杰姆逊：《后现代主义与文化理论》，唐小兵译，北京大学出版社 1997 年版。

[95] 金元浦：《文化研究：理论与实践》，河南大学出版社 2004 年版。

[96] 卡特琳·格鲁：《艺术介入空间：都会里的艺术创作》，姚孟

吟译，广西师范大学出版社2005年版。

［97］凯夫斯：《创意产业经济学：艺术的商业之道》，孙绯译，新华出版社2004年版。

［98］柯克·欧文：《西方古建古迹保护理念和实践》，秦丽译，中国电力出版社2005年版。

［99］柯林·罗弗瑞德·科特：《拼贴城市》，童明译，中国建筑工业出版社2003年版。

［100］肯尼斯·鲍威尔：《城市的演变：21世纪之初的城市建筑》，王珏译，中国建筑工业出版社2002年版。

［101］肯尼斯·鲍威尔：《旧建筑改建和重建》，于馨译，大连理工大学出版社2001年版。

［102］孔建华、杜蕊：《北京工业厂区改造中的自然拾掇与有机更新》，载于《城市问题》2010年第3期。

［103］孔溢勤：《城市复兴理论及其对古镇塘栖保护与更新的启示》，浙江大学硕士学位论文，2010年。

［104］勒·柯布西耶：《走向新建筑》，陈志华译，陕西师范大学出版社2004年版。

［105］李宝芳：《英国城市复兴中的文化因素及其对我国的启示》，载于《生产力研究》2010年第2期。

［106］李春媚：《文化产业·文化工业·大众文化——涵义与功能的廓清》，载于《湖湘论坛》2009年第1期。

［107］李尔平、许洁明：《欧洲资源型城市复兴中的社会聚合研究》，载于《江西社会科学》2008年第11期。

［108］李芳芳：《美国联邦政府城市法案与城市中心区的复兴(1949—1980)》，华东师范大学硕士学位论文，2006年。

［109］李德华：《城市规划原理》，中国建筑工业出版社2001年版。

［110］李建波、张京祥：《中西方城市更新演化比较研究》，载于《城市问题》2003年第5期。

［111］李康化：《文化产业与城市再造——基于产业创新与城市更新的考量》，载于《江西社会科学》2007年第11期。

［112］李蕾蕾：《逆工业化与工业遗产旅游开发：德国鲁尔区的实践过程与开发模式》，载于《世界地理研究》2002年第3期。

［113］李其荣：《美国文化解读》，济南出版社 2005 年版。

［114］李若兰：《以文化为导向的城市复兴策略研究》，中南大学硕士学位论文，2009 年。

［115］李世伟：《我国大项目带动城市更新探析》，清华大学硕士学位论文，2004 年。

［116］李顺成、胡畔：《创意城市：老工业城市的再生之路——以淄博市东部化工区搬迁改造工程为例》，载于《现代城市研究》2010 年第 4 期。

［117］李学鑫、田广增、苗长虹：《区域中心城市经济转型：机制与模式》，载于《城市发展研究》2010 年第 4 期。

［118］李彦军：《中国城市转型的理论框架与支撑体系》，中国建筑工业出版社 2012 年版。

［119］李艳玲：《美国城市更新运动与内城改造》，上海大学出版社 2004 年版。

［120］李志刚、顾朝林：《中国城市社会空间结构转型》，东南大学出版社 2011 年版。

［121］理查德·佛罗里达：《创意阶层的崛起》，司徒爱勤译，中信出版社 2010 年版。

［122］厉无畏、王慧敏：《创意产业新论》，东方出版中心 2009 年版。

［123］林拓、水内俊雄：《现代城市更新与社会空间变迁：住宅、生态、治理》，上海古籍出版社 2007 年版。

［124］刘伯英、冯钟平：《城市工业用地更新与工业遗产保护》，中国建筑工业出版社 2009 年版。

［125］刘春成、侯汉坡：《创意照亮的空间：文化创意产业案例辑》，知识产权出版社 2007 年版。

［126］刘琮晓、何力宇：《城市更新中历史街区的保护与发展》，载于《中外建筑》2005 年第 12 期。

［127］刘光亚、鲁岗：《旧建筑空间的改造和再生》，中国建筑工业出版社 2006 年版。

［128］刘会远、李蕾蕾：《德国工业旅游与工业遗产保护》，商务印书馆 2007 年版。

[129] 刘佳颐:《城市更新中河道退化景观的复育》，载于《沈阳建筑大学学报》(社会科学版) 2012 年第 2 期。

[130] 刘剑锋:《城市改造中的土地产权问题探讨——德国和中国台湾、香港地区经验借鉴》，载于《国外城市规划》2006 年第 2 期。

[131] 刘丽:《二十世纪五十至七十年代联邦政府与美国城市更新》，西北师范大学硕士学位论文，2011 年。

[132] 刘强:《城市更新背景下的大学周边创意产业集群发展研究——以同济大学周边设计创意产业集群为例》，同济大学博士学位论文，2007 年。

[133] 刘士林:《关于“上海转变经济发展方式”的若干思考》，载于《社会科学评论》2009 年第 1 期。

[134] 刘世能、张凯、单红、唐晓伟:《北京旧城改造振兴模式政策创新研究》，中国城市出版社 2009 年版。

[135] 刘昕:《深圳城市更新中的政府角色与作为——从利益共享走向责任共担》，载于《国际城市规划》2011 年第 1 期。

[136] 刘绪贻、韩铁、李存训:《美国通史（第六卷）——战后美国史 1945—2000》，人民出版社 2005 年版。

[137] 刘易斯 · 芒福德:《城市发展史——起源、演变和前景》，宋俊岭、倪文彦译，中国建筑工业出版社 2005 年版。

[138] 刘易斯 · 芒福德:《城市文化》，宋俊岭、李翔宁、周鸣浩译，中国建筑工业出版社 2009 年版。

[139] 卢新海:《中国城市土地储备制度研究》，科学出版社 2008 年版。

[140] 陆地:《建筑的生与死: 历史性建筑再利用研究》，东南大学出版社 2004 年版。

[141] 吕澎:《骤变 798: 后工厂的艺术号角 (2001—2007)》，湖南美术出版社 2011 年版。

[142] 马丁 · 安德森:《美国联邦城市更新计划 (1949—1962 年)》，吴浩译，中国建筑工业出版社 2012 年版。

[143] 马丁 · 杰:《阿多诺》，瞿铁鹏、张赛美译，中国社会科学出版社 1992 年版。

[144] 马航、Uwe Altrock:《德国可持续的城市发展与城市更新》，

载于《规划师》2012 年第 3 期。

[145] 马库斯·费尔德、马克·欧文:《Loft 风格设计》，李瑞君译，中国轻工业出版社 2002 年版。

[146] 马英平:《城市复兴中创意产业发展规划研究》，昆明理工大学硕士学位论文，2010 年。

[147] 马献忠:《〈中国城市发展报告 (2012)〉发布》，载于《中国社会科学报》2012 年 8 月 17 日。

[148] 马歇尔·麦克卢汉:《机器新娘——工业人的民俗》，何道宽译，中国人民大学出版社 2004 年版。

[149] 马志新:《城市更新中的旧建筑再利用》，北京工业大学硕士学位论文，2003 年。

[150] 迈克·费瑟斯通:《消费文化与后现代主义》，刘精明译，译林出版社 2000 年版。

[151] 麦茨·埃尔弗森:《后现代主义与社会研究》，甘会斌译，上海人民出版社 2011 年版。

[152] 毛小岗、宋金平、丁悦:《IST 模式：一种城市更新的整体解决方略》，载于《规划师》2012 年第 2 期。

[153] 莫里斯·迪克斯坦:《伊甸园之门——60 年代美国文化》，方晓光译，上海外语教育出版社 1985 年版。

[154] 莫里斯·哈布瓦赫:《论集体记忆》，毕然、郭金华译，上海人民出版社 2002 年版。

[155] 斯内德科夫:《文化设施的多用途开发》，梁学勇、杨小军、林璐译，中国建筑工业出版社 2008 年版。

[156] 尼格尔·泰勒:《1945 年后西方城市规划理论的流变》，李白玉、陈贞译，中国建筑工业出版社 2006 年版。

[157] 倪慧、阳建强:《当代西欧城市更新的特点与趋势分析》，载于《现代城市研究》2007 年第 6 期。

[158] 诺伯舒兹:《场所精神：迈向建筑现象学》，施植明译，华中科技大学出版社 2010 年版。

[159] 潘家华、魏后凯:《中国城市发展报告 (2012 卷)》，社会科学文献出版社 2012 年版。

[160] 潘建非:《基于城市更新视角的旧城中心区水系整治——以

广州荔枝湾涌、东濠涌为例》，载于《中国园林》2012 年第 3 期。

［161］齐格蒙特·鲍曼：《全球化：人类的后果》，郭国良、徐建华译，商务印书馆 2001 年版。

［162］祁嘉华、梁爽：《城市品评：以西安为例看异化的城市记忆》，中国建筑工业出版社 2012 年版。

［163］乔尔科特金：《全球城市史》，王旭译，社会科学文献出版社 2006 年版。

［164］曲凌雁：《更新、再生与复兴——英国 1960 年代以来城市政策方向变迁》，载于《国际城市规划》2011 年第 1 期。

［165］人民出版社：《国家“十二五”时期文化改革发展规划纲要》，人民出版社 2012 年版。

［166］人民出版社：《文化产业振兴规划》，人民出版社 2009 年版。

［167］阮仪三：《城市遗产保护论》，上海科学技术出版社 2005 年版。

［168］阮仪三、李浈、林林：《江南古镇：历史建筑与历史环境的保护》，上海人民美术出版社 2010 年版。

［169］阮仪三：《历史环境保护的理论与实践》，上海科学技术出版社 2000 年版。

［170］阮仪三、刘浩：《姑苏新续：苏州古城的保护与更新》，中国建筑工业出版社 2005 年版。

［171］阮仪三、孙萌：《我国历史街区保护与规划的若干问题研究》，载于《城市规划》2001 年第 10 期。

［172］萨利·贝恩斯：《1963 年的格林尼治村——先锋派表演和欢乐的身体》，华明译，广西师范大学出版社 2001 年版。

［173］莎朗·佐金：《城市文化》，张廷佺、杨东霞、谈瀛洲译，上海教育出版社 2006 年版。

［174］单霁翔：《城市化发展与文化遗产保护》，天津大学出版社 2006 年版。

［175］单霁翔：《从“文物保护”走向“文化遗产保护”》，天津大学出版社 2008 年版。

［176］单霁翔、吴良镛：《文化遗产保护与城市文化建设》，中国建筑工业出版社 2009 年版。

[177] 单世联：《现代性与文化工业》，广东人民出版社 2001 年版。

[178] 邵甬：《法国建筑·城市·景观遗产保护与价值重现》，同济大学出版社 2010 年版。

[179] 石楠、俞滨洋：《城市复兴的理论与实践：中英城市复兴高层论坛文献集》，黑龙江科学技术出版社 2006 年版。

[180] 石崧：《上海创意空间的崛起与城市复兴》，载于《上海城市规划》2007 年第 3 期。

[181] 史蒂文·蒂耶斯德尔、蒂姆·希思、塔内尔·厄奇：《城市历史街区的复兴》，张玫英、董卫译，中国建筑工业出版社 2006 年版。

[182] 丝奇雅·沙森：《全球城市：纽约、伦敦、东京》，周振华译，上海社会科学院出版社 2001 年版。

[183] 苏秉公：《城市的复活——全球范围内旧城区的更新与再生》，文汇出版社 2011 年版。

[184] 孙安民：《文化产业理论与实践》，北京出版社 2005 年版。

[185] 孙江：《空间生产——从马克思到当代》，人民出版社 2008 年版。

[186] 孙景娜：《库恩的范式理论与科学知识社会学的研究纲领》，吉林大学硕士学位论文，2008 年。

[187] 孙萌：《后工业时代城市空间的生产：西方后现代马克思主义空间分析方法解读中国城市艺术区发展和规划》，载于《国际城市规划》2009 年第 6 期。

[188] 孙永生：《以旅游发展为动力的旧城改造》，华南理工大学博士学位论文，2010 年。

[189] 汤培源、顾朝林：《创意城市综述，载于城市规划学刊》2007 年第 3 期。

[190] 唐茂华：《中国不完全城市化问题研究》，经济科学出版社 2009 年版。

[191] 天津市历史风貌建筑保护委：《第二届历史建筑遗产保护与可持续发展国际会议论文集》，天津大学出版社 2010 年版。

[192] 田艳平：《旧城改造与城市社会空间重构：以武汉市为例》，北京大学出版社 2009 年版。

[193] 托马斯·库恩:《科学革命的结构》,金吾伦、胡新和译,北京大学出版社2003年版。

[194] 托尼·朱特:《战后欧洲史》,林骧华、唐敏等译,新星出版社2010年版。

[195] 瓦尔特·本雅明:《机械复制时代的艺术》,李伟、郭东译,重庆出版社2006年版。

[196] 万雪芹、张玲:《文化产业园区集群品牌形象构建的路径依赖——“华侨城”与“曲江新区”的启示》,载于《社会科学家》2009年第11期。

[197] 万勇:《旧城的和谐更新》,中国建筑工业出版社2006年版。

[198] 汪波:《文化视野下的城市复兴及规划策略研究》,西安建筑科技大学硕士学位论文,2008年。

[199] 王晨:《林肯表演艺术中心总裁专访》,载于《天天新报》2010年10月20日。

[200] 王恩铭:《美国反正统文化运动》,北京大学出版社2008年版。

[201] 王红军:《美国建筑遗产保护历程研究:对四个主题性事件及其背景的分析》,东南大学出版社2009年版。

[202] 王婳、王泽坚、朱荣远、龚志渊:《深圳市大剧院—蔡屋围中心区城市更新研究——探讨城市中心地区更新的价值》,载于《城市规划》2012年第1期。

[203] 王建国:《后工业时代产业建筑遗产保护更新》,中国建筑工业出版社2008年版。

[204] 王兰、刘刚:《20世纪下半叶美国城市更新中的角色关系变迁》,载于《国际城市规划》2007年第4期。

[205] 王丽君:《文化建筑:城市复兴的引擎》,载于《华中建筑》2007年第6期。

[206] 王璐:《重大节事影响下的城市形态研究》,中国建筑工业出版社2011年版。

[207] 王诺、白景涛:《世界老港城市化改造发展研究》,人民交通出版社2004年版。

[208] 王如渊:《西方国家城市更新研究综述》,载于《西华师范大学学报(哲社版)》2004年第2期。

［209］王婷婷、张京祥：《文化导向的城市复兴：一个批判性的视角》，载于《城市发展研究》2009 年第 6 期。

［210］王伟年、张平宇：《创意产业与城市再生》，载于《城市规划学刊》2006 年第 2 期。

［211］王伟强：《文化、街区与城市更新》，同济大学出版社 2006 年版。

［212］王文婷：《以文化策略为导向的城市设计研究——以卡迪夫和重庆旧城更新为例》，重庆大学硕士学位论文，2010 年。

［213］王文婷：《以文化为导向的英国城市复兴策略及其对中国城市的启示》，载于《室内设计》2009 年第 5 期。

［214］王旭：《美国城市史》，中国社会科学出版社 2000 年版。

［215］王育济、齐勇锋、侯样祥、韩英：《中国文化产业学术年鉴（1979—2002 年卷）》，山东大学出版社 2010 年版。

［216］王育济、齐勇锋、侯样祥、韩英：《中国文化产业学术年鉴（2003—2007 年卷）》，文化艺术出版社 2009 年版。

［217］王育济、齐勇锋、侯样祥、韩英：《中国文化产业学术年鉴（2008 年卷）》，文化艺术出版社 2009 年版。

［218］王桢桢：《城市更新：权力失衡与能力赋予》，载于《传承》2012 年第 1 期。

［219］威廉·J. 穆尔塔夫：《时光永驻：美国遗产保护的历史和原理（第 3 版）》，谢靖译，电子工业出版社 2012 年版。

［220］卫华：《论格林尼治村波希米亚生活艺术的消费文化倾向》，载于《湘南学院学报》2009 年第 3 期。

［221］魏闽：《复兴“义品村”：上海历史街区整体性保护研究》，东南大学出版社 2008 年版。

［222］温跃、赵小亮：《培植资源型城市转型的文化内涵》，载于《金融时报》2012 年 9 月 11 日。

［223］翁华锋：《国外城市更新的历程与特点及其几点启示》，载于《福建建筑》2006 年第 5 期。

［224］吴晨：《城市复兴的理论探索》，载于《世界建筑》2002 年第 12 期。

［225］吴晨：《文化竞争：欧洲城市复兴的核心》，载于《瞭望新

闻周刊》2005 年第 z1 期。

［226］吴卉、孙晓峰：《城市更新中的广义设计倾向——以北京什刹海历史文化保护区为例》，载于《文艺争鸣》2011 年第 4 期。

［227］吴良镛：《人居环境科学导论》，中国建筑工业出版社 2001 年版。

［228］吴良镛：《中国城乡发展模式转型的思考》，清华大学出版社 2009 年版。

［229］吴尧、樊飞豪、是永美树：《拼合记忆：澳门历史建筑的发展与保护》，中国电力出版社 2009 年版。

［230］西村幸夫：《再造魅力故乡：日本传统街区重生故事》，王惠君译，清华大学出版社 2007 年版。

［231］夏健、王勇、李广斌：《回归生活世界——历史街区生活真实性问题的探讨》，载于《城市规划学刊》2008 年第 4 期。

［232］向勇、陈娴颖：《文化产业园区理想模型与“曲江模式”分析》，载于《东岳论丛》2010 年第 12 期。

［233］萧俊明：《文化转向的由来：关于当代西方文化概念、文化理论和文化研究的考察》，社会科学文献出版社 2004 年版。

［234］萧丽虹、黄瑞茂：《文化空间创意再造：闲置空间再利用国外案例汇编》，“行政院”文化建设委员会 2002 年版。

［235］萧明瑜：《老宝贝 新创意：产业文化资产转化设计》，“行政院”文化建设委员会 2009 年版。

［236］萧默：《文化纪念碑的风采：建筑艺术的历史与审美》，中国人民大学出版社 1999 年版。

［237］肖军：《略论城市更新》，载于《国土经济》2000 年第 4 期。

［238］肖礼斌：《全球化语境中的城市更新——读〈走向强有力的城市复兴〉有感》，载于《北京规划建设》2007 年第 1 期。

［239］肖雁飞、廖双红：《创意产业区新经济空间集群创新演进机理研究》，中国经济出版社 2011 年版。

［240］谢涤湘、朱竑：《创意产业的发展构想与老城区更新——以广州市荔湾区为例》，载于《热带地理》2008 年第 5 期。

［241］谢名家：《文化产业的时代审视》，人民出版社 2002 年版。

［242］谢文兴：《城市更新中的历史街区——南京市南捕厅街区社

会变迁研究》，南京大学硕士学位论文，2011 年。

［243］新华通讯社译名室：《英语姓名译名手册》，商务印书馆 2004 年版。

［244］熊澄宇、傅琰：《关于当前我国文化产业分类标准的研究》，载于《社会科学战线》2012 年第 1 期。

［245］徐晶实：《以重大事件为触媒的城市复兴研究》，中南大学硕士学位论文，2010 年。

［246］徐井宏、张红敏：《转型：国际创新型城市案例研究》，清华大学出版社 2011 年版。

［247］徐明前：《城市的文脉——上海中心城旧住区发展方式新论》，上海学林出版社 2004 年版。

［248］徐燕：《基于土地置换的旧工业区城市更新研究》，重庆大学硕士学位论文，2007 年。

［249］亚历山大·C.，西尔沃斯坦·M.，安格尔·S.：《俄勒冈实验》，石川新、赵冰、刘小虎译，知识产权出版社 2002 年版。

［250］严若谷、闫小培、周素红：《台湾城市更新单元规划和启示》，载于《国际城市规划》2012 年第 1 期。

［251］严若谷、周素红、闫小培：《城市更新之研究》，载于《地理科学进展》2011 年第 8 期。

［252］阳建强：《老工业城市的转型与更新改造》，载于《2008 城市发展与规划国际论坛论文集》。

［253］阳建强：《西欧城市更新》，东南大学出版社 2012 年版。

［254］阳建强、吴明伟：《现代城市更新》，东南大学出版社 1999 年版。

［255］阳建强：《现代城市更新运动趋向》，载于《城市规划》1995 年第 4 期。

［256］杨保军：《城市公共空间的失落与新生》，载于《城市规划学刊》2006 年第 6 期。

［257］杨魁、董雅丽：《消费文化——从现代到后现代》，中国社会科学出版社 2003 年版。

［258］杨群：《城市化率过半，要警惕“半城市化”》，载于《解放日报》2012 年 5 月 23 日。

［259］杨晓兰：《伯明翰——城市更新和产业转型的经验及启示》，载于《中国城市经济》2008 年第 11 期。

［260］杨洵：《城市更新中工业遗存再利用研究——以重庆为例》，重庆大学硕士学位论文，2009 年。

［261］杨震、徐苗：《城市设计在城市复兴中的实践策略》，载于《国际城市规划》2007 年第 4 期。

［262］姚胜安、未江涛：《城市中心区产业结构调整优化研究综述》，载于《江西行政学院学报》2010 年第 3 期。

［263］叶南客、李芸：《国际城市更新运动评述》，载于《世界经济与政治论坛》1999 年第 6 期。

［264］伊丽莎白·科瑞德：《创意城市：百年纽约的时尚、艺术与音乐》，陆香、丁硕瑞译，中信出版社 2010 年版。

［265］伊利尔·沙利宁：《城市：它的发展、衰败与未来》，顾启源译，中国建筑工业出版社 1986 年版。

［266］易晓峰：《从地产导向到文化导向——1980 年代以来的英国城市更新方法》，载于《城市规划》2009 年第 6 期。

［267］应小宇、贺通：《台南市运河沿岸地区更新规划》，载于《华中建筑》2007 年第 2 期。

［268］游利娟、张建坤：《中国历史城市复兴理论探索》，载于《江苏城市规划》2009 年第 5 期。

［269］于海广、王巨山：《中国文化遗产保护概论》，山东大学出版社 2008 年版。

［270］于力、张康生：《以文化为导向的英国城市复兴策略》，载于《国际城市规划》2007 年第 4 期。

［271］于立、Jeremy Alden：《城市复兴——英国卡迪夫的经验及借鉴意义》，载于《国外城市规划》2006 年第 2 期。

［272］于涛方、彭震、方澜：《从城市地理学角度论国外城市更新历程》，载于《人文地理》2001 年第 3 期。

［273］袁占亭：《资源型城市接续产业发展研究》，中国社会科学出版社 2010 年版。

［274］苑捷：《当代西方文化工业理论研究概述》，载于《马克思主义与现实》2004 年第 1 期。

[275] 约翰·斯道雷：《文化理论与大众文化导论（第5版）》，常江译，北京大学出版社2010年版。

[276] 约翰·哈特利：《创意产业读本》，曹书乐、包建女、李慧译，清华大学出版社2007年版。

[277] 约瑟夫·里克沃特：《城之理念——有关罗马、意大利及古代世界的城市形态人类学》，刘东洋译，中国建筑工业出版社2006年版。

[278] 曾军、陈鸣、朱洪举：《创意城市：文化创造世界》，上海人民出版社2010年版。

[279] 翟斌庆、伍美琴：《城市更新理念与中国城市现实》，载于《城市规划学刊》2009年第2期。

[280] 张凡：《城市发展中的历史文化保护对策》，东南大学出版社2006年版。

[281] 张汉、宋林飞：《英美城市更新之国内学者研究综述》，载于《城市问题》2008年第2期。

[282] 张贺：《2011年文化产业增加值达13479亿元》，载于《人民日报》2012年11月14日。

[283] 张鸿雁：《城市文化资本论（第二版）》，东南大学出版社2010年版。

[284] 张鸿雁：《城市中心区更新与复兴的社会意义——城市社会结构变迁的一种表现形式》，载于《城市问题》2001年第6期。

[285] 张鸿雁：《侵入与接替——城市社会结构变迁新论》，东南大学出版社2001年版。

[286] 张建庭：《自然与人文的对话：杭州西湖综合整治保护实录》，中国建筑工业出版社2009年版。

[287] 张杰：《从悖论走向创新：产权制度视野下的旧城更新研究》，中国建筑工业出版社2010年版。

[288] 张京祥：《西方城市规划思想史纲》，东南大学出版社2005年版。

[289] 张京祥：《小议城市更新》，载于《长江建设》1995年第8期。

[290] 张京祥、罗震东、何建颐：《体制转型与中国城市空间重

构》，东南大学出版社 2007 年版。

［291］张目：《城市触媒理论浅议》，载于《理论月刊》2005 年第 3 期。

［292］张乃戈、朱韬、于立：《英国城市复兴策略的演变及“开发性保护”的产生和借鉴意义》，载于《国际城市规划》2007 年第 4 期。

［293］张平宇：《城市再生：21 世纪中国城市化趋势》，载于《地理科学进展》2004 年第 4 期。

［294］张其邦：《城市更新的更新地、更新时（期）与更新度理论研究》，重庆大学博士学位论文，2007 年。

［295］张钦楠：《阅读城市》，生活·读书·新知三联书店 2004 年版。

［296］张琴：《江南水乡城镇保护实践的反思》，载于《城市规划学刊》2006 年第 2 期。

［297］张松：《城市文化遗产保护国际宪章与国内法规选编》，同济大学出版社 2007 年版。

［298］张松：《历史城市保护学导论——文化遗产和历史环境保护的一种整体性方法（第二版）》，上海科学技术出版社 2008 年版。

［299］张庭伟、冯晖、彭治权：《城市滨水区设计与开发》，同济大学出版社 2002 年版。

［300］张婷婷、徐逸伦：《我国创意城市发展理念之反思》，载于《现代城市研究》2007 年第 12 期。

［301］张晓生：《台儿庄：古城绽放版贸新绿》，载于《中国新闻出版报》2012 年 9 月 13 日。

［302］张艳华：《在文化价值和经济价值之间——上海城市建筑遗产（CBH）保护与再利用》，中国电力出版社 2007 年版。

［303］张燕妮、魏毓洁：《对我国现代城市更新的思考》，载于《高等建筑教育》2006 年第 1 期。

［304］赵红梅：《城市更新中的旧居住区改造模式研究》，东北师范大学硕士学位论文，2005 年。

［305］甄栋、刘云月：《现代城市更新的经济学视野》，载于《山东建筑工程学院学报》2004 年第 4 期。

［306］中国城市规划设计研究院、建设部城乡规划司：《城市规划

资料集（第八分册）：城市历史保护与城市更新》，中国建筑工业出版社 2008 年版。

[307] 中国城市规划学会：《名城保护与城市更新》，中国建筑出版社 2003 年版。

[308] 钟凌艳：《文化视角下的当代城市复兴策略》，重庆大学硕士学位论文，2006 年。

[309] 钟水映、李晶、刘孟芳：《产业结构与城市化：美国的“去工业化”和“再城市化”现象及其启示》，载于《人口与经济》2003 年第 2 期。

[310] 周国艳、于立：《西方现代城市规划理论概论》，东南大学出版社 2010 年版。

[311] 周俭、张恺：《在城市上建造城市——法国城市历史遗产保护实践》，中国建筑工业出版社 2003 年版。

[312] 周岚：《快速现代化进程中的南京老城保护与更新》，东南大学出版社 2004 年版。

[313] 周岚：《历史文化名城的积极保护和整体创造》，科学出版社 2010 年版。

[314] 周蜀秦、徐琴：《全球化的创意产业与城市空间再造》，载于《世界经济与政治论坛》2007 年第 2 期。

[315] 周卫：《历史建筑保护与再利用——新旧空间关联理论及模式研究》，中国建筑工业出版社 2009 年版。

[316] 周向频、唐静云：《历史街区的商业开发模式及其规划方法研究》，载于《城市规划学刊》2009 年第 5 期。

[317] 周晓华：《城市更新之市场模式》，机械工业出版社 2007 年版。

[318] 朱国锾、王瑾、李莉：《成都主导产业、支柱产业的选择及加入 WTO 的适应对策研究》，载于《电子科技大学学报（社科版）》2004 年第 9 期。

[319] 朱力、孙莉：《英国城市复兴：概念、原则和可持续的战略导向方法》，载于《国际城市规划》2007 年第 4 期。

[320] 朱启勋：《都市更新——理论与范例》，（中国台湾）台隆书店 1982 年版。

[321] 朱晓明：《当代英国建筑遗产保护》，同济大学出版社 2007

年版。

[322] 朱彦墨：《论西方城市复兴运动背景下的空间设计新思想》，载于《山西建筑》2010年第32期。

[323] 诸大建、王红兵：《构建创意城市——21世纪上海城市发展的核心价值》，载于《城市规划学刊》2007年第3期。

[324] 左琰、赵和生：《德国柏林工业建筑遗产的保护与再生》，东南大学出版社2007年版。

[325] Alice Mah, Demolition for Development: A Critical Analysis of Official Urban Imaginaries in Past and Present UK Cities. *Journal of Historical Sociology*, Vol. 25, No. 1, March 2012, pp. 152 – 178.

[326] Allen J. Scott, Creative Cities – Conceptual Issues And Policy Questions. *Journal Of Urban Affairs*, Vol. 28, No. 1, January 2006, pp. 1 – 17.

[327] Anders Lund Hansen, Hans Thor Andersen And Eric Clark, Creative Copenhagen: Globalization, Urban Governance and Social Change. *European Planning Studies*, Vol. 9, No. 7, March 2001, pp. 851 – 869.

[328] Andrew Tallon (Editor), *Urban Regeneration and Renewal* (*Critical Concepts in Urban Studies*). London: Routledge, 2010.

[329] Andrew Tallon, *Urban Regeneration in the UK*. London: Routledge, 2009.

[330] Andrey N. Petrov, A Look beyond Metropolis: Exploring Creative Class in the Canadian Periphery. *Canadian Journal of Regional Science*, Vol. 9, No. 3, September 2007, pp. 451 – 474.

[331] Ann Markusen, Arts and Culture in Urban/Regional Planning: A Review and Research Agenda. *Working Paper*, 2008.

[332] Ann Markusen, Urban Development and the Politics of a Creative Class – Evidence from the Study of Artists. *Environment and Planning A*, Vol. 38, No. 4, September 2006, pp. 1921 – 1940.

[333] Art Council. *An Urban Renaissance: the Role of the Arts in Inner City*. Regeneration, 1989.

[334] Bassett, K., *Urban cultural strategies and urban cultural regeneration: a case study and critique*. Environment and Planning A 25, 1993.

[335] Bas Van Heur, Small Cities and the Socio spatial Specificity of Economic Development: a Heuristic Approach. Journal of Policy Research in Tourism, *Leisure & Events*, Vol. 2, August 2010, pp. 17 – 29.

[336] Beatriz García, Urban regeneration, arts programming and major events. *International Journal of Cultural policy*, Vol. 10, No. 1, March 2004, pp. 103 – 118.

[337] Bell D, Jayne M, Design-led Urban Regeneration: a Critical Perspective. *Local Economy*, Vol. 18, No. 2, May 2003, pp. 121 – 134.

[338] Ben Goldsmith & Tom O' Regan, Locomotives and Stargates: Inner City Studio Complexes in Sydney, Melbourne and Toronto. *International Journal of Cultural policy*, Vol. 10, No. 1, January 2004, pp. 29 – 45.

[339] Bianchini, F. and Parkinson M (eds.), *Cultural Policy and Urban Regeneration—The West European Experience.* Manchester: Manchester University Press, 1993.

[340] Bianchini. F., *Cultural Planning for Urban Sustainability.* Stockholm: Karlskrona Swedish Urban Environment Council, 1999.



[341] Broady M., *Planning for People.* Bedford: Bedford Square Press, 1968.

[342] Bromley R D F, Tallon A R, Thomas. C. J, City centre regeneration through residential development: Contributing to sustainability. *Urban Studies*, Vol. 42, No. 13, December 2005, pp. 2407 – 2409.

[343] Catarina Selada, Inês Vilhena Da Cunha, Elisabete Tomaz, Creative-based strategies in small cities: A case-study approach. *REDIGE*, Vol. 2, No. 2, August 2011, pp. 79 – 110.

[344] Catherine Matheson, Resource Guide: Events and Urban Renewal. Hospitality, Leisure, *Sport and Tourism Network*, 2011.

[345] Chang Bin Lee, Cultural Policy as Regeneration Approach in Western Cities: A Case Study of Liverpool's RopeWalks. *Geography Compass*, Vol. 3, No. 1, January 2009, pp. 495 – 517.

[346] Chang, T. C, Renaissance revisited: Singapore as a "Globe City for the Arts". *International Journal of Urban and Regional Research*, Vol. 24, No. 4, December 2000, pp. 818 – 831.

[347] Chris Couch, *Urban Renewal-theory and practice.* Basingstoke: Macmilan, 1990.

[348] Chris Gibson And Lily Kong, Cultural economy: a critical review. *Progress in Human Geography*, Vol. 29, No. 5, October 2005, pp. 541 - 561.

[349] Chris Gibson & Shane Homan, Urban Redevelopment, Live Music And Public Space: Cultural performance and the re-making of Marrickville. *International Journal of Cultural policy*, Vol. 10, No. 1, May 2004, pp. 67 - 84.

[350] Christopher Bailey, Steven Miles, Peter Stark, Culture-led Urban Regeneration and The Revitalisation of Identities In Newcastle, Gateshead and The North East of England. *International Journal of Cultural policy*, Vol. 10, No. 1, December 2004, pp. 47 - 65.

[351] Christopher B. Leinberger, Turning Around Downtown Twelve Steps to revitalization. *The Brookings Institution*, 2005.

[352] Christopher Cadell, Nicholas Falk and Francesca King, Regeneration in European cities. *Joseph Rowntree Foundation*, 2008.

[353] Christopher Mele, *Selling the Lower East Side: Culture, Real Estate, and Resistance in New York City.* Minneapolis: University of Minnesota Press, 2000.

[354] Colantonio, Andrea and Dixon, Tim, Urban regeneration and social sustainability: best practice from European cities. *Wiley - Blackwell*, 2010.

[355] Daniel J. Boorstin, *The Americans-the Democratic Experience.* New York: Random House, 1974.

[356] Darrin Bayliss, Creative planning in Ireland: the role of culture-led development in Irish planning. *European Planning Studies*, Vol. 12, No. 4, May 2004, pp. 497 - 515.

[357] Darrin Bayliss, Denmark's Creative Potential: The role of culture within Danish urban development strategies. *International Journal of Cultural policy*, Vol. 10, No. 1, October 2004, pp. 5 - 28.

[358] David Bell, Mark Jayne. The creative countryside: Policy and

practice in the UK rural cultural economy. *Journal of Rural Studies*, Vol. 26, No. 3, July 2010, pp. 209 –218.

[359] David Harvey, *From Managerialism to Entrepreneurialism: The Transformation in Urban Governance in Late Capitalism.* Geografiska Annaler 71, 1989.

[360] David Hesmondhalgh and Andy C. Pratt, Cultural Industries And Cultural Policy. *International journal of cultural policy*, Vol. 10, No. 11, March 2005, pp. 1 –13.

[361] Davies J S, Conjuncture or disjuncture? An institutionalize analysis of local regeneration partnerships in the UK. *International Journal of Urban and Regional Research*, Vol. 28, No. 3, September 2004, pp. 570 –580.

[362] DCMS, Creative Britain: New Talents for the New Economy. *DCMS*, 2008.

[363] DCMS, Culture at the Heart of Regeneration. *DCMS*, 2004.

[364] Denise Meredyth, Scott Ewing & Julian Thomas, Neighbourhood renewal and government by community: the Atherton Gardens Network. *International Journal of Cultural policy*, Vol. 10, No. 1, March 2004, pp. 85 –101.

[365] Department for Communities and Local Government, Our Towns and Cities: The Future –Delivering an Urban Renaissance. *DCLG*, 2006.

[366] Derek Wynne, *The Culture Industry: The Arts in Urban Regeneration.* Avebury, 1992.

[367] DODS, Yorkshire: 2012 & beyond –Growing our Economy, Boosting our Region. *DODS*, 2012.

[368] Douglas DeNatale, Gregory H. Wassall, The Creative Economy: A New Definition. *New England Foundation for the Arts*, 2007.

[369] European Commission, Europe 2020: A European strategy for smart, sustainable and inclusive growth. *European Commission*, 2010.

[370] European Commission, Unlocking the potential of cultural and creative industries. *European Commission*, 2010.

[371] Evans, G, Creative Cities, Creative Spaces and Urban Policy.

*Urban Studies*, Vol. 46, No. 2, May 2009, pp. 1003 – 1040.

[372] Evans. G, *Cultural Planning: An Urban Renaissance*. London: Routledge, 2001.

[373] Evans, G, Hard-branding the cultural city-from Prado to Prada. *International Journal of Urban & Regional Besearch*, Vol. 27, No. 2, June 2003, pp. 417 – 440.

[374] Evans. G, Measure for measure: Evaluating the evidence of culture's contribution to regeneration. *Urban Studies*, Vol. 42, No. 5, May 2005, pp. 959 – 983.

[375] Fernando, Madrid: Urban regeneration projects and social mobilization. *Cities*, Vol. 24, No. 3, June 2007, pp. 183 – 193.

[376] Graeme Evans and Phyllida Shaw, The contribution of culture to regeneration In the uk: a review of evidence. *the Department for Culture Media and Sport*, 2004.

[377] Graeme Evans, Jo Foord, Meric S Gertler, Lori Tesolin, Sarah Weinstock, Strategies for Creative Spaces and cities – Lessons Learned. *London Metropolitan University*, *University of Toronto*, 2006.

[378] Grodach C, Beyond Bilbao: Rethinking flagship cultural development and planning in three California cities. *Journal of Planning Education and Research*, Vol. 29, No. 3, March 2010, pp. 353 – 366.

[379] Guy S, Henneberry J, Rowley S, Development cultures and urban regeneration. *Urban Studies*, Vol. 39, No. 7, June 2002, pp. 1181 – 1196.

[380] Harvester Wheatsheaf, and Hemel Hempstead, *Arts and the Changing City: An Agenda for Urban Regeneration*. British American Arts Association, 1989.

[381] Hasan Bakhshi, Eric McVittie and James Simmie, Creating Innovation – Do the Creative Industries Support Innovation in the Wider economy. *NESTA*, 2008.

[382] Henderson S, Bowlby S, Raco M, Refashioning local government and inner-city regeneration: The Salford experience. *Urban Studies*, Vol. 44, No. 8, July 2007, pp. 53 – 64.

[383] Hendry, Tom, Local Cultural Planning: A Canadian Experi-

ence. *Journal of Arts Management and the Law*, Vol. 18, No. 4, March 1989, pp. 94 – 105.

[384] Hiroshi Okano, Danny Samson. Cultural urban branding and creative cities: A theoretical framework for promoting creativity in the public spaces. *Cities*, Vol. 27, No. 1, June 2010, pp. 10 – 15.

[385] Hobsbawm, *Age of Extremes: The Short Twentieth Century* 1914 – 1991. Abacus. 1994.

[386] Hubbert, J, Spectacular productions: community and commodity in the Beijing Olympics. *City & Society*, Vol. 22, No. 1, June 2010, pp. 119 – 142.

[387] Hugh Matthew, *Children and Community Regeneration – Creating Better Neighborhood.* Save the Children, 2001.

[388] Hughson, J And Inglis, D, "Creative industries" and the arts in Britain: towards a "third way" in cultural policy?, *International Journal of Cultural Policy*, Vol. 7, No. 3, August 2001, pp. 457 – 478.

[389] Ilka W, Rick B, Exploring the realities of the sustainable city through the use and reuse of vacant industrial buildings. *European Environment*, Vol. 7, No. 6, November 1997, pp. 194 – 202.

[390] Imrie R, Thomas H, The Limits of Property-led Regeneration. *Environment and Planning*, Vol. 11, No. 1, March 1993, pp. 87 – 102.

[391] Jefferson Cowie and Joseph Heathcott, *Beyond the Ruins: The Meanings of Deindustrialization.* New York: Cornell University Press, 2003.

[392] Jo Foord, Strategies for creative industries: an international review. *Creative Industries Journal*, Vol. 1, No. 2, June 2008, pp. 91 – 113.

[393] John Diamond and Joyce Liddle and Alan Southern and Philip Osei, *Urban Regeneration Management: international perspectives.* London: Routledge, 2009.

[394] John Mccarthy And S H Alan Pollock, Urban Regeneration in Glasgow and Dundee: a Comparative Evaluation. *Land Use Poficy*, Vol. 14, No. 2, April 1997, pp. 137 – 149.

[395] John M. Levy, *Cotemporary urban planning, Upper Saddle River, New Jersey.* London: Pearson Prentice Hall, 1997.

[396] John Montgomery, Cultural Quarters as Mechanisms for Urban Regeneration. Planning, *Practice & Research*, Vol. 18, No. 4, November 2003, pp. 293 –306.

[397] John Pierson, *Rebuilding community: policy and practice in urban regeneration.* London: Palgrave Macmillan, 2001.

[398] Jonathan S. Davies, *Partnerships and regimes: the politics of urban regeneration in the UK.* Farnham: Ashgate, 2001.

[399] Justin O'Connor, Creative cities: The role of creative industries in regeneration. *RENEW Intelligence Report*, 2006.

[400] Karolin Frank, *Patricia Petersen. Historic Preservation in the USA*, Berlin and New York. Berlin: Springer, 2002.

[401] Kate Oakley, Not So Cool Britannia: The Role of the Creative Industries in Economic Development. *International Journal of Cultural Studies*, Vol. 7, No. 1, March 2004, pp. 67 –77.

[402] Kearns, G. and Philo, C. , *Selling Places: the City as Cultural Capital, Past and Present.* Oxford: Pergamon Press, 1993.

[403] Keating, Michael & Frantz, Monika, Culture-led strategies for urban regeneration: a comparative perspective on Bilbao. *International Journal of Iberian Studies*, Vol. 16, No. 3, 2003, pp. 187 –194.

[404] Kenneth Jackson, *Crabgrass Fontier: the Suburbanization of the United States.* Oxford: Oxford University Press, 1985.

[405] Kevin F. McCarthy, Elizabeth H. Ondaatje, Laura Zakaras and Arthur Brooks, *Gifts of the Muse: Reframing the Debate About the Benefits of the Arts.* RAND, 2004.

[406] Kevin Fox Gotham, Urban Redevelopment, Past And Present. *Critical Perspectives on Urban Redevelopment*, Vol. 6, No. 2 July 2001, pp. 1 –31.

[407] Kocabas A, Urban conservation in Istanbul: Evaluation and re-conceptualization. *Habitat international*, Vol. 30, No. 3, March 2006, pp. 107 –126.

[408] Kuhn. T, *The Structure of Scientific Revolutions.* Chicago: University of Chicago Press, 1962.

[409] Landry C. , *The Creative City: A Toolkit For Urban Innovator.* Longon: Earthscan, 2000.

[410] L. De Propris, C, Chapain, P. Cooke, S. MacNeill and J. Mateos – Garcia, The geography of creativity. *NESTA*, 2009.

[411] Le Corbusier, *The City of Tomorrow and Its planning.* London: John Rodker Publisher, 1929.

[412] Lees Loretta, *Gentrification.* Oxford: Taylor & Francis Group, 2008.

[413] Levine J, Lockwood C, Worpole K, Rethinking Regeneration. *World Architecture*, Vol. 58, No. 4 1997, pp. 53 – 71.

[414] Liam Kennedy, *Remaking Birmingham: the visual culture of urban regeneration.* London: Routledge, 2004.

[415] Libby Porter and Kate Shaw (Editor), *Whose Urban Renaissance: An international comparison of urban regeneration strategies.* London: Routledge, 2009.

[416] Liddle J, Regeneration and economic development in Greece: De-industrialisation and uneven development. *Local Government Studies*, Vol. 35, No. 3, June 2009, pp. 335 – 354.

[417] Lin. C. Y and Hsing. W. C, Culture-led urban regeneration and community mobilisation: The case of the Taipei Baoan Temple Area, Taiwan. *Urban Studies*, Vol. 46, No. 7, June 2009, pp. 1317 – 1342.

[418] Lindstrom M. J. and Z. A. Smith, *The National Environmental policy Act, Judicial Misconstruction, Legislative Indifference, and Executive Neglect.* Houston: Texas A & M University Press, 2001.

[419] Lisanne Gibson and Deborah Stevenson, Urban Space And The Uses Of Culture. *International Journal of Cultural policy*, Vol. 10, No. 1, March 2004, pp. 1 – 4.

[420] Louis K Stevens, Using Gap Analyse: as the Foundation for the Economic Development Through Arts and Culture. *Economic Development Journal*, 2003 Spring.

[421] Lowe M, The regional shopping centre in the inner city: A study of retail-led urban regeneration. *Urban Studies*, Vol. 42, No. 3, March

2005, pp. 449 - 470.

[422] Malcolm Miles, *Cities and Cultures*. London: Routledge, 2007.

[423] Martin Franz, Orhan Güles, Gisela Prey, Place - Making And 'Green' Reuses Of Brownfields In The Ruhr. *Tijdschrift voor Economische en Sociale Geografie*, Vol. 99, No. 3, July 2008, pp. 316 - 328.

[424] Martin Mulligan and Pia Smith, Art, Governance and the Turn to Community: Putting Art At The Heart Of Local Government. *Globalism Research Centre*, 2010.

[425] Martin Mulligan, Pia Smith, The Case For A Regional Arts Development Officer Network In Victoria. *The Globalism Institute*, *RMIT University*, 2007.

[426] Martyn Lee, *Consumer Culture Reborn*. London: Routledge, 1993.

[427] Masayuki Sasaki, Urban regeneration through cultural creativity and social inclusion: Rethinking creative city theory through a Japanese case study. *Cities*, Vol. 27, No. 1, June 2010, pp. 53 - 59.

[428] Mccarthy, John, Dublin's temple bar—a case study of culture-led regeneration. *European Planning Studies*, Vol. 6, No. 3, 1998, pp. 271 - 281.

[429] Mccarthy J, The application of policy for cultural clustering: Current practice in Scotland. *European Planning Studies*, Vol. 14, No. 3, April 2006, pp. 397 - 408.

[430] Mcgreal S, Berry J, Lloyd G, et al., Tax-based mechanisms in urban regeneration: Dublin and Chicago models. *Urban Studies*, Vol. 39, No. 10, September 2002, pp. 96 - 108.

[431] Melanie K. Smith, *Tourism*, *Culture and Regeneration*. CAB International, 2007.

[432] Meric S. Gertler, Creative Cities: What Are They For, How Do They Work, and How Do We Build Them?. *Canadian Policy Research Networks Inc*, 2004.

[433] Meric S. Gertler, Lori Tesolin, Sarah Weinstock, TORONTO Case Study. *Strategies for Creative Cities Project*, 2006.

[434] Michael Keating, *The City That Refused to Die*: *Glasgow*: *The*

*Politics of Urban Regeneration.* Aberdeen: Aberdeen University Press, 1988.

[435] Miles, Steven, Our Tyne: Iconic Regeneration and the Revitalisation of Identity in Newcastle Gateshead. *Urban Studies*, Vol. 42, No. 5, May 2005, pp. 931 –926.

[436] Miles Steven & Paddison Ronan, Introduction: The rise and rise of culture-led urban regeneration. *Urban Studies*, Vol. 42, No. 5, May 2005, pp. 833 –839.

[437] Mónica Degen And Marisol García, The Transformation of the "Barcelona Model": An Analysis of Culture, Urban Regeneration and Governance. *International Journal of Urban and Regional Research*, Vol. 36, No. 5, September 2012, pp. 1022 –1038.

[438] Montgomery J, Cities and the arts of cultural planning. *Planing Practice & Research*, Vol. 5, No. 3, 1990, pp. 25 –38.

[439] Mulcahy K. V., Cultural patronage in comparative perspective: Public support for the arts in France, Germany, Norway, and Canada. *Journal of Arts Management, Law, and Society*, Vol. 27, No. 4, 1998, pp. 247 –263.



[440] Mzo Sirayi, Cultural Planning and Urban Renewal in South Africa. *The Journal of Arts Management, Law, and Society*, Vol. 37, No. 4, January 2008, pp. 333 –344.

[441] Nancy Duxbury and Heather Campbell, Developing and Revitalizing Rural Communities through Arts and Culture. *Small Cities Imprint*, Vol. 3, Januny 2011, pp. 18 –25.

[442] Nancy Duxbury, Creative Cities: Principles and Practices. *Canadian Policy Research Networks Inc.* (*CPRN*), 2004.

[443] Neil Brenner and Nik Theodore, *Spaces of Neoliberalism: Urban Restructuring in North America and Western Europe.* London: Blackwell, 2003.

[444] Neil Smith, *The New Urban Frontier: Gentrification and the Revanchist City.* London: Routledge, 1996.

[445] Nijkamp P and Van Der Burch M, Vindigni G, A comparative institutional evaluation of public-private partnerships in Dutch urban land-use and revitalization projects. *Urban Studies*, Vol. 39, No. 10, September 2002,

39 (10), pp. 1865 – 1880.

[446] Norma M R and Deborah L, Branding the design metropolis: The case of Montréal, Canada. *Area*, Vol. 38, No. 4, December 2006, pp. 364 – 376.

[447] Nylund, Katarina, Cultural Analyses in Urban Theory of the 1990s. *Acta Sociologica*, Vol. 44, No. 3, Jane 2001, pp. 219 – 230.

[448] O'Connor, Justin, Cunningham, Stuart D, Jaaniste, Luke O, Arts and creative industries: A historical overview; and An Australian conversation. *Australia Council for the Art*, 2011.

[449] O'Connor. Justin, The definition of the 'Cultural Industries'. *The European Journal of Arts Education*, Vol. 2, No. 3, 2000, 2 (3), pp. 24 – 38.

[450] Pablo Munoz, Beyond Talent, Diversity and Technology: Transforming Small Cities into Creative Places. *Newcastle University Business School*, 2010.

[451] Paddison R, City marketing-image reconstruction and urban regeneration. *Urban Studies*, Vol. 30, No. 2, March 1993, pp. 339 – 349.

[452] Partners for Livable Communities, *Culture Builds Communities*. Partners for Livable Communities, 1995.

[453] Partners for Livable Communities. *Strengthen Communities Through Cultural Strategies: the Role of Cultural Leadership*. Partners for Livable Communities, 1995.

[454] Partners for Livable Communities, *The livable city: revitalizing urban communities*. New York: McGraw Hill, 2000.

[455] Patsy Healey, Rebuilding the city: property-led urban regeneration. Chapman & Hall, 1992.

[456] Paulo Neto, Maria Manuel Serrano, Governance and Creativity on Urban Regeneration Processes. *CEFAGE – UE Working Paper*, 2011.

[457] Paul Stouten, Changing Contexts in Urban Regeneration: 30 years of Modernisation in Rotterdam. Techne Press, 2010.

[458] Pedro Lorente, Leicester, The Role of museums and the arts in the urban regeneration of Liverpool. Centre for Urban History, 1996.

[459] Perloff, Harvey S, Using the Arts to Improve Life in the City.

*Journal of Cultural Economics*, Vol. 3, 1979, pp. 47 – 62.

[460] Peter Eisinger, The Politics of Bread and Circuses: Building the city for the visitor class. Urban Affairs Review, Vol. 35, No. 3 January 2000, pp. 316 – 333.

[461] Peter Kenyon, Alan Black. Small Town Renewal – Overview and Case Studies. RIRDC Publication, 2001.

[462] Pier Luigi Sacco, Giorgio Tavano Blessi, European Culture Capitals and Local Development Strategies: Comparing the Genoa and Lille 2004 Cases. *Homo Oeconomicus*, Vol. 4, 2006, pp. 1 – 16.

[463] Pier Luigi Sacco, Giorgio Tavano Blessi, Massimiliano Nuccio, Culture as an Engine of Local Development Processes: System – Wide Cultural Districts. *Working Paper*, 2008.

[464] Pollard J S, From industrial district to 'urban village'? Manufacturing, money and consumption in Birmingham's Jewellery Quarter. *Urban Studies*, Vol. 41, No. 1, January 2004, pp. 173 – 193.

[465] Ponzini D and Rossi U, Becoming a creative city: The entrepreneurial mayor, network politics and the promise of an urban renaissance. *Urban Studies*, January Vol. 47, No. 5, 2010, pp. 1037 – 1057.

[466] Richards G and Wilson J, The impact of cultural events on city image: Rotterdam, cultural capital of Europe 2001. *Urban Studies*, Vol. 41, No. 10, September 2004, pp. 1931 – 1951.

[467] Robert A. Caro, *The Power Broker*. New York: Vintage Books, 1974.

[468] Robert Halpern, *Rebuilding the Inner City*. New York: Columbia University Press, 1995.

[469] Roberts, P. and Sykes, H. (ed), *Urban Regeneration: A Handbook*. Los Angeles: SAGE, 2000.

[470] Robert Wood, Present Before the Creation: Lessons from the Paleosoic Age of Urban Affairs, *Journal of Urban Affairs*, Vol. 1, 1991.

[471] Rossi U, The multiplex city: The process of urban change in the historic centre of Naples. *European urban and regional studies*, Vol. 11, No. 2, April 2004, pp. 156 – 169.

[472] Sami Mahroum, Jane Atterton, Neil Ward, Allan M. Williams, Richard Naylor, Rob Hindle, Frances Rowe. *Rural Innovation. NESTA*, 2007.

[473] Santagata. Walter, Cultural Districts, Property Right and Sustainable Economic Growth. *International Journal of Urban and Regional Research*, February Vol. 26, No. 1, 2002, pp. 9 – 23.

[474] Sara Cohen, "Rock Landmark at Risk": Popular Music, Urban Regeneration, and the Built Urban Environment. *Journal of Popular Music Studies*, Vol. 19, No. 1, April 2007, pp. 3 – 25.

[475] Sarah Louisa Phythian – Adams, David Sapsford and Alan Southern, Considering the Economic Impacts of the Liverpool European Capital of Culture: a review on the literature concerning economic multiplier effects. *Impacts* 08 *Team*, *University of Liverpool and Liverpool John Moores University*, 2008.

[476] Severcan Y C and Barlas A, The conservation of industrial remains as a source of individuation and socialization. *International Journal of Urban and Regional Research*, Vol. 31, No. 3, September 2007, pp. 675 – 682.

[477] Shin Nakagawa, Socially inclusive cultural policy and arts-based urban community regeneration Original Research Article. *Cities*, Vol. 27, No. 1, June 2010, pp. 16 – 24.

[478] Silvia G, Urban regeneration and democratization of information access: CitiStat experience in Baltimore. *Journal of Environmental Management*, May Vol. 90, No. 6, 2009, pp. 2012 – 2019.

[479] Social Impact of the Arts Project, Culture and Urban Revitalization: A Harvest Document. *University of Pennsylvania School of Social Policy & Practice*, 2007.

[480] Stuart Cameron & Jon Coaffee, Art, Gentrification and Regeneration – From Artist as Pioneer to Public Arts. *European Journal of Housing Policy*, Vol. 5, No. 1, 2005, pp. 35 – 49.

[481] Suniti Bandaranaike, Small Towns Can Make A Difference. *School of Tropical Environment Studies and Geography*, *James Cook University*, 2002.

[482] Susan Fainstein and Scott Campbell, *Readings in Urban Theory.*

Oxford: Blackwell, 2002.

[483] The Depatment of the Environment, *Transport and the Regions. Towards an Urban Renaissance.* Queen's Printer and Controller of HMSO, 1999.

[484] The International Federation of Arts Councils and Culture Agencies, Arts and culture in regeneration. *The International Federation of Arts Councils and Culture Agencies*, 2006.

[485] The Technology Strategy Board, Creative Industries Technology Strategy 2009 – 2012. *The Technology Strategy Board*, 2009.

[486] Thomas Sugrue, *The Origins of the Urban Crisis.* Princeton: Princeton University Press, 1996.

[487] Tim Dixon and Mike Raco, *Sustainable Brownfield Regeneration: Liveable Places from Problem Spaces.* Oxford: Blackwell Publishing Ltd, 2007.

[488] Toshio Mizuuchi and Hong Gyu Jeon, The new mode of urban renewal for the former outcaste minority people and areas in Japan. *Cities*, Vol. 27, No. 1, June 2010, pp. 25 – 34.

[489] UNCTAD, Creative Economy Report 2010. *UNCTAD*, 2010.

[490] URBACT Culture members, Culture & Urban Regeneration: the role of cultural activities & creative industries in the regeneration of european cities. *URBACT Culture Network*, 2006.

[491] Urban Task Force, Towards an urban renaissance: Final report of the Urban Task Force. *E& FN Spon*, 1999.

[492] Urban Task Force, Towards a Strong Urban Renaissance. *E & FN Spon*, 2005.

[493] Waitt, G. And Gibson, C, Creative Small Cities: Rethinking the Creative Economy in Place. *Urban Studies*, Vol. 46, No. 5, May 2009, pp. 1223 – 1246.

[494] Wrigley N, Guy C, Lowe M, Urban regeneration, social inclusion and large store development: The seacroft development in context. *Urban Studies*, Vol. 39, No. 11, October 2002, pp. 2101 – 2114.

[495] XU Yang (Shelley), Erin Schultz, and Kelsey Johnson, Local

Impacts of Cultural Facilities: A Preliminary Literature Review. *Centre of Expertise on Culture and Communities*, 2007.

[496] Yorkshire Forward and Leeds City Council, Leeds 2050 Study. *Yorkshire Forward and Leeds City Council*, 2007.

[497] Young. M and Willmott. P, *Family and Kinship in East London.* London: Penguin, 1957.

[498] Zukin, S, *Loft Living: Culture and Capital in Urban Change.* New Brunswick: Rutgers University Press, 1989.

[499] Zukin, S, The Cultures of Cities. Oxford: Blackwell Publishers, 1995.